这也是美军：
美军的50个弱点

许 述 著

中国青年出版社

目录

序言：历史宏观视野下美军的强与弱（倪乐雄）/ 001
前言：怎样发现和利用美军的弱点 / 003

一、体制 - 机制篇

1. 三军总司令咋就指挥不动国防部长 / 009
2. 好不容易混到武将之首，却指挥不了部队 / 015
3. 这些名将战功卓著，为何被中途卸职 / 021
4. 百万全副武装的美军不敌赤手空拳的 500 多人，什么情况 / 028
5. "山姆大叔"想生第六胎，五个哥哥都不乐意 / 033
6. 一个白宫编外人员，凭啥比国防部长和国务卿还牛 / 039
7. 美军缺了这件宝贝啥都玩不转 / 045
8. "指管训分离"后作战失利，是作战指挥不行还是训练管理不行 / 051
9. "五角大楼军阀"想革美军的命，结果被美军革了命 / 056
10. 美军正在"罗马化" / 061

二、作战 - 训练篇

11. 美军越强大，这个毛病越改不了 / 069
12. 美军最怕毛泽东说过的三个字 / 073
13. 同时打赢两场大仗，"美军梦"恐难照进现实 / 077
14. 美国这场战争被誉为经典，却连敌人都找错了 / 081

15. 实力30：1，美国人竟吓得冷汗直冒 / 087

16. 面对这样的对手和战法，世界第一的美军只能抓狂 / 093

17. 美军这件"利器"杀人不见血，却总担心割伤自己 / 099

18. 美军为啥"炮决"自己的中将 / 105

19. 准备一场不会发生的大战，美军这是闹哪样 / 112

20. 美军最害怕的大杀器，除了核弹还有这款神器 / 117

21. 震惊世界的海湾战争，其实很失败 / 123

22. 美军用科技驱散了战争迷雾，却被另一种迷雾笼罩 / 128

23. 真正的联合作战，美军也没做到 / 132

24. 美军机械照搬经验，铸成史上最大败笔 / 138

25. 美国军士长爆料：美军训练唯上不唯实 / 144

三、管理 - 装备篇

26. 向美军学管理？那是因为你不知道其糟糕的一面 / 153

27. 美军官僚主义的四大表现 / 158

28. 既要学习美军的轮换制，也要知悉其弊端 / 164

29. 美军如何迎检 / 169

30. 杀死美军最多的敌人居然是它，国防部长表示无解 / 174

31. 五角大楼高官：想当"吹哨人"，辉煌15秒，受难40年 / 181

32. 海湾战争美军总指挥被撸是因为一泡尿？ / 186

33. 装备是美军的命根子，居然弄虚作假 / 192

34. 美军航母的N种"死法" / 199

35. 美军最担心失去的镇军之宝 / 208

36. "宙斯盾系统"并非刀枪不入的铁布衫 / 215

37. 美军隐身装备现形记 / 221

38. 美军找到了腐败的温床却不敢砸个稀巴烂 / 226

39. 一颗别针499元，美军为何乐意被"杀猪" / 232

40. 美军这个大问题被曝光，重视不起来更解决不了 / 237

四、支援 - 文化篇

41. 这条教训美军反思后整改 12 年竟不如当年 / 245

42. 作战零伤亡，竞赛零金牌 / 250

43. 美军一大软肋被兰德公司曝光 / 255

44. 美军再厉害，这一步走错了往往很惨 / 259

45. 美国人对军人评价很高，自己却不愿当兵 / 265

46. 想当将军？有关系就没关系，没关系就有关系 / 270

47. 为什么说美军人事制度培养出来的多是庸官 / 277

48. 西点军校著名条令被最优秀毕业生打脸 / 284

49. 揭秘美国最神秘的"门"，不是"水门" / 291

50. 美军在印太战区的弱点 / 297

后记 / 303

序言
历史宏观视野下美军的强与弱

倪乐雄

在为外军史研究新锐学者、军事学博士许述这本新著《这也是美军：美军的50个弱点》写序时，全世界被强大的美军丢盔弃甲、抛弃盟友从阿富汗仓皇撤军所震惊，而这部专门研究美军弱点的著作出版可谓正逢其时，也显示出作者研究视野的独特和超前。

世界战争史上，经常会出现一支战无不胜的军队在"陌生环境"下突然崩溃的现象。公元前53年，战神克拉苏率领的罗马军团在帕提亚卡莱会战中全军覆没；公元378年8月，瓦伦斯皇帝率领的罗马军团在亚德里亚堡竟然被逃难中的西哥特部落打得全军覆没；1274年、1281年，大杀四方、所向披靡的蒙古军队两次东征日本均告失败；1812年冬，战无不胜的拿破仑大军在攻占莫斯科后旋即一败涂地；1941年冬，横扫欧洲的德国装甲集群在莫斯科郊外被重创；1942年夏，战胜了大清海军和沙俄海军的日本联合舰队在中途岛海战中遭美国海军挫败；1950年，二战中打遍欧亚无敌手的美军在朝鲜被中国军队连续击败。

时至今日，美军在阿富汗仓皇失措地撤出、有美国支撑的装备精良的阿富汗政府军不战而溃，似乎再现了军事强者突然崩塌的一幕。然而，和越南战争相似，美军的失败更多是政治意义上的，而非纯粹军事意义上的，并非战场主力决战失败。从全球军事战略看，美军的局部撤退或认可局部失败，往往是为了战略上的合理调整，为了收缩过于分散的兵力和集中力量对付主要方向之敌。比如，美国从越南撤军后集中资源对抗苏联，18年后苏联解体。前后联系起来看，特别要注意：美军主力未损情况下的撤军虽然颜面难堪，客观上有故意示弱、麻痹对手之嫌，阿富汗撤军类似当年越南撤军，切不可被其表象所蒙蔽，毕竟美军不是会战失败、主力重创后的溃败。

世上没有打不败的军队，只有尚未战败的军队。本书作者在列举美军种种弱点后，用小孩和成人的角力打比方，试图委婉地说明：不是所有对手都能利用美军弱点战而胜之。战争史上多数情况下，只有实力接近军事强国或旗鼓相当时，才可能利用其弱点战而胜之，否则如兵法所云："少则能逃之，不若则能避之。故小敌之坚，大敌之擒也。"当军事力量明显处于弱势时，应避免与强大对手展开决战，羽翼未丰者不宜逞强。大国军事强弱形势的变化往往需要百年甚至更长的时间，需要几代人的努力，每代人都有自己的角色。以汉匈军事形势强弱转换为例，汉高祖错判形势，亲征匈奴，差点被俘。汉文帝、汉景帝被迫忍辱负重，以"黄老之术"韬光养晦、积蓄力量，以汉高祖"和亲"外交继续应付强悍的匈奴。直到汉武帝时期，汉匈的经济、军事、外交能力完成了强弱转换，西汉王朝到了汉武帝时开始对匈奴实施战略大反击。

与匈奴的决战，文、景二帝非不为也，实不能也；而汉武为之，非所愿能左右也，形势使然也。如果文、景时期即与匈奴撕破脸，发动对匈奴的反击，估计不会比汉高祖兵败白登的结局好多少。一代人有一代人的事情，一代人也无法超越现实提前扮演下一代的角色，只能扮演历史所规定的角色。汉武帝向匈奴出击不能由文、景二帝提前启动，他俩也无法利用匈奴军队的弱点战而胜之，文、景二帝只能扮演忍辱负重、韬光养晦的角色，为后来汉武帝的伟大武功默默奠基。历史的重要启示是：崛起的国家在面对当世强国时，除了研究对手的弱点外，可能最重要的是审时度势、准确判断强弱转折点的历史性时刻。

从海湾战争以来，美军在世界各地用兵保持常胜不败，但都是在军事高科技碾压式优势下轻松获得的胜利，对手们都不在同一个级别上。换言之，美国至今还没有遇到旗鼓相当的对手，有些弱点还远没有暴露出来。比如从阿富汗糟糕透顶的撤军，应该算得上失败的军事行动，外因源起中美军事部署的对抗，迫于中国在西太的压力，美军调整部署落实"印太战略"，从中亚撤出孤军，收拢拳头以便集中军力应对亚太。内因是美国大选公开舞弊导致老迈昏聩的拜登取代了精明强干的特朗普，政争颠覆军事常识，直接摧毁军队的信心和效率。不然，美军强大的军事机器怎会在乌合之众面前突然"失灵"？所以，关于美国的政治生态对军队的影响，我们应给予格外的关注。

在世界风云波诡云谲的当下，对美军的研究恐怕是最重要的研究了。在众多对美军泛泛而言的议论之外，我们看到像许述这样非常严肃的思考，犹如瓦釜齐鸣里听见了黄钟之声，读者们可以发现在这个时代里，中国还有一群富有使命感的年轻军事学者继承了前辈优秀的学术传统，正在为国家和民族的军事崛起贡献着他们的勤奋和智慧。

2021 年 9 月于上海

前言
怎样发现和利用美军的弱点

时间倒流回 1951 年的朝鲜半岛。

最开始，苏制米格–15 战斗机打不过美制 F–86 战斗机，后来却实现了反制。倒不是米格–15 一夜之间功力大增，而是从 F–86 一个飞行员战俘口中发现了对手的重大缺陷——飞行高度不如自己，特别是 1 万米高空以上，其发动机推力和操纵性能会降低。

朝鲜战争的"热战"已终，如今，中美两国进入敏感时期，如管控不当，仍有"热战"的风险——至少美国在积极备战。据美媒报道，欧文堡的训练方向已发生根本性改变，主要关注点在于如何与同级别的对手进行较量，如俄罗斯和中国，即使在新冠疫情下也没有放松这方面的训练。[1]

面对强敌，何以败之？米格–15 和 F–86 的典型战例告诉我们，及时发现并充分利用对手的弱点，是最好的办法。

美军这么牛，会有弱点？

看看美国人自己怎么说。《顽敌：阻力重重的美军转型》一书坦言："美军依然存在基本职能任务定位不准确、应对非传统威胁能力不足、部队编制装备及作战理论与现实作战需要脱节等诸多问题。"[2] 美国参议员麦凯恩（已故）在2017年召开的布鲁塞尔论坛上曾表示，美军现在惨不忍睹，海军三分之二的 F–18 飞机不能飞，陆军 60 个战斗旅中只有 2 个处于高度战备状态，空军、海军、海军陆战队飞行员每个月的飞行训练时间不如我们的对手中国和俄罗斯，空军还缺 1000 名飞行员。"[3]

[1]
Corey Dickstein. "We're not taking a knee" : Training under pandemic conditions could better prepare soldiers for the big fight, *Stars and Stripes*, Oct 1, 2020. https://www.stripes.com/news/us/we-re-not-taking-a-knee-training-under-pandemic-conditions-could-better-prepare-soldiers-for-the-bia-fight-1.647036

[2]
[美]约翰·阿尔奎拉著，董浩云等译：《顽敌：阻力重重的美军转型》，北京：解放军出版社，2013 年，译序。

[3]
Sen. John McCain. Guardsmen "Have Proven Themselves," *National Guard*, Apr 2017. http://www.nationalguardmagazine.com/publication/?i=402332&article_id=2768074&view=articleBrowser&ver=html5

美国很担心自己的弱点被发现，软肋被攻击：

美国拥有世界上无可匹敌的陆海空军，对潜在对手而言，试图建立与美军竞争的军队是没有意义的。唯一能做的，是找到我们的弱点，并造就利用我们这些弱点的能力。[1]

——美国第13、21任国防部长拉姆斯菲尔德[2]

下个世纪，我们的潜在敌人将会认真思考如何攻击我们的弱点。[3]

——美国陆军战争学院第44任院长斯格尔斯少将[4]

美军的弱点还有哪些？

互联网上搜索一下，似乎到处都是答案：

"弱爆"的美国军队！中国军队早已看破你的"弱点"

解放军精确打击美国军事弱点，可瞬间歼灭航母群

美国惊呼北京可怕：美军弱点全被中国看穿

…………

然而这类"标题党"文章常常噱头挺足，干货太少。

毛泽东根据抗美援朝的经验，曾将美国人的弱点总结为"四怕"——"怕近战夜战，怕拼手榴弹，怕拼刺刀，怕几十米或者一百米这样的射击。"[5]70多年过去了，对于美军的弱点需要有新的总结，但国内目前似乎仍是空白。笔者曾出

---

[1] 费志杰：《美军：激励士气频出"败招"》，载《环球军事》，2008年第2期，第64页。

[2] 唐纳德·拉姆斯菲尔德：1932年生，芝加哥人，毕业于普林斯顿大学，海军飞行员出身。早在福特政府时期就担任过国防部长（1975.11~1977.1），成为美国历史上最年轻的国防部长（43岁）。小布什政府时期，他再度出任国防部长（2001.1~2006.12），又创造了最年长国防部长的纪录（69岁）。他任内最有名的事件是指挥了伊拉克战争，由此得名"五角大楼的军阀"。

[3] [美]罗伯特·斯格尔斯著，薛国安等译：《未来战争——美国陆军军事学院最新理论》，北京：国防大学出版社，2000年，第65页。

[4] 罗伯特·斯格尔斯：1944年生，毕业于西点军校，参加过越南战争，1991年曾任海湾战争特别研究小组负责人，1997年出任美国陆军战争学院院长。

[5] 中共中央文献研究室、中国人民解放军军事科学院编：《在听取中印边界中段自卫反击作战情况汇报时的插话》（1963年2月19日），《建国以来毛泽东军事文稿》（下卷），北京：军事科学出版社、中央文献出版社，2010年，第163页。

版专著，从99个细节介绍美军的优势，这部《这也是美军》则通过50个更深入的案例、更详细的文本，剖析美军的弱点，以及可以利用的地方。

看完本书，有心的读者可能会问：美军存在的问题是个别现象还是普遍现象？

老实说，这问题笔者答不上来，不过就连美国人自己恐怕也难以回答。美国政府问责局针对美军存在的问题做过不少调查，出过不少报告，但连问责局自己都说，调研所取样本并不十分具有代表性，无法做到全面彻底。但有一点是确定的，美军存在的问题也许不是全军性的普遍现象，但也绝不是某一个单位的个别现象。

矛盾的是，美军是世界上最强大的军队，但问题似乎比谁都多，什么情况？

因为美军一直在战斗，暴露问题的机会更多，而且他们并不怕暴露问题。要知道，美军的不少弱点是局部性的，甚至是故意为之。我们只有既知其优点，又晓其弱点，才能更加全面、立体、客观、真实地认识美军，避免妄自尊大和妄自菲薄两种极端。

没有完美的军队，谁都有弱点。如果弱点未被发现，那还不叫弱点；如果弱点被发现了却不能利用，也不叫弱点。只有当这些弱点被发现并成功利用，那才叫弱点。

因此，我们面临着两个非常现实的问题：第一，怎样发现美军的弱点；第二，也是更重要的，如何利用美军的弱点。

美军的对手常常十分弱小，与之交战好比孩童和大人打架，然而，当孩子逐渐长大，身体愈发强壮，就会发现大人身上的弱点正在不断暴露。美国太空军总部于2020年发布的顶层文件《太空力量》中有句话很有代表性："太空曾是抵御攻击的庇护所，但这样的情形如今不复存在，潜在对手已经展示了大量的反太空武器。"[1]

值得注意的是，我们刚开始寻找美军的弱点，美国人却早已盯上我们的问题。2015年，美国著名智库兰德公司发布了一份报告题为《未完成的中国军事改革：中国军队的弱点评估》。2021年初，美国著名智库战略与预算评估中心又发布了一份122页的报告，题目是《抓住中国的弱点——与中国进行全球军事竞争的联盟战略》。

西方"兵圣"克劳塞维茨说过："关于那些不经流血而获得胜利的统帅的一切，是我们不想听的。如果说流血的屠杀是残酷可怕的，那么这只能使我们更加

---

[1]
Headquarters United States Space Force. Space Capstone Publication
Space Power (Doctrine For Space Forces), Jun 2020, p7.

CSBA 和兰德公司报告封面

严肃地对待战争，而不应该使我们出于人道让佩剑逐渐变钝，以致最后有人用利剑把我们的手臂砍掉。"[1]中国一向与人为善，但无法阻止敌人来挑衅。对此，需牢记东方"兵圣"孙武的一句话："无恃其不来，恃吾有以待也。"[2]

美军存在的问题，有的我们也有；有的现在不存在，以后可能会出现。在前进道路上，面对未知领域，出现失误甚至错误在所难免，但如果知道美军的错误还要再犯一次错，就太不值当了。

关于美军，有人认为它很强大，不可战胜；有人认为它只是"纸老虎"而已。实际上，只看到（或只愿意看到）其中一个方面都是片面的。我们既要看到美军的强大，学之超之；也要看到美军的软肋，乘隙捣虚。必须承认，美军确实非常强大，放眼全球几乎无一对手。换句话说，现在的美军很强，得看到这是美军的主要方面。同时，美军在一定程度上被神化了，它也有弱点和破绽。只有不断发现和研究对手的弱点，不断精进自己的本领，才有打胜仗的可能。

[1]

[德]克劳塞维茨著，中国军事科学院译：《战争论》（第1卷第4篇第11章·主力会战[续]·会战的运用），北京：商务印书馆，1982年，第300~301页。

[2]

李零：《兵以诈立：我读〈孙子〉》，北京：商务印书馆，2006年，第321页。

体制 - 机制篇

很大程度上，本篇所述美军在体制 - 机制上的弱点是政治安排造成的（如国会对军队的掣肘、文官对武将的控制、军种之间的矛盾、管理与指挥分离等）。与其说这是美军的弱点，不如说是为了帮助读者了解美国的军事领导指挥体制如何运转。换句话说，如果没有政治控制，美军会更加强大，但同时也会加速"罗马化"。正是出于这个考虑，美国宁愿牺牲美军的部分能力和效率。

1
三军总司令咋就指挥不动国防部长

　　国防部长："是你提议暂缓执行该政策的关键部分。"

　　总统："我不会要你签署让你不爽的命令。我是这个自由国度的最高领导，但我什么都不自由，什么也干不了。"

　　国防部长："你感冒了吗？"

　　总统："别向我示好，我真的很生气。"[1]

　　…………

　　上面是美国国防部长盖茨[2]和总统奥巴马当面争执的实录，吵得够坦诚。

　　敢和总统顶牛，盖茨这个国防部长不想干了？

　　美国国防部长乃位高权重的实权人物。白宫最有权势的部长有五位，国防部长排第三[3]。如果总统"出事儿"，国防部长理论上还有接班的机会，在顺位候选人中排第六。[4]国家安全委员会四位常委，国防部长是其中之一。[5]最重要的是，

---

[1]
[美] 罗伯特·盖茨著，陈逾前等译：《责任》，广州：广东人民出版社，2016年，第 436 页。引文中的"该政策"指对从军的同性恋者采取"不问，不说"政策。1993 年开始，美国"禁止公开性倾向的同性恋者在军中服役"，该政策被简称为"不问，不说"政策，禁止军方询问军人的性倾向，也禁止军人公开自己是同性恋者，否则将被开除军籍。克林顿时期通过的这项政策，奥巴马打算废除，并在演讲中公开宣布了自己的打算，称应该允许同性恋者为国服役。国防部长盖茨与总统奥巴马的分歧在于，盖茨认为"不问，不说"政策被正式废除前依然有效，必须执行（开除那些公开自己是同性恋者的军人），而奥巴马则认为老政策反正就要被废除了，在过渡期不必执行。

[2]
罗伯特·盖茨：1943 年生，堪萨斯州人，在情报界工作约 30 年，曾担任中央情报局掌门人，2006~2011 年担任国防部长，先后辅佐小布什和奥巴马，是美国历史上唯一跨越总统换届并跨越两党的元老，也被认为是继麦克纳马拉之后最具革新精神的国防部长。

[3]
白宫最有权势的五位部长：国务卿、财政部长、国防部长、司法部长、内政部长。

[4]
总统继位人前十名依次是：（1）副总统兼参议院议长；（2）众议院议长；（3）参议院临时议长；（4）国务卿；（5）财政部长；（6）国防部长；（7）司法部长；（8）内政部长；（9）农业部长；（10）商务部长。

[5]
美国国家安全委员会四个常委分别是：总统、副总统、国务卿、国防部长。根据具体会议主题，其他人也会参加，如参联会主席、中情局局长、财政部长、美国驻联合国代表、国家安全事务助理、白宫幕僚长等。

体制 - 机制篇　009

国防部长手里有一项特殊权力其他部长都没有，连总统都得看部长脸色——发射核弹。广岛核爆之后，全世界都见识了核武器的巨大威力。如果发射核弹一个人说了算，风险太大，所以美国制定了"两人规则"（two-man rule）：总统和国防部长一致点头，才能让核弹飞。

国防部长既然这么牛，又是怎么选出来的呢？

两道程序八个字——总统提名，国会认证（后一个程序基本是走过场）。如果总统要撸掉国防部长，则不需要走国会认证的程序。也就是说，国防部长的前途命运主要捏在总统手里。

国防部长人选既然基本是总统说了算，那还不想挑谁就挑谁？如果你这么想，就犯了幼稚病，太不懂官场。试想，如果总统挑的都是自个儿死党，把那些公认能力强的人晾一边儿，全国上下会怎么看？用咱们熟悉的话说，用人不能搞山头主义，要五湖四海，做到公开、公平、公正。

俗话说，"一朝天子一朝臣"，美国亦然。新总统上任，内阁一般就要来一次洗牌。新老板选部长重新组团，当然会尽量挑既忠诚又能干的人，但有时候只能选其中一种人，于是只好两种人都挑一些。

忠诚还是能力？

这是很多领导选人用人时都要面对的难题。

当年淮海战役，蒋介石就纠结过。最后想出了一个两全其美的办法——统帅选忠诚于自己的刘峙[1]，副帅（真正指挥打仗的人）选能力强的杜聿明。蒋介石很清楚刘峙打仗不行，却坚持要用，为何？蒋回答宋美龄的一句话可以解释："刘峙指挥作战是不行，但是哪个人有刘峙那样绝对服从？！"[2] 老蒋以为"一忠一能"守徐州是双保险，结果忠诚的刘峙当了逃兵，能干的杜聿明成了俘虏。

蒋介石没有搞定的难题，美国总统能解决好吗？

也不行。

只要是能人，不分国别，往往都有个臭毛病——恃才傲物，具体"症状"表现为超级自信、固执己见、喜欢犯上等。美国军界有这样一条"鄙视链"：军方

---

[1]

刘峙（1892.6.30~1971.1.5）：江西吉安人，陆军上将。保定军校毕业，曾在黄埔军校任教官，北伐战争表现出色，从副师长升任军长（第1军），中原大战亦有战功。抗战中表现差，被讥为"常败将军"，但凭借"忠诚"仍得蒋介石信任。后到台湾，1971年病逝。

[2]

《李宗仁回忆录》，南宁：广西人民出版社，1981年，第591页。

认为国防部长外行，国防部长认为总统业余，总统认为军方狭隘，形成一个完整的闭环。作为堂堂总统，当然得有主见，不可能啥事儿都听国防部长的。国防部长如果能干又强势，双方冲突在所难免。

一次两次还好，如果冲突不断，咋整？

不少人以为美国能做到唯才是举，这是美丽的误会。在美国，你再有能耐，如果和领导不能长期保持高度一致，还是主动请辞走人为好，否则被老板踢屁股滚出大门，那就尴尬了。

这里介绍一个典型人物——美国前国防部长马蒂斯[1]。

马蒂斯长期在海军陆战队服役，伊拉克战争中表现十分出色，后官至中央司令部司令。他出任国防部长时，打破了马歇尔保持了近70年的纪录——军人退役7~10年后才能当国防部长。[2] 而且，马蒂斯很喜欢看书，是美军中读书最多的将军，真正做到了"读书人中的军人，军人中的读书人"。他曾自信地宣称："当我在观察战场态势或是陷入某一场战斗时，我只需要几分钟就能想出搞垮敌人的办法。"[3] 马蒂斯不仅在军中威望很高，在全美上下也是智慧的"帝师"形象："马蒂斯就是在背后指导、纠错特朗普如何领导政府的总统国师。"[4]

然而，马蒂斯这么牛，特朗普为啥将其解职，自毁长城？

马蒂斯在辞职信中回答了这个问题："因为你有权利拥有一位与你意见更加

---

[1]
詹姆斯·马蒂斯：1950年生，毕业于中央华盛顿大学（校址并不在美国首都华盛顿，而在西部的华盛顿州），随后加入海军陆战队，先后参加过海湾战争、阿富汗战争和伊拉克战争。出任过联合部队司令部司令和中央司令部司令（主管中东、南亚和非洲撒哈拉地区），2013年退役，4年后出任国防部长（于2018年底辞职）。

[2]
1947年，美国《国家安全法》设立国防部时规定，凡在10年内曾在正规军中服役的军官，均不宜被任命为国防部长，同时禁止现役军人担任该职。注意，1947年的《国家安全法》规定是10年，2008财年《国防授权法》修订为7年 (National Defense Act for Fiscal Year 2008. Section 903 Change in eliqibility requirements for appointment to department of defense leadership positions)："Under Secretary of Defense for Policy-Section 134(a) of such title is amended by striking '10' and inserting 'seven'."

[3]
Amanda Macias. Defense Secretary James Mattis is a voracious reader. Here's how he draws leadership lessons from books, *CNBC*, May 28, 2018. https://www.cnbc.com/2018/05/28/defense-secretary-mattis-credits-reading-habit-for-leadership-skills.html

[4]
马蒂斯新年钟声敲响前移交职位留给美军一封告别信，2019年1月22日。https://www.youtube.com/watch?v=5iSTu2yLeww

一致的国防部长,我认为我应该辞职。"[1] 言下之意:道不同,不相为谋;你不听,我走人。

白宫和五角大楼搞不到一块儿,最糟糕的时期有三个:杜鲁门时期、奥巴马时期、特朗普时期。杜鲁门换过 4 任国防部长[2],当时国防部刚成立,还在试验期,防长人选动荡可以理解。到了奥巴马时期,国防部早就运行成熟,但他执政期间也换了 4 任国防部长[3]。问题出在哪?

其中一位国防部长盖茨现身说法,很有代表性。

盖茨与奥巴马的关系非常紧张,根子在于奥巴马是权力中毒症患者,喜欢越级指挥。一次,盖茨去阿富汗视察,发现一件十分意外又极度气愤的事情——美军特种作战司令部(一译"特别作战指挥中心")里居然装了一部可以直通白宫的电话。这意味着,白宫可以越过国防部长直接指挥前线部队。盖茨马上下令拆掉电话,并告诉中央司令部司令马蒂斯上将,如果白宫再打电话向他质疑任何事,可以直接让对方少管闲事。[4]

据盖茨回忆,奥巴马不仅暗中架空自己,还经常当面冲自己发火。盖茨年长奥巴马整整 18 岁。[5] 一个白发老头动不动被一个黑人小伙儿咆哮,估计早就牢骚满腹了。

奥巴马(左)与哈格尔(右)

[1]
《美国防长马蒂斯辞职:暴露与特朗普分歧点名批评中俄》,BBC 中文网,2018 年 12 月 21 日。https://www.bbc.com/zhongwen/simp/wodd-46644070

[2]
杜鲁门总统任期内(1945.4.12~1953.1.20)的四任国防部长依次是:詹姆斯·福莱斯特(1947.9.17~1949.3.28)、路易斯·约翰逊(1949.3.28~1950.9.19)、乔治·卡特莱特·马歇尔(1950.9.21~1951.9.12)、罗伯特·洛威特(1951.9.17~1953.1.20)。其中,路易斯·约翰逊是麦克阿瑟好友,不时与对方一唱一和,与总统杜鲁门唱反调。

[3]
奥巴马总统任期内(2009.1.20~2017.1.20)的几任国防部长依次是:罗伯特·盖茨(留任,2006.12.18~2011.7.1)、莱昂·帕内塔(2011.7.1~2013.2.27)、查克·哈格尔(2013.2.27~2015.2.17)、阿什顿·卡特(2015.2.17~2017.1.20)。

[4]
[美]罗伯特·盖茨著,陈逾前等译:《责任》,广州:广东人民出版社,2016 年,第 477 页。

[5]
盖茨就任国防部长时 66 岁,当时奥巴马 48 岁。

既然能力强的国防部长这么"多事",那就挑个能力过得去的吧。总统们不是没试过,但不中用。比如:奥巴马选了一个叫哈格尔[1]的国防部长。据《纽约时报》报道,在哈格尔被提名国防部长举行的国会听证会上,此人表现一般:"他在回答问题时,显得踌躇不定","在7个半小时的听证会中,哈格尔跌跌跄跄的表现,令共和党人感到沮丧,也遭到了民主党人的嘲笑。"[2]哈格尔就任国防部长后,奥巴马也私下对其表达不满:哈格尔没有更积极主动地参与内阁会议和其他关于国家安全的讨论。[3]

真正与总统相处愉快的国防部长,往往有两个特点:第一,能力强,可为总统分忧;第二,会做人,有了成绩归领导,出了问题自己扛。再说直白一点,得是"人才+人精",一个都不能少。能做到这个份上的国防部长,马歇尔说自己第二,没人敢说第一。

马歇尔毕业于弗吉尼亚军事学院[4](二战名将巴顿和中国名将孙立人也就读于此),二战期间深为罗斯福总统倚重。1950年朝鲜战争爆发后,马歇尔正在悠闲地钓鱼,突然接到杜鲁门总统电话,请其出任国防部长。注意,这是破格出任。[5]马歇尔提出,因身体原因,最多干一年。在此期间,他不仅提高了国防部的运行效率,而且与参联会主席和各军种老板关系融洽。[6]马歇尔可以做到礼让过去的部下、国务卿艾奇逊(马歇尔任国务卿时,艾奇逊是副手),在官方场合让艾奇逊走在自己前面。这样一个国防部长,对上司杜鲁门自然更是尊

---

[1]
查尔斯·哈格尔:1946年生,共和党人,参加过越战,但后来成为一名反战的议员。

[2]
哈格尔遭尖锐质询,纽约时报中文网,2013年2月2日。https://cn.nytimes.com/world/20130202/c02hagel

[3]
《美国防长自请下台》,载《青年参考》,2014年11月26日,第4版。

[4]
弗吉尼亚军事学院创立于1839年11月11日,位于独立战争打响第一枪的地方——莱克星顿,首任院长史密斯是西点军校毕业生。

[5]
根据美国法律,五星上将永远是现役。也就是说,就算马歇尔退休了,他的名字仍在现役名单上。为了给马歇尔就任国防部长扫清障碍,美国国会专门通过了一项特别法案,特批马歇尔以现役军人身份就任国防部长。

[6]
参联会主席布莱德雷是马歇尔培养出来的,陆军参谋长柯林斯和空军参谋长霍伊特·范登堡受过马歇尔的伯乐恩惠,海军作战部长福雷斯特·谢尔曼与马歇尔私交不错。

重有加。1959年,马歇尔去世,已卸任的杜鲁门参加葬礼并致辞:"他是我们这一时代伟人之中的伟人。我衷心地希望,当我跨到另外一个世界,马歇尔能收留我为他部下,从而使我得以努力报答他给我们所做的一切以及他给国家所做的一切。"[1] 马歇尔没有指挥过一场战役,但在军方威望很高。

国防部长与总统关系和谐,拉姆斯菲尔德也算一个。他不仅深得小布什信任,而且很有能力和魄力。然而,拉姆斯菲尔德与军方关系糟糕,搞得美军几乎集体"逼宫"轰其下台。最后,他只能以辞职的方式为伊拉克的糟糕局面买单,替领导小布什背锅。

拉姆斯菲尔德也是"人才+人精",为何失败?

有一点他得向马歇尔学习:不仅要善于和领导处好关系,还要和同僚、部下搞好关系,不能只是眼睛向上。

可惜,世上再无马歇尔,战后历任国防部长,再没有谁能达到马歇尔的高度了。国防部长与总统、军方的龃龉还将继续,其时无尽,其苦无穷。

[1]
[英]伦纳德·莫斯利著,徐海洋等译:《诚实将军——马歇尔传》,长春:时代文艺出版社,2001年,第385页。

2
好不容易混到武将之首，却指挥不了部队

> 我们在错误的地点、错误的时间，和错误的敌人打了一场错误的战争。
> ——美国参联会主席、五星上将布莱德雷评价朝鲜战争 [1]

上面这句话流传很广，想必很多人都知道，也因此知道了一个官职——参谋长联席会议主席（以下简称"参联会主席"），以为这是美军最大的官儿。

这话对，也不对。

对，是因为参联会主席确实是美国军人能做到的最大的官儿；不对，是因为参联会主席没啥实权，管着一个不带部队的机关，角色是各军种、各战区与国防部长之间的联络人（协调员），典型的"位高权不重"。[2] 德军总参谋部和日军大本营是名副其实的国家最高军事领导机构，但美国参联会却徒有其名。

英美国家遇到难办的事情（特别是涉及多方利益的难事儿），有一种习惯做法——组建委员会协调解决。美国建国便是如此，各州派代表参加大陆会议，派民兵组成大陆军。建国后，美国"弱中央，强地方"，各州的权力很大，总统到了地方，州长不出面接待是家常便饭。国家建构如此，军队内部亦如此，各军种强，参联会弱。所以，国家称"联邦"，军队有"联席"，都有一个"联"字。

---

[1]
布莱德雷这句话的英文原文包含在下面这两段话中：
(1) Under present circumstances, we have recommended against enlarging the war from Korea to also include Red China.The course of action often described as a limited war with Red China would increase the risk we are taking by engaging too much of our power in an area that is not the critical strategic prize.
(2) Red China is not the powerful nation seeking to dominate the world. Frankly, in the opinion of the Joint Chiefs of Staff, this strategy would involve us in the wronq war, at the wrong place, at the wrong time, and with the wrong enemy.
(From testimony before the Senate Committees on Armed Services and Foreign Relations, May 15, 1951. Military Situation in the Far East, hearings, 82nd Congress, 1st session, part 2, p.732 [1951].)
国内媒体翻译引用布莱德雷这句话往往断章取义。布莱德雷此话不是评价整个朝鲜战争，而是在战争初期，麦克阿瑟提议将战火烧到中国境内，美国国会开会讨论时，布莱德雷说出了这句话，言下之意很明显：我不同意麦克阿瑟的建议（将战火烧到中国东北境内），我们参联会反对扩大战争。

[2]
1986年，美国《国防法》扩大了参联会主席的权限，包括制定军事战略、指导国防预算、作战及联合演习计划等，分享国防部长部分权力，但参联会主席仍然是总统和国防部长的军事顾问，无权指挥军队。

遇到事情，参联会把各军种"老板"聚到一起开会，商量解决办法，最后的解决方案得大家同意。参联会主席很难统一认识，又不能独断专行，只能向国防部长如实报告会议情况。[1]

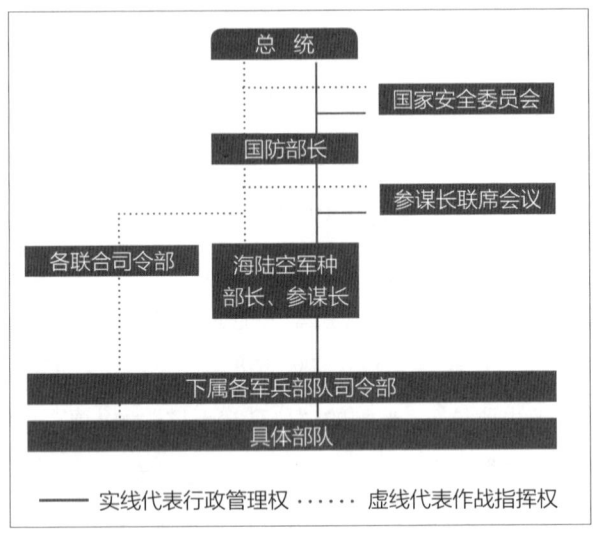

美国军事领导指挥体制

从美军领导指挥体制示意图可以看出，参联会在"作战指挥"链条和"行政管理"链条上都不是必需的一环。因此，国防部长可以越过参联会主席，直接向部队下达命令。

不过，偶尔也有很"另类"的参联会主席，平时很强势，战时存在感也相当强，甚至强到令上司国防部长"隐身"。1991年第一次海湾战争，美军打得非常漂亮，扬眉吐气，成为越战之后的翻身仗，事后还搞了个胜利大阅兵。此战，最出风头的人是谁？

一个是多国部队总司令施瓦茨科普夫上将，一个是参联会主席鲍威尔上将。至于他们的领导、国防部长切尼[2]，几乎黯淡无光。

坐了冷板凳，切尼属实不甘心，也想在这场彪炳史册的战争中留下一点印记。于是，他提出一个想法：将记者嵌入美军。然而，鲍威尔和施瓦茨科普夫都坚决反对。

[1]
美国参联会成立之初，为显示各军种平等，不设主席，由总统罗斯福的私人参谋长莱希（海军上将）担任参联会与总统之间的联系人。

[2]
理查德·切尼：1941年生，耶鲁大学肄业（成绩不好），无军旅生涯。老布什当选总统后，切尼成为国防部长（1989.3.21~1993.1.20），后来还当过小布什的副总统。

为啥？越战的教训太深刻了。在美军看来，越战之所以失败，很大程度上不是自己打不赢，而是败在记者手里——他们把前线见不得人的事儿都捅出来，激起美国国内规模浩大的反战游行。所以，鲍威尔表示："将记者嵌入军队绝对会损害军事行动的机密性。"据切尼回忆："他（鲍威尔）用非常强烈的言辞表达了强硬看法。"[1] 画面感很强，隔着纸似乎都能看到鲍威尔愤怒的表情，听到他气急败坏的咆哮声。这哪是上级咨询下级意见，分明是下级断然否决上级指示。切尼只好让一步：不让记者去前线采访，参加军方的例会总可以吧……

第一次海湾战争中的参联会主席鲍威尔（一排左二）、国防部长切尼（一排左三）、多国部队总司令施瓦茨科普夫（一排右三）

切尼当然也维护过自己作为国防部长的权威。在参联会讨论要不要对伊拉克动手时，鲍威尔提出疑问："对美国来说，一场为解救科威特的战争是否值得？"切尼知道后，当晚就对鲍威尔"敲黑板"说："你不再是国家安全事务助理了，也不是国防部长，更不是国务卿，所以你只需要管好军队的事就可以了。"[2]

施瓦茨科普夫也因为得罪了切尼这位上司而栽了跟头，不仅当陆军参谋长的事儿"黄"了，还在指挥完海湾战争当年年底退役，结束了政治生命。与施瓦茨科普夫相比，鲍威尔好得多，虽然也在1993年退役，但2000年重出江湖，到白宫担任要职——小布什班子中的国务卿。巧的是，切尼也同时出任小布什的副总统。但谁都知道，美国副总统就是个摆设，实权不如国务卿。

[1]
[美]迪克·切尼著，任东来等译：《我的岁月：切尼回忆录》，南京：译林出版社，2015年，第172页。

[2]
[美]托马斯·E. 里克斯著，吴亦俊等译：《大国与将军：从马歇尔到彼得雷乌斯，美国军事领袖是怎样炼成的》，广州：广东人民出版社，2013年，第303页。

体制 - 机制篇　017

2001年阿富汗战争和2003年伊拉克战争，国防部长总算找回了应有的尊严。五角大楼掌门人拉姆斯菲尔德名声大噪，参联会主席迈尔斯[1]则默默无闻。"9·11"事件之后，参与阿富汗战争决策的美国中央司令部副司令德龙有一段值得玩味的回忆[2]：

国防部长拉姆斯菲尔德（左）与参联会主席迈尔斯（右）

通往战争之路只剩下最后一站，而这是我们很不情愿，但又不得不经过的一站：向参联会主席提出请示。

参谋长联席会议主席则是总统、国防部长和国家安全委员会最主要的军事顾问。

对弗兰克斯[3]（美国中央司令部司令——笔者注）来说，请示参联会主席不过是走一个过场而已。为了防止泄密，我们的作战计划是在高度机密的情况下制定出来的，已经得到了国防部长拉姆斯菲尔德和布什总统的批准。

阿富汗战争由中央司令部动用各军种部队指挥实施，作为中央司令部司令，弗兰克斯很清楚参联会只是个"摆设"，不在指挥链条上。因此，他事先将作战计划上报国防部长和总统得到批准，再请示参联会主席。弗兰克斯之所以这么做，主要

---

[1]
理查德·迈尔斯：1942年生，毕业于堪萨斯州立大学机械工程学专业，没有上过军校，而是在大学毕业23岁时通过空军后备军官训练团参军，参加过越南战争，曾任驻日美军司令（1993~1996）、太平洋战区空军司令（1996~1998）、航天司令部司令和北美防空司令部司令。2001年3月担任参联会副主席，同年8月24日（"9·11"事件之前）被布什总统提名为参联会主席，9月14日国会批准，10月1日正式担任主席，2005年10月去职。"9·11"事件发生时，时任参联会主席谢尔顿正在南美且即将卸任——小布什已提名迈尔斯接任。

[2]
[美]迈克·德龙著，张春波等译：《我在指挥中央司令部：阿富汗和伊拉克战争真相》，北京：东方出版社，2006年，第30~31页。

[3]
汤米·弗兰克斯：1945年生，就读于德克萨斯大学期间恰遇越战爆发，转校到西尔堡军官学校，毕业后参战，担任前线观察员等职，多次负伤。后调至五角大楼军队总检察官办公室，专门负责军队和国会之间的沟通协调。海湾战争后被调到韩国任美军混合部队司令和中央司令部司令，并指挥了2001年的阿富汗战争和2003年的伊拉克战争，随后退役。

是考虑到打仗的部队还得从各军种抽调，需要各军种的头头脑脑们支持。

参联会上，除了海军陆战队，其他军种几乎都认为中央司令部的计划过于冒险。对此，弗兰克斯直言"这是我的计划，我为计划的实施负全责！"[1]说完扭头便走。他如此嚣张是因为有靠山——拉姆斯菲尔德欣赏并支持该作战计划。

当时的参联会主席叫迈尔斯，是拉姆斯菲尔德向布什总统建议的人选，拉氏当然不会选不听话的人。[2]对此，迈尔斯心知肚明。据美国媒体报道："有好几次，迈尔斯与国防部长拉姆斯菲尔德一同在媒体面前露面；拉姆斯菲尔德夸夸其谈，而迈尔斯即使对他的看法并不完全同意，还是"咬紧嘴唇，不发一言"[3]。对此，美媒的看法是：一方面，迈尔斯本性如此，不愿在媒体过多曝光，抢上司拉姆斯菲尔德的风头，更不愿意发表不同意见；另一方面，布什和拉姆斯菲尔德希望他这么做。

既然国防部长比参联会主席官儿大，拉姆斯菲尔德压迈尔斯一头当然没毛病。可海湾战争中，参联会主席鲍威尔的风头为啥却盖过了国防部长切尼呢？

一看国防部长的军事能力，二看其领导风格。

如果国防部长军事能力强，又喜欢大权独揽，那么参联会主席只能靠边站。这方面的代表，除了有"五角大楼军阀"之称的拉姆斯菲尔德，还有越战时期的国防部长麦克纳马拉。

麦克纳马拉做过福特汽车公司总裁，入主五角大楼前并无从军经历和军事经验，越战时却喜欢赤膊上阵，把参联会主席泰勒[4]晾一边。作为文官，麦克纳马拉不仅穿上军装去前线视察，显得英姿飒爽，还亲自制定作战计划，显得指挥若定。麦氏在媒体上出镜率很高，美国人在电视上经常看到他站在地图前挥舞指挥棒运筹帷幄。麦克纳马拉任上，是国防部与参联会关系最差的时期之一。参联会

---

[1]
[美]迈克·德龙著，张春波等译：《我在指挥中央司令部：阿富汗和伊拉克战争真相》，东方出版社，2006年，第32页。

[2]
拉姆斯菲尔德于2001年1月20日出任国防部长，1997年上任的参联会主席谢尔顿到2001年9月30日任满，拉氏上任后，刚好可以挑选忠于自己的参联会主席——尽管国防部长没有向国会的提名权，但有向总统的建议权。

[3]
《理查德·迈尔斯——美军参联会主席》，美国之音中文网，2003年3月18日。
https://www.voachinese.com/a/a-21-a-2003-03-18-42-1-63317832/984400.html

[4]
马克斯韦尔·泰勒：1901年生，毕业于西点军校，二战时期曾任第101空降师师长，二战结束后担任母校西点军校校长、驻韩美军司令、陆军参谋长。1962年10月1日，开始担任参联会主席。

成员们（各军种一把手）的升迁命运握在国防部长手里，任上不敢说啥，退休后没了顾忌，纷纷吐槽，说国防部和参联会尿不到一个壶里。

国防部长麦克纳马拉（左）与参联会主席泰勒

也有相反的例子。如果国防部长在军事上是"菜鸟"，领导风格又偏软，担心丢脸，就常常通过参联会主席去指挥。海湾战争时期的国防部长切尼和参联会主席鲍威尔即是如此。

总体而言，参联会主席在国防部长面前处于弱势，鲍威尔的强势只能算例外。正如前国防部长盖茨在回忆录中所说[1]：

国防部长是军事指挥链条中地位仅次总统的人，而副总统和参联会主席根本不在这个指挥链中。向世界各地美军发出的命令是由总统传达给国防部长，再由国防部长传达给战斗部队指挥官的，虽然出于礼貌的考虑，我通常会请参联会主席去传达这些命令。

国防部长对参联会主席的态度，一定程度上来自总统对参联会主席的态度。越战时期，参联会主席惠勒率全体人员求见总统约翰逊，总统连椅子都没准备，这等于暗示：你们有屁快放，别待太久！参联会建议将越战升级，约翰逊咆哮道："你们这些自以为是的白痴，你们想用自己那点愚蠢的'军事智慧'说服我发动第三次世界大战吗？！都他妈从这里滚出去！"[2]

[1]
[美] 罗伯特·盖茨著，陈逾前等译：《责任》，广州：广东人民出版社，2016 年，第 82 页。

[2]
[美] 托马斯·E. 里克斯著，吴亦俊等译：《大国与将军：从马歇尔到彼得雷乌斯，美国军事领袖是怎样炼成的》，广州：广东人民出版社，2013 年，第 213 页。

3
这些名将战功卓著，为何被中途卸职

中国历代王朝几乎都被一个进退两难的问题困扰过：军队强大，对外战争屡战屡胜，不断开疆拓土，但这样的军队可能"造反"，反噬皇权；军队弱小，皇权安稳，但对外战争常常被打得落花流水，丧师辱国。前者的典型是唐朝，后者的代表是宋朝。

军队"对外能打"和"对内忠心"似乎是"鱼与熊掌不可兼得"的关系，但美国做到了二者兼得。从根本上说，是因为美国比较妥善地处理好了军事和政治的关系，摆正了文官和武将的位置。

说到美国的军政关系，大伙儿一般会想到两个人——麦克阿瑟与杜鲁门，美国著名学者亨廷顿的开山之作《军人与国家》[1]就是从两人开撕说起。

麦克阿瑟（左）与杜鲁门

朝鲜战争中，麦克阿瑟对政府战略指手画脚，甚至勾连政府和国会中的反对派挤兑总统，被杜鲁门羞辱性解职。麦氏不甘心，以为自己在国内很受欢迎，遂于1952年参加总统竞选，不料以惨败收场。注意，打败他的人叫艾森豪威尔，这让心高气傲的麦克阿瑟如何能接受——1925年麦克阿瑟晋升少将时，艾森豪威尔仅仅是个少校。麦克阿瑟自尊心受到沉重打击，加上年事已高（72岁），彻底

---

[1]
《军人与国家：军政关系的理论与政治》：美国著名学者亨廷顿著，自1957年面世以来一版再版。该书主要论述了军事和政治、军人和政客应该如何相处，是研究军政关系最有影响力的著作，也是奠定亨廷顿学术地位的作品。

美国陆军参谋长埃里克·新关

退出江湖。艾森豪威尔在军事上算是后辈,但在政治上根本不把麦克阿瑟放在眼里,在日记中写道:"麦克阿瑟就像个大婴儿。"[1]

武将因为与文官搞不到一块儿被撸,麦克阿瑟不是孤例,而是普遍现象。

2003年,美国陆军参谋长埃里克·新关上将[2]在国会作证时,公开反对国防部长拉姆斯菲尔德的意见,认为后者安排进攻伊拉克的兵力太少,至少需要几十万大军。拉姆斯菲尔德想撸掉新关但没有马上动手(那样会让公众觉得自己太没肚量),忍到开战3个月后才让新关提前"退休"。这件事,被认为是"麦克阿瑟解职事件"之后半个世纪以来美国最严重的一次军政冲突。

与上面这两位相比,还有一个将军更嚣张:不仅反对政府战略,甚至想抢班夺权……谁?

麦克莱伦[3],美国内战时期北方军队总司令。他反对武力统一南方,反对林肯解放黑奴,甚至动过"进军华盛顿夺了鸟位"的念头。林肯先下手为强,把他撸了。

麦克莱伦、麦克阿瑟、新关分别是19世纪、20世纪、21世纪"不讲政治将军"的3位代表。美国政府撸掉他们显然是杀鸡骇猴:任你军职有多高、贡献有多牛、名气有多大,只要越俎代庖、挑战白宫、干预政治,就请卷铺盖走人。

鲜为人知的是,美国并非没有发生过军人"造反"威胁政权的危机,而且还

---

[1]
[美]托马斯·E.里克斯著,吴亦俊等译:《大国与将军:从马歇尔到彼得雷乌斯,美国军事领袖是怎样炼成的》,广州:广东人民出版社,2013年,第166页。

[2]
埃里克·新关:1942年生,第三代日本移民,美军第34任陆军参谋长(1999.6.21~2003.6.11),也是第一位亚裔陆军参谋长。毕业于西点军校,参加过越南战争。2003年退役,5年后又被奥巴马委任为退伍军人事务部部长(2009.1.20~2014.5.30)。

[3]
乔治·麦克莱伦:1826年生,以优异成绩毕业于西点军校,参加过美墨战争,在母校当过教员。南北战争中,率军击败一支南方军队,获得"小拿破仑"称号,随后担任北方军队总司令,阻止了南军进攻华盛顿的行动。不过,由于他犹豫的性格和谨慎的作风,防御战虽打得不错,但进攻战不行,后来被撤职。1864年他辞去军职后,曾与林肯角逐总统,但以失败告终。

出现在其建国初期，这就是著名的"纽堡阴谋"[1]（Newburgh Conspiracy）事件。最后还是华盛顿亲自出面，利用自己的权威摆平。问题是，华盛顿的权威不是谁都有的，以后怎么办？

当务之急，是裁军。美国独立战争胜利第二年，军队基本散伙，只保留了一个团，兵力少得可怜——区区700人。半年后，更是裁减到80名士兵和极少数军官。[2]

这在其他国家难以理解：军人为开国做出了最重要的贡献，怎能卸磨杀驴？再说了，不怕他们发动军事政变吗？

其他国家也许会，但美国不会。独立战争中的美军多是自愿参军的农民，没太高追求，目标很朴素——赶走英国人，然后回"高老庄"，只要自由多一些税少一点就行。连大陆军总司令、开国总统华盛顿也不肯继续担任第三届总统，回家当"地主"（农场主）去了。

美国内战，军队数量再度膨胀，再加上"邻居"南美洲国家不断出现军事政变[3]，让美国人对军队更加忧惧。战争结束后，美军兵员和经费再次被大幅压缩。部队可怜到什么程度？海军开支严重不足，以至于舰长们舍不得开启蒸汽动力。这还不够，美国为了"把军队关进笼子"，实行"以文驭武"，给美军套上一圈又一圈紧箍咒，包括但不限于下列措施：

全军总司令不是职业军官，而由总统担任；

代表总统管理指挥军队的国防部长同样是文官出身；军人想当国防部长也可以，但得等退役7~10年之后才有资格[4]；

作为"军头"，参联会主席只是国防部长的助手，角色是顾问，对军队没有指挥权；

---

[1]
纽堡阴谋：1783年3月10日、20日，驻纽约州纽堡的军官发表演说威胁议会，如果不能发给相当于其工资一半的终生补偿金，就要采取行动。同年6月21日，由于军人被欠薪，导致多起兵变，如宾夕法尼亚的部队包围了位于费城的州议会大楼。

[2]
[美]亨廷顿著，李晟译：《军人与国家》，北京：中国政法大学出版社，2017年，第129、130页。

[3]
19世纪后半期开始（对应美国内战前后），南美国家好不容易摆脱西班牙的殖民统治，又陷入军事政变的漩涡。如墨西哥在24年间（1824~1848）发生了250次军事叛乱，换了31个总统；又如玻利维亚独立后70年间，爆发了60次暴动，6位总统死于非命。

[4]
现役军人退役7~10年后才能出任国防部长有两个例外——马歇尔和马蒂斯。

为了管住武职的陆军参谋长（相当于中国的陆军司令）、海军作战部长（相当于中国的海军司令）、空军参谋长（相当于中国的空军司令），不惜叠床架屋，设立文官的陆军部长、海军部长、空军部长；

军官们（指 commissioned officer ——笔者注）不得对总统、国防部长等文官使用"蔑视性词汇"（contemptuous words），否则军事法庭见……

军队高官染指政治就撤职，军队过强就削减兵力和经费，但问题也跟着来了：

第一，将领们被管得太多太紧，怎么放开手脚打仗？文官不懂军事，不是外行指挥内行吗？第二，兵力和军费不足，如何有实力制止侵略和侵略别人？

对第一个问题，美国的办法是：宏观的战略（strategy）层面，文官做主；到了作战（operation）和战术（tactics）层面，放手让将军们去干；对第二个问题，让国会管兵力编制和钱袋子，可多可少，灵活应对。

这两个解决办法看上去很美，但做起来难，导致双方你对我不满，我对你不爽。

一方面，如果文官强势，往往喜欢显摆自己有两把刷子，直接插手军事指挥。比如在伊拉克战争中，国防部长拉姆斯菲尔德连几十人的部队调动都要过问。他甚至赤裸裸威胁军方：凡是质疑军队改革计划的人，都会发现自己的职业生涯会突然停止。

另一方面，将军们如果觉得文官制定的战略有问题甚至"外行"，是为了捞取"政治资本"，特别是因此造成部队吃败仗遭受损失时，往往忍不住吐槽骂娘。更何况，如今的美军将领可不是"头脑简单四肢发达"的赳赳武夫，相反，不少人是很有文化的儒将。比如：参联会主席鲍威尔[1]在乔治·华盛顿大学读了MBA；陆军参谋长新关在杜克大学读了英语文学硕士；国家安全事务助理麦克马斯特[2]在北卡罗来

---

[1] 科林·鲍威尔：1937年生，父母是牙买加移民，家境贫寒。毕业于纽约市立学院，之后从军，参加过越南战争，曾任第101空降师22旅旅长等职。1989年，担任参联会主席（1989.10.1~1993.9.30），成为第一个担任此职的黑人。卸任后，又出任国务卿，也是第一个黑人国务卿，其间民意支持率80%以上，远远超过同行奥尔布赖特、赖斯和希拉里等人。

[2] 赫伯特·麦克马斯特：1962年生，毕业于西点军校，曾任本宁堡军事基地司令、陆军能力集成中心主任等职，2017年2月20日被特朗普委任为国家安全事务助理。他以敢说真话著称，但也因此在仕途上不顺（2006年、2007年两次晋职失败）。

纳大学获得了历史学博士学位；参联会主席邓福德[1]则是乔治城大学的政府学硕士和塔夫茨大学的国际关系硕士……这些武将的战略眼光和见识，不比文官差。

面对文官的压制，美军只会逆来顺受？枪杆子难道斗不过笔杆子？军队一点反抗的招儿都没有吗？

当然不是，他们也会"造反"，但态度是端正的、方式是间接的、程度是温和的。

早在1997年，麦克马斯特就公开出版了一本"反动"畅销书——《玩忽职守》。他以越战为例，建议高级将领们在无能的文官面前不能太尿，该怼就怼。这本书在美军中流传很广，甚至出现了一个专有名词——"麦克马斯特主义"，核心要旨就是：武将要敢于和文官"作对"。

武将们不仅拿历史说事儿进行影射，还有下面这些实锤的狠招：

（1）利用和议员的私人关系促成听证会，借助国会改变政府的军队政策。

（2）如果文官无视军方建议，损害了军方利益，将领们就公开发表声明，把事情捅到媒体，将事情搞大，争取民意支持，对政府施压。克林顿时期，参联会主席鲍威尔用过这招[2]；小布什时期，参联会主席马伦[3]也用过这招；奥巴马时期，麦克里斯特尔再用此招。[4]

（3）请退役将军们出面为军方发声。别小看了这群人的能量，他们不仅敢说，而且能说到点子上。2006年4月，6名退役美军将领有组织地挨个发表文章，历数国防部长拉姆斯菲尔德的错误，要求其下台。"六连发"下来，成功引起媒体和官方关注，促成拉姆斯菲尔德黯然去职。

---

[1] 小约瑟夫·邓福德：1955年生，本科毕业于圣麦克学院，长期在海军陆战队服役，担任过海军陆战队司令（2014.10.17~2015.09.24）和参联会主席（2015.10.01~2019.9.30）。

[2] 鲍威尔不便直接反对军方的政策，为表达自己的政见，在《纽约时报》公开发表文章，反对美国介入波斯尼亚。

[3] 迈克尔·马伦：1946年生，毕业于海军军官学院，长期在海军任职，最高做到海军作战部长，后担任参联会主席（2007.10.01~2011.9.30）。2011年曾访问中国。担任参联会主席期间，就阿富汗和伊拉克问题公开发表了一些与总统小布什不一致的言论，引起后者不快。

[4] 2009年9月27日，驻阿富汗美军司令麦克里斯特尔接受美国哥伦比亚广播公司著名节目《60分钟》采访，公开要求奥巴马增兵4万。4天后，他又在伦敦战略研究所演讲，再次质疑时任美国副总统约瑟夫·拜登削减驻阿富汗美军数量的主张。2010年6月，麦克里斯特尔下台。

当然，军方"造反"也有惨败的案例，最出名的当数 1949 年美国海军将领"集体造反"事件。由于总统杜鲁门和国防部长福雷斯特尔下马海军的"超级航母"计划，多名海军将领（退役＋现役）以"集体辞职"相威胁，要求恢复该项目。[1] 但他们失败了，现役的或被降职或被停职或直接退役，退役的退休待遇也被削减。

军政冲突会给美国造成什么负面后果？

一方面，决策成本增加，效率降低。

文官如果撇开武将单独作出战略决策，军方会感觉没受到尊重。[2] 如果文官的战略决策与军方期望不一致，更会加重军方的疑虑与不满。在这种情况下（所谓"不理解也要执行"），军方落实政府指示时恐怕难免打折扣。

文官如果让武将参与战略决策（通过咨询军方等方式），军方在提供意见时，有可能出于本位主义，仅仅（或主要）考虑军方的利益，而不是站在国家和全局的高度。由于立场不同，可能导致军政意见相左，互相鄙视，比如文官觉得武将目光短浅，军方认为政府不专业。双方要达成妥协，势必进行数个回合的拉锯博弈，导致决策效率降低。

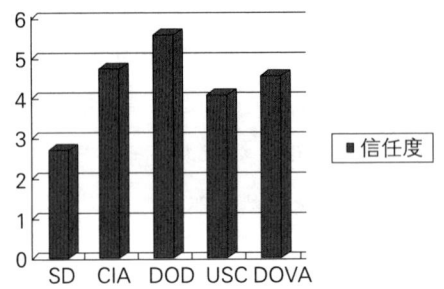

SD：国务院　　CIA：中央情报局　　DOD：国防部
USC：国会　　DOVA：退伍军人事务部
信任度的取值范围为 1～10

2008 年美国军官对文官政府部门的信任度调查示意图

[1]
此外，越南战争期间，军方主张全面战争，政府主张有限战争。作为军方代表，参谋长联席会议的成员们曾于 1967 年夏天考虑过集体辞职，但最终未付诸行动。

[2]
2005 年，美国国务卿赖斯在未征询驻伊美军司令凯西的情况下，在国会外交委员会作证时提出了"清理、坚守、建设"战略，令凯西觉得自己完全被架空，不受尊重。

另一方面，可能牺牲一些优秀人才。

军政双方在斗争的过程中，那些有个性、有能力、有洞见的人（不管武将还是文官）常常成为牺牲品，从此告别仕途。留下的，也许就是小心翼翼的平庸之辈。这对美国来说，显然是一大损失。

麦克阿瑟给美国总统留下的印象太坏了，以至于越战时期，总统约翰逊警告美国驻越南军事援助司令部司令威斯特摩兰上将："我是你的老板，你是我的手下，绝不要像麦克阿瑟对待杜鲁门那样对待我。"[1]美国前国防部长盖茨这样评价奥巴马时期的军政关系："军方领袖与总统之间的关系通常很紧张"，他补充道，"这在整个美国历史上是司空见惯的。"[2]

美国军政矛盾不仅过去有、现在有，将来还会一直存在。

当代美军将领也许骨子里欣赏麦克阿瑟的个性，但他们的行动恰恰相反——不是与总统对着干，而是讨好总统。伊拉克战争前，作为这场战争的美军总指挥，弗兰克斯专程到小布什老家的牧场拜访。海军陆战队彼得·佩斯上将担任参联会主席时也这么干过。总统委你要职，让你指挥重要军事行动，作为下级，总要表示感恩。有人的地方就有江湖就有关系就有人情，这一点，美国也不例外。

[1]
[美]托马斯·E.里克斯著，吴亦俊等译：《大国与将军：从马歇尔到彼得雷乌斯，美国军事领袖是怎样炼成的》，广州：广东人民出版社，2013年，第168页。

[2]
[美]罗伯特·盖茨著，陈逾前等译：《责任》，广州：广东人民出版社，2016年，第560页。

4
百万全副武装的美军不敌赤手空拳的 500 多人，什么情况

作为世界上最强大的军队，美军最大的敌人居然是区区 500 多人？

你没看错，这个敌人的名字叫"国会"，一共也就 500 多人。

美军有两个头儿，一个是政府，一个是国会。管理和指挥，政府的头儿总统说了算[1]；宣战和军费，国会那帮议员说了算。[2] 妥妥的分权制衡。

打仗最需要两样东西，一是人，二是钱。美军打仗有个特点——如果死伤和花钱太多，却没让美国老百姓感受到自身安全得到保护，百姓便会群起反战，战争就该进入倒计时了。巧的是，打仗最需要的两样东西（人——员额，钱——军费）都由国会说了算，国会是美军的衣食父母。

美国国会有个与军队有关的机构值得关注——军事委员会。美国参议院的"军委"有 25 人之多，负责的一摊子事儿包括但不限于：美国国防部、军事研发、核能、军人福利待遇、遴选兵役制及其他与国防政策有关的事务。与参议院"军委"相比，众议院"军委"人数更多（62 人），责任也不同，负责对国防部、各军种、能源部大部分机构提供资金并实施监督。

打个不太恰当的比方，总统好比美军他爸，国会好比美军他妈，一个管做事，一个管发钱。设计这种军事体制的出发点有两个：对外，防止别人入侵或者发动战争；对内，避免军事独裁。从实践看基本得偿所愿：美国几乎赢得了所有对外战争（包括两次世界大战），内部也没有出现军事独裁或军事政变。

美军这个娃娃向老妈（国会）伸手要钱的时候，不是每次都能得到满足。要到钱记你的好，可要是没要到钱或没要够钱，谁会喜欢吝啬的老妈？每年，各军

---

[1]
美国联邦宪法第 2 章第 2 节："总统为合众国陆海军的总司令，并在各州民兵受征召为合众国执行任务时担任统帅。"

[2]
美国联邦宪法第 1 章第 8 节规定议会的军事权力如下："募集和维持陆军，但每次拨充该项费用的款项，其有效期不得超过 2 年；配备和保持海军；制定有关管理和控制陆海军队的各种条例；制定召集民兵的条例，以便执行联邦法律，镇压叛乱和击退侵略；规定民兵的组织、装备和训练，以及民兵为合众国服役时的管理办法，但各州保留其民兵军官任命权和依照国会规定的条例训练其民兵的权力。"不过，对于国会来说，更重要的是编制员额和军费的审批权，宣战权不是那么重要了——美国对外战争由国会正式宣战的只有区区 5 次。

种把预算报上去，常常被国会七砍八砍。所以，美军中有句话非常流行——"最大的敌人在国会山"，也就是535名议员（参议院100人，众议院435人[1]）。

别说各军种，就算是他们的头儿三军总司令，有时也被国会欺负得没脾气。大伙儿都知道大名鼎鼎的总司令专机——"空军一号"[2]，但不一定知道它已经很老很老了。老到什么程度？特朗普任上座机"空军一号"已经服役30年了。美军全球第一，总司令的座机却这么寒酸，出去应酬多没面子，特朗普于是提出"坐骑"要升级换代。不过，等总统坐上新的"空军一号"得2024年了，这意味着特朗普本人享受不了，所以他强调："我是为其他总统做的，不是我。"[3]国会老爷们本想满足其心愿，可一听说波音公司开口要价40亿，不痛快了，要特朗普自己向波音公司杀价……

军方与国会的矛盾不是今天才有，而是历史悠久。美国独立战争中，要打走英军，按理兵越多越好，大陆会议（相当于现在的国会）倒好，对总司令华盛顿处处掣肘：

1780年大陆会议任命盖茨[4]为南方军司令，总司令华盛顿竟然不知道；

每一次战斗华盛顿指挥的部队从未超过2万人，他请求延长士兵服役期限也惨遭大陆会议拒绝（士兵服役期满都急着回家老婆孩子热炕头，认为自己已尽完义务，该别人了）；

大陆会议几乎从来没给部队提供过充足的军费，导致华盛顿的部队形同流浪的乞丐，部队险些哗变散伙……

[1]
本来，国会议员按照人口比例分配最合理，众议院435人就是这样分配名额的（人口再少的州至少保证1名众议员，目前人口最多的州加利福尼亚州有53名议员；众议员任期2年，可连选连任无限制）。然而，人口少的州有意见了：我们州人少，在国会代表少，岂不是要吃亏？为了平衡各州利益，于是设置参议院100人，每州2人，任期6年。

[2]
1950年，美国总统艾森豪威尔出访时，在同一空域和同一代号（8610）的客机相遇，导致塔台人员无法分辨。此后，总统专机拥有了专门的代号——空军一号（Air Force One），一般配备2架（其中1架备用）。

[3]
《特朗普揭空军一号新形象 亲自设计颜色使其"更美国"》，中国新闻网，2019年6月14日。https://www.chinanews.com/gj/2019/06~14/8864470.shtml

[4]
霍雷肖·盖茨：1727年生，原是英国军官，美国独立战争时本已退役，却站在美国人一边，是华盛顿的副手，一再想取而代之。独立战争初期，他的声望和华盛顿不相上下，独立战争的转折点"萨拉托加大捷"（1777年）就是他指挥的。但在1780年，他大败于英军将领康沃利斯，导致南方大陆军几乎全军覆没。

体制 - 机制篇　029

军队对国会十分不满，以至于1781年一支部队干脆调转枪口，直接进攻大陆会议所在地费城……当时的美军又土又差还不团结，要不是后来法国送粮送枪送人提供国际支援，美国革命的星星之火恐怕早被英国扑灭了。

独立战争前后，陆军受够了国会，海军也一样。建国后，美国宪法都说了可以保留海军，国会却在1790年解散了海军。没有海军保护，美国渔民只好向海盗交保护费，这让国家颜面何存？无奈之下，国会同意重建必要的海军，但军力孱弱。百年之后的1889年，美国海军部长特雷西看不下去了，建议发展海军。国会断然拒绝，理由有二：第一，太烧钱；第二，没必要——美国没有来自海上的威胁。直到1901年海军部副部长出身的西奥多·罗斯福（就是提出"胡萝卜＋大棒"政策的主儿）当上总统，海军总算时来运转，政府和军方并肩对国会施压，国会才同意发展海军。

美国独立战争后，国会解散海军；南北战争后，国会裁减海军；一战之后，国会再次裁军。对国会这种卸磨杀驴的行径，军方深恶痛绝。特别值得一提的是，美国南北战争结束后出现了一个奇怪现象：投降的南方军队不归总统指挥，而由国会直接指挥。为啥？担心总统凭借战后的威望和手中的军队，成为军事独裁者，国会沦为摆设。

拜二战所赐，总统的战争权力达到顶峰。尽管国会没有对德宣战，但美国海军在总统罗斯福命令下，仍对袭击美国的德国潜艇进行打击。随后的朝鲜战争中，美军已经到朝鲜，总统才"通知"国会。

总统的身份之一是三军总司令，常常与军队站在一起与国会斗争，二打一，逐渐取得上风。以宣战权为例，根据美国宪法，美军展开军事行动有一个前提——国会批准。但事实让国会处于尴尬境地——美国自建国以来打了那么多仗，国会正式宣战仅仅5次。[1]

在美国人看来，展开军事行动≠宣战。事实上，美军也不可能等到国会宣战之后才进行准备——毕竟备战需要时间。

好景不长，越战惨败让国会决定给总统发动战争套上紧箍咒。这就是1973年11月7日通过的《战争权力法》（The War Powers Act of 1973），该决议案的主

---

[1] 这5次是：1812年美英战争、1846年美墨战争、1898年美西战争、第一次世界大战和第二次世界大战。其中，美墨战争和美西战争还是"先战后宣"，国会在战争已经打起来之后追认的。

要内容如下[1]：

只有在国会宣战、专门立法授权和美国本土、属地、美国武装力量遭到攻击或援救处于危险中的美国公民时，总统才能动用美国武装力量投入战斗；

总统必须在把美国武装力量投入战斗后48小时内，向国会递交书面报告，陈述必须动用武装力量的理由、动用武装力量的宪法及法律依据、估计卷入战斗的范围和持续时间；

美国武装力量必须在总统向国会递交书面报告后60天内撤出——除非国会已经宣战，或以特别法批准动用武装力量，或延长60天期限，或由于美国本土遭到攻击而无法集合；在确有必要时，总统可以把武装力量的动用期限延长30天；

无论何时，国会都可以通过一项两院联合决议以终止美国武装力量的军事行动；要求总统"在可能的情况下"，动用武装力量到国外作战前同国会协商；

总统必须每隔6个月向国会专题汇报一次有关情况。

虽然美国军方与国会关系紧张，但也不是没有关系和谐的时候——每次美国面临大敌或遭受袭击，国会对军方往往很大方，几乎有求必应。但如果战争结束或威胁消失（减少），国会又对军方挥起削减经费的大斧。苏联解体后，美军各军种几乎都"享受"过国会的"瘦身服务"：

海狼级潜艇[2]，砍！

十字军自行火炮[3]，砍！

F-22战机[4]要七八百架那么多干啥，砍成183架！

有事给钱，没事砍钱，平心而论，美国国会这种做法没错。一边是美国军方哭穷要钱，一边是美军奢侈浪费的新闻满天飞，美军究竟缺不缺钱？国会议员们

---

[1]
93rd Congress, H. J. Res. 542. The War Powers Act of 1973, Nov 7, 1973.
https://www.war-stories.com/war-power-act-poss-1973.htm

[2]
海狼级潜艇（Seawolf class）：号称"最安静的核潜艇"，造价不菲，单价30亿美元，1989年开始建造，计划是每年3艘，10年29艘。随着苏联解体，这个数字就永远停在了"3"上。

[3]
十字军自行火炮：号称"世界上杀伤力最强、战术机动性最强"的火炮，耗资预计110亿美元，1987年开始研制部件，但2002年被下马。

[4]
F-22猛禽战斗机：1971年立项，1985年开始研制，1997年首飞，2001年定型，2005年服役。从立项到服役，其周期长达34年！

体制 - 机制篇 031

又不瞎。再富的父母，也禁不住败家子折腾。西汉文帝和景帝积累的大量财富，被汉武帝挥霍得透支；隋文帝攒下够用几十年的家底，也被隋炀帝花得一干二净。试想，如果国会对军队有求必应，美国怕是早就破产了。

另一方面，国会砍切军费也给美国带来过危险。美国开国 200 多年以来，除了建国初期被世界第一的英军杀到首都火烧白宫外，凭借大西洋和太平洋两条"护城河"的天然屏障，本土一直安然无恙。所以，美国发展武力缺乏现实需要，军队一直不够强大，以至于参加第一次世界大战时曾遭到盟友英军和法军嘲讽：美军唯一的贡献是给伤亡报表增加了统计数字。当时的美军，除了人多，无论装备、技术还是战法，可谓既菜又渣。

珍珠港事件对美国而言是不幸的，但对美军来说是幸运的，美军借势发力，成为世界上最强大的军队之一。加"之一"两个字，是因为当时的美军要面对苏军的竞争。苏联解体后，美国成为世界唯一超级大国，肆意欺负弱小，终于激起"9·11"事件。

反恐战争打了近 20 年，接近尾声，军方失去向国会要钱的借口。怎么办？重新找个假想敌。美国军方不愿意打反恐战争这种含金量低的"治安战"，一直鼓吹中俄才是美国最大的战略对手，得发展相应的军力（其实是想通过更大项目弄到更多军费）。这些年，美军针对大国的装备项目被下马了一些，军方认为把精力聚焦在恐怖分子身上，便宜中国军队获得了近 20 年发展良机，不能一错再错了……

美军和国会的"互掐"大战，恐怕还会继续下去。

5
"山姆大叔"想生第六胎，五个哥哥都不乐意

2018年6月18日，时任美国总统特朗普签署命令，要美军"生个新娃娃"——太空军。2019年12月20日，这娃在一年多后总算呱呱落地，但其过程可谓一波三折。

按说，总司令都发话了，部队就该积极响应，以最快的速度贯彻落实。当时，美军已经有太空部队，主要由空军管，只是没有独立成军。所以，组建太空军应由空军主导，其他军种配合。

那么，空军对总司令的指示是怎么回应的呢？

——报告司令，我们做了一个五年计划，共需花费130亿美元！[1]

表面上，这是落实上峰命令，实际上，这是变相反对。此话怎讲？

特朗普从身边高参那里听说组建太空军仅需80亿美元[2]，而空军却表示要130亿美元，多出了整整50亿美元！其实，空军想说的是：咱已经有5个娃（陆军、海军、空军、海军陆战队、海岸警卫队），养不起第六个了，这娃"生不起"，还是算了吧。

美国六大军种徽章：陆军（左上）、海军（上中）、空军（右上）、
海军陆战队（左下）、海岸警卫队（下中）、太空军（右下）

空军这么表态，大概是想利用美国决策体制的漏洞：钱的事儿，别说军方定不了，就是总统也定不了，只能提报需求，交给国会拍板。尽管军费是纳税人的

[1]
Oriana Pawlyk. Space Force to Cost $13 Billion over 5 Years: Air Force Secretary. *Military.com*, Sep 18, 2018. https://www.military.com/daily-news/2018/09/18/space-force-cost-13-billion-over-5-years-air-force-secretary.html

[2]
Michael Rainey. Trump Wants $8 Billion to Build the Space Force. *The Fiscal Times.com*, Aug 9, 2018. http://www.thefiscaltimes.com/2018/08/09/Trump-Wants-8-Billion-Build-Space-Force

钱不是国会的钱，但议员们作为人民利益的代表，任务之一就是替老百姓看好钱袋子，别被挥霍浪费了。所以，面对军方提报的军费需求，国会往往答应得不痛快，杀价是家常便饭。由此可见，空军这招可谓一石二鸟：既出台方案落实总司令的指示要求，又借国会之力阻拦此事维护自身利益。

除了空军，其他几大军种也反对组建太空军。美国各军种为了争军费一向吵得脸红脖子粗，这次却空前团结起来。毕竟，各军种大多都有太空力量[1]，如果新建太空军，就得把这些家当打包送人，等于是割自己的肉给人家养膘，谁愿意？

空军变相反对组建太空军的时候，或许忘了自己是怎么"生"出来的，忘了自己的老祖宗米切尔[2]。

别看美国空军最近几场战争都大出风头，但出道初期却是后娘养的，被人瞧不起。飞机出现后，很快在第一次世界大战中初试牛刀，不过主要是用来侦察。当然了，也有进行空战的时候——两个飞行员举起手枪在空中对射！

当时，空军过着寄人篱下的生活，在陆军和海军屋檐下混饭吃，叫陆军航空兵或海军航空兵。当飞机蹒跚学步时，陆军根本不把飞机放在眼里。米切尔却认为空军是香饽饽，还想强行灌给美军吃，强烈要求组建独立空军。

当时美国空军非常弱小，确实不具备独立成军的条件。再者，蚊子也是肉，陆军和海军不想自己被割肉，所以反对组建独立空军。

米切尔自视甚高又觉得怀才不遇，借 1925 年飞机和飞艇出事之机，公开大骂陆军和海军愚蠢。陆军和海军早就看米切尔不顺眼，这次终于忍无可忍，以违反军纪为由将其送上军事法庭。值得注意的是，米切尔接受军事审判时，少将军衔的麦克阿瑟[3]正是 13 名法官之一。米切尔被判有罪，遭到降职（由将军降到上

[1]
比如，美国陆军有第 1 太空旅、第 100 导弹防御旅，海军有太空系统项目执行办公室和卫星作战中心，空军有第 14 航空联队。

[2]
威廉·米切尔：1879 年生，被称为美国"空军之父"的陆军少将。37 岁时自费学习飞行，参加了一战并荣升准将军衔。之后，他极力鼓吹"空军制胜论"，但遭到冷遇乃至军事审判和降职，最后退役，1936 年郁郁而终。

[3]
麦克阿瑟当时是杰斐逊堡第 4 军区（位于佐治亚州的亚特兰大）司令，少将军衔。

校）降薪处分，退出现役。

二战中，美国空军大显神威，但仍在陆军和海军体系内作战。外面的战事激烈，陆军和海军的内斗也很激烈。二战末期，总统杜鲁门忍不住吐槽："我感到，如果陆、海军能够用他们彼此斗争的劲头来打击我们的敌人，那么战争将会更早结束。"[1]

娃娃长大了要离家自立门户，但前提是娃娃得证明有自食其力的能力。二战打完收工第三年（1947年），现实终于照进米切尔的梦想——美国空军正式成立。恶气憋了近40年（美国空军从1908年孕育[2]到1947年独立成军），总算扬眉吐气。

可能是被压抑得太久了，空军独立后翅膀还没长硬，就开始反噬母体（陆军和海军）。第一任空军参谋长[3]斯帕茨[4]公开表示海军压根儿没必要存在："为什么我们还要继续保留海军？我们保留海军的唯一理由也许是许多国家还保留着海军，而苏联只有一支小海军，或者说简直没有什么海军，我们确实不需要再把钱浪费在海军身上了。"[5]他对陆军要客气一些，大概是因为毕竟出身于陆军航空兵，对老东家不好意思撕破脸皮。

美国陆海空三军互相掐得太厉害，得给他们找个厉害的主儿好好管教管教。于是，美国于1949年8月10日成立了国防部。[6]可惜，理想很丰满，现实很骨感，国防

---

[1]
Clark Clifford, Richard Holbrooke. *Counsel to the President*. Random House, 1991, p.146. 转引自 Amy B. Zegart. *Flawed By Design: The Evolution of The CIA, JCS and NSC*. Stanford University Press, 1999 p. 126.

[2]
飞机于1906年面世，发明者莱特兄弟于1908年与美国陆军签署了一个合约，打算建造一架军用飞机。

[3]
注意，空军参谋长是空军的一号人物，这是武将系统，文官系统还有一个空军部长，是空军参谋长的上级（体现美国"以文驭武"的规矩），美国首任空军部长是斯图尔特·塞明顿。

[4]
卡尔·安德鲁·斯帕茨（1891~1974）：曾任美国陆军航空兵司令，美国空军首任参谋长。他参加过两次世界大战，在二战中领导欧洲的战略空军，被艾森豪威尔认为是美军在欧洲贡献最大的两位将领之一（另一位是布莱德雷）。

[5]
[美]理查德·休利特等著，步建华译：《核海军1946~1962》，北京：国防工业出版社，1980年，第34页。

[6]
国防部的前身是国家军事部（成立于1947年），但国家军事部连内阁部都不是，只是一个名不正言不顺的协调机构。相反，美国三军的文官部长则身居内阁部。也就是说，国家军事部想协调各军种矛盾，但其部长的地位却不如各军种部长。直到1949年"国家军事部"升级改版为"国防部"，并升级为内阁部，陆军部、海军部、空军部则被降为国防部的二级部，部长不再是国安会成员和内阁成员。军队系统方面，则设立参谋长联席会议主席，协调三军矛盾。

美国空军首任参谋长
卡尔·安德鲁·斯帕茨

部不仅没摆平陆海空三军，反倒被他们搞定了。

本来，组织决定由陆军部长出任国防部长，但人家根本不愿意去，所以最后让海军部长福莱斯特[1]当了美国首任国防部长。很显然，大家根本不把国防部当回事儿。

果然，福莱斯特上任不久就后悔了。讽刺的是，他本来反对设立国防部，却被杜鲁门任命为国防部长。杜鲁门的意图很明显：你给我摆平三军矛盾！然而，各军种首长不给福莱斯特面子，搞得他夹在中间里外不是人。1948年总统大选中，他看到杜鲁门的竞争对手杜威胜算大，居然私下与对方见面达成交易，结果被杜鲁门知道了，自然只能下课。国防部长福莱斯特的担子是卸下了，但精神压力一直没卸下。辞职5天后，他就住进海军医院，不久跳楼自杀。[2]

福莱斯特去职和横死，直接导致海军一个巨大损失——他支持的CV-58"合众国"号超级航空母舰开工不久便停工下马。原因很简单，国防部新任掌门路易斯·约翰逊[3]不是海军出身，而且与福莱斯特就国防预算问题屡次发生冲突。

福莱斯特（左）与杜鲁门（右）以及他跳楼的海军医院

[1]
詹姆斯·福莱斯特（1892~1949）：曾就读于普林斯顿大学，参加了一战，是海军飞行员。战争结束后，华丽转身，成为华尔街成功的金融家，与总统罗斯福是邻居。二战后期，担任海军部长，杜鲁门继任后很信任他，任命其为首任国防部长。他之所以自杀，原因很多，军种恶斗只是其中之一，其他原因：他主张维持和增加国防预算以应对苏联威胁，而杜鲁门则迎合民意削减国防预算，双方矛盾很大。直接导火索则是1948年总统大选中，他见杜鲁门的竞争对手杜威（纽约州长）有望赢得大选，就私下见了杜威，表示如果杜威当选，自己愿意当对方的国防部长，而此事被曝光了！

[2]
后来朝鲜战争爆发，海军地位凸显，海军为了纪念福莱斯特，以他的名字命名了超级航母。

[3]
路易斯·约翰逊（1891~1996）：毕业于弗吉尼亚大学，参加过两次世界大战，后成为第二任国防部长。

海军受了欺负，当然不干。为了捍卫利益，不少海军将领集体辞职，表示强烈抗议，被《时代》周刊称为"海军将领大造反"事件。[1] 结果，约翰逊也只干了一年半的国防部长就下台了。

当年，陆军和海军反对组建空军，还可以说是因为没预见到空军代表未来发展方向。可现在，大家都看到太空军的前景了，各军种仍集体抵制组建太空军。原因无他，还是打着自己的小算盘，想看紧自己的一亩三分地。

各军种间互相鄙视，彼此争吵，不停内斗，甚至把国防部长都逼死了。对此，美军自己怎么看呢？

海军陆战队的军官在辱骂士兵时会说："回家，还是去陆军"，以示对陆军的轻蔑。陆军也不甘示弱，管成绩最差的学生叫"山羊"（goat）——海军的吉祥物。各军种可不承认自己是本位主义，反而觉得是好事：在内部能增强本军种的荣誉感，增进内部团结；在外部能激发彼此竞争，不断追求上进。

也有美军将领承认军种内耗的危害。美国海军作战部长格林纳特[2] 表示，各大军种争抢军费的大蛋糕，"对作战性能产生不利影响，为作战司令部提供优秀部队的能力降低，给国家造成了负担不起的后果。"[3]

"给国家造成了负担不起的后果"是啥意思？

说白了，就是瞎攀比，浪费钱。

以陆军为例，2002 年看到海军陆战队换装了高科技迷彩服，觉得自己被比下去了，着急忙慌设计出新式普遍伪装模式（Universal Camouflage Pattern，下文简称 UCP）灰绿色迷彩服，和对方比酷。结果，这款迷彩服根本不实用[4]，使伊拉克和阿富汗的美军地面部队吃尽了

美国海军作战部长格林纳特

---

[1]
Armed Forces: Revolt of the Admirals, *Times.com*, Oct 17, 1949. http://content.time.com/time/magazine/article/0,9171,853921,00.html

[2]
乔纳森·格林纳特：1953 年生，毕业于海军军官学院，长期在潜艇部队工作，指挥过第 7 舰队，后担任海军作战部长（2011~2015）。

[3]
Jonathan Greenert. "Navy Perspective on Joint Force Interdependence," in *Joint Force Quarterly*, 1st Quarter 2015. https://ndupress.ndu.edu/JFQ/Joint-Force-Quarterly-76/Article/577581/navy-perspective-on-joint-force-interdependence

[4]
UCP 迷彩服的缺陷：这款灰色迷彩服看似适应了沙漠环境，却使深色的防弹夹克等更为显眼，容易暴露目标。

苦头。10 年后，陆军只好重新设计新款迷彩服，这意味着之前很多银子打了水漂——仅仅用于设计生产 UCP 就花了 50 亿美元。[1]

这点儿钱，美国还浪费得起，没啥大碍。更重要的问题是：美国各军种之间的矛盾会不会影响战争？

会，可能导致把不合适的军种部队安排到战场上。2003 年伊拉克战争就是典型案例，美军没有像 12 年前海湾战争那样，先让空军上去把萨达姆的部队胖揍一顿，而是陆军第一天就上场表演，第 3 机械化步兵师（隶属于美国陆军第 18 空降军的唯一重型师）首日创造了 160 公里的进攻速度，头一周的近距离空中支援也由陆军自己的航空兵负责，没有空军兄弟帮忙。

身着 UCP 的美国陆军士兵

两次打伊拉克，总指挥都是陆军司令，第一次为什么让空军出风头？

20 世纪 90 年代初，美军还没从越战的阴影中走出来，萨达姆叫嚣把伊拉克变成第二个越南，这让美军挺担心，所以陆军不敢上，先让空军上去招呼。没想到，顺利得不行，陆军最后只是象征性上去亮了个相。后来的科索沃战争，空军自个儿就搞定了，陆军甚至连上台表演的机会都没有。

一般来说，各军种谁干的活儿多，谁就可以分到更多蛋糕。要是照海湾战争和科索沃战争这么打下去，陆军就要彻底被边缘化喝西北风了。所以 2003 年伊拉克战争，陆军出身的总司令弗兰克斯要让陆军一开始就出场，而且打满全场，从始至终都要当主角。其实，这背后正是美国军种利益之争。

视野放宽一点，何止美军，世界各国军队普遍存在军种利益之争。比如日本在二战时期出现过一个怪现象：陆军要造航母，海军要造坦克，陆军甚至去暗杀海军将领！

军种利益之争是军队娘胎里带来的毛病，各国都有，只是表现得轻重显隐不同而已。美国太空军"降生"这场内斗大戏，又多了看点。

[1]
Hugo Gye. How U.S. Army spent $5 BILLION on "failed" pixel camouflage...because they "wanted to look cooler than Marines", *DailyMail.co.uk*, Jun 26, 2012. https://www.dailymail.co.uk/news/article-2164686/How-U-S-Army-spent-5BILLION-failed-pixel-camouflage-wanted-look-cooler-Marines.html

6
一个白宫编外人员，凭啥比国防部长和国务卿还牛

在美国，老大是总统，老二是谁？

有一个人，不像副总统那样有权顺位当总统，也不像国务卿和国防部长那样管着要害部门，但其地位却堪称"一人之下、万人之上"。此人就是总统的"军师"——国家安全事务助理（或译为国家安全顾问），此职易人，媒体必广泛报道。

国家安全事务助理设立于朝鲜战争结束那一年——1953年，由总统艾森豪威尔创设，不过当年只是作为国家安全委员会的行政秘书。肯尼迪接任后，重新定位国家安全事务助理，将其角色转变为总统的"个人秘书"。注意，国家安全事务助理这个职位是总统请的，不是法律赋予的，故不必提请国会同意。

美国国家安全事务助理有哪些权力呢？

与国防部长等内阁部长们的职权有明确法律规定不同，国家安全事务助理的权力处于"灰色地带"，由其老板总统说了算。从这个意义上说，美国国家安全事务助理有点类似中国古代的"大内总管"：皇帝给你权力，你甚至可以凌驾于宰相之上；皇帝不给你权力，你啥都不是。国家安全事务助理能发挥多大作用，一看其本人能力，二看其和总统的关系。

一般来说，美国国家安全事务助理的活儿包括：

1. 建议总统召开国家安全会议，提出会议的议题，并将会议最终成果呈请总统批示；

2. 向总统提供独立建议（不受部门利益所左右）；

3. 汇编情报；

4. 监督政策的执行；

5. 代表总统参与对外谈判或进行危机处理。

是不是有点枯燥？

笔者也觉得抽象，那就来点儿具体的，有请两位过来人现身说法。一位是里根的国家安全事务助理鲍威尔，他说："国家安全委员会就填补了一个权力真空，成了进行小型战争的国防部、成了实行秘密外交的国务院、成了从事隐蔽活

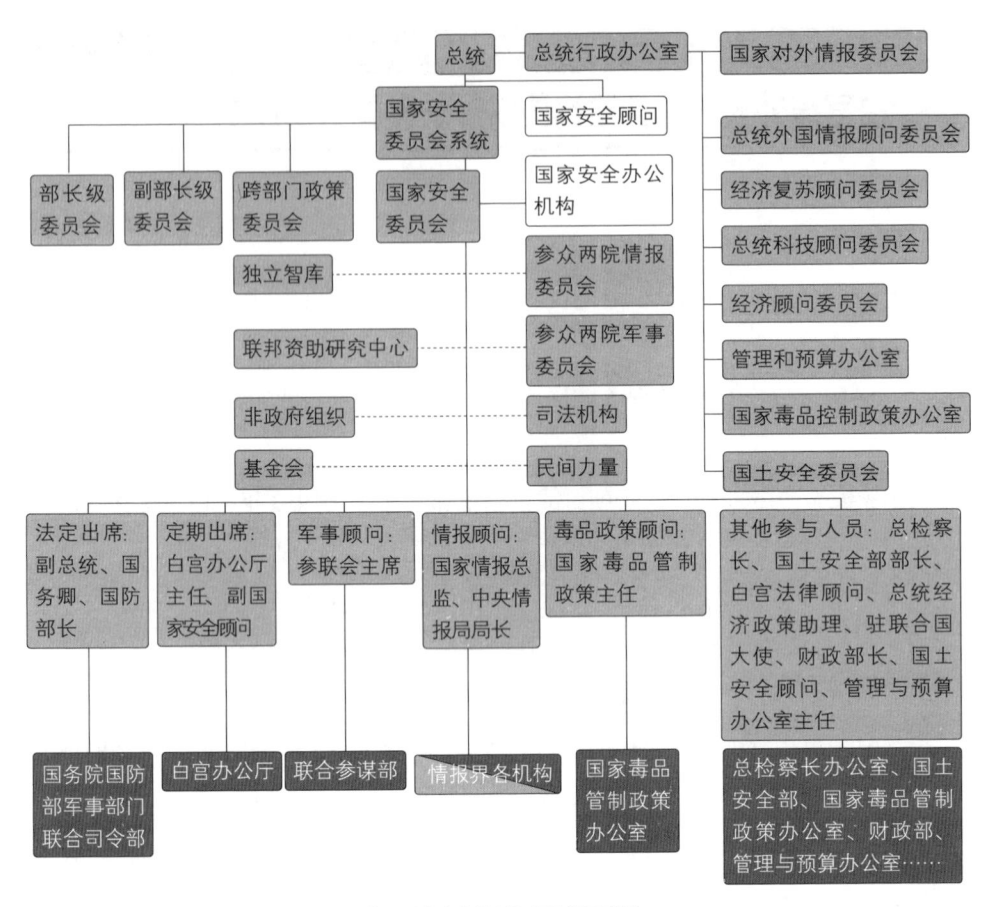

美国国家安全体制组织结构示意图

动的中央情报局。"[1] 另一位是小布什的国家安全事务助理哈德利[2]（2005~2009 在任），他曾如是描述自己的身份："比总统的国家安全团队中的其他任何成员与总统接触的时间都要多，是总统早上来到椭圆形办公室开始工作时见到的第一个人，也是总统在作出任何重大的外交政策或国家安全决策前见到的最后一个人"；"最有可能成为那个知道总统在这些事务上的想法的人，能参与涉及全球并影响到整个世界的至关重要的事务之中。"

可见，国家安全事务助理在一定程度上可以代表总统，可以"狐假虎威"，

[1]
[美]科林·鲍威尔著，王振西主译：《我的美国之路》，北京：昆仑出版社，1996年，第369页。

[2]
斯蒂芬·哈德利：1947年生，耶鲁大学法学博士，熟悉国际事务，早在福特总统时期就是国家安全委员会成员，后来担任小布什的第二任国家安全事务助理（第一任是赖斯）。

基辛格（右）与尼克松（左） 　　　　　　布热津斯基（左）与卡特（右）

鲍威尔（右）与老布什（左） 　　　　　　赖斯（左）与小布什（右）

美国最有权势和名望的4位国家安全事务助理

可以令"森林里的大小动物"畏惧，在国家安全政策制定的过程中，国家安全事务助理发挥着核心作用。尽管国务卿和国防部长分别掌管着美国最庞大最有权势的两个部门——国务院和国防部，而国家安全事务助理麾下则无一兵一卒，但国务卿和国防部长却往往不敢得罪国家安全事务助理，因为那是总统的"代表"。

美国国家安全事务助理没有法定地位，属于典型的"位低权重"。为便于理解，大家不妨回想一下秦朝的李斯：作为名满天下、位高权重的宰相，只有皇帝胡亥可以杀他，但李斯为何死在宦官赵高手里？因为赵高有一个特殊的优势李斯没有——每天可以见到皇帝，李斯见皇帝则需通过赵高。赵高没有权力动李斯，但可以借皇帝的刀杀人。

1953年至今，美国先后有28位国家安全事务助理，其中4位的名字可谓如雷贯耳。排在第一的大腕儿，中国人很熟悉——基辛格。咦，他不是国务卿吗？

当年，基辛格为尼克松探路访问中国，其身份并非国务卿，而是国家安全事务助理。按理，这种事儿该国务卿出面，但基辛格越俎代庖，把国务卿罗杰斯的活儿干了。罗杰斯实在憋屈，干脆辞职不干了，基辛格于是顺水推舟直接兼任国务卿。基辛格是尼克松的好哥们儿，深受总统信任，通过国家安全委员会进行跨部门决策，国务卿和国防部长等内阁部长们几乎都被边缘化，一边儿凉快去也。

体制 - 机制篇　041

基辛格之前，很多人不知道国家安全事务助理是干啥的；基辛格之后，国家安全事务助理这个职位名满天下。

俗话说，一朝天子一朝臣。尼克松被迫辞职后，福特上台，按惯例要换"大秘"，却留用了基辛格。不过，福特是个弱势总统，白宫幕僚长（即白宫办公厅主任）拉姆斯菲尔德看不惯基辛格的强势，两人经常发生冲突。一年后，福特解除了基辛格的国家安全事务助理职务，只留任国务卿。

美国历任国家安全事务助理，能混到基辛格的高度还能干成大事的不多，有三位可以和基辛格媲美：布热津斯基[1]（1977.1.20~1981.1.22在任）、鲍威尔（1987.11.23~1989.1.2在任）、赖斯[2]（2001.1.22~2005.1.25在任）。

国家安全事务助理作为隐形的"二老板"，很多人垂涎三尺，但也有人不屑一顾。比如，退役海军中将哈沃德[3]就在2017年婉拒过特朗普的邀请。当时，他已经在洛克希德·马丁公司（军工和航空航天巨头）当了两年多高管，表示对国家安全事务助理一职没兴趣："这个工作需要一天24小时、一周7天全力以赴才能做好。我目前无法做出这样的承诺。"[4]言下之意：对不起，老夫没空陪你玩。

美国定期[5]或不定期（遇重要紧急事件）召开国家安全会议（会议室位于白宫地下室），有两个人基本每次都要出席——国家安全委员会主席（总统）、国

---

[1]
兹比格涅夫·布热津斯基（1928.3.28~2017.5.26）：生于波兰，美国著名战略家，曾任卡特总统的国家安全事务助理。他最出名的是两件事，一是预测了中国在21世纪的崛起；二是提出了"奶头乐"理论（tittytainment，titty与entertainment的合成词）——要让全球80%被"边缘化"的人（指发展中国家和东欧前社会主义国家的人）安分守己，另外20%搭上全球化快车的人（指发达国家的人）欲高枕无忧，就要采取色情、麻醉、低成本、半满足等办法，解除"边缘人"的精力与不满情绪。

[2]
康多莉扎·赖斯：1954年生，丹佛大学国际研究学院博士，2005年1月接替鲍威尔担任国务卿，是美国历史上第一位非洲裔女性国务卿。她有一个著名的主张：以军事手段解决外交问题。

[3]
罗伯特·哈沃德：1956年生，美国海军"军二代"，毕业于海军军官学院，后加入海豹突击队，当过中央司令部副司令、联合部队司令部副司令。2013年11月退役，次年到著名军火商洛克希德·马丁公司担任高管。

[4]
《特朗普国家安全事务助理新人选婉拒邀请》，美国之音，2017年2月17日。
https://www.voachinese.com/a/news-security-advisor-20170217/3728587.html

[5]
参加美国国家安全委员会定期会议的法定成员如下：总统、副总统、国家安全事务助理、白宫办公厅主任、国务卿、国防部长。

家安全事务助理。1962年古巴导弹危机期间,美国多次召开国家安全会议,国家安全事务助理邦迪[1]出席频率很高。

古巴导弹危机期间肯尼迪召开国家安全会议

国家安全事务助理仗着有后台老板总统撑腰,对内阁部长们往往不够尊重。像基辛格那样直接"生吃"国防部长和国务卿的国家安全事务助理极少,但暗中架空后者的事情则时有发生。奥巴马时期,国防部长盖茨就是"受害者"之一,他在回忆录中写道:"国家安全委员会工作人员给四星上将或战地指挥官打电话,这在当年简直是难以想象的'以下犯上',他们甚至可能因此被革职。可在奥巴马当政时,我早就习以为常,于是我让指挥官们将这类电话直接转到我的办公室。"[2]

除了国防部长,白宫幕僚长有时也会被国家安全事务助理欺负。特朗普有一

---

[1] 麦乔治·邦迪:1919年生,耶鲁大学毕业,二战期间加入陆军,后执教于哈佛大学,教授美国外交政策和历史,混出了名声,1961年担任过肯尼迪的国家安全事务助理。肯尼迪遇刺,副总统约翰逊继任后留任他为国家安全事务助理。一般来说,美国总统换人,国家安全事务助理也会换,他能辅佐两任总统,可见能力不一般。

[2] [美]罗伯特·盖茨著,陈逾前等译:《责任》,广州:广东人民出版社,2016年,第571、572页。

个著名的鹰派助理叫博尔顿[1]，与白宫幕僚长凯利[2]大吵了一架，就差打架了。还好，凯利号称白宫读书最多的人，比较斯文，"君子动口不动手"。

国家安全事务助理和内阁部长们闹矛盾就算了，最令人意想不到的是，他们有时竟和自己的老板总统过不去。所以，特朗普三年炒了四个不听话的助理。值得玩味的是离职原因，双方说法不一。博尔顿离职时，特朗普说：是我要他滚蛋的；博尔顿则说：是爷爷我自己要走的。

话说，国家安全事务助理为啥和自己老板过不去，脑袋被门挤了吗？

国家安全事务助理号称无门无派，能够为总统提供超然于部门利益之上的独立意见。其实，这只是理想状态。实践中，国家安全事务助理往往不是根据国家利益的需要为总统出谋划策，而是企图把自己的意志强加给总统，借助总统实现自己的理念。用我们熟悉的话说就是"学成文武艺，货与帝王家"。这样的国家安全事务助理，有成功的，如基辛格，正式进位国务卿；有失败的，如博尔顿，卷铺盖走人。

真正有智慧的国家安全事务助理，既能伺候好老板，也善于和内阁部长们处好关系。小布什的国家安全事务助理哈德利这样总结自己的处事之道："必须谨防超越内阁官员的职权——特别是国防部长和国务卿。"[3]可惜，这样上下通吃、左右逢源的国家安全事务助理，着实不多。

有人的地方就有江湖，有江湖的地方就有关系，有关系的地方就有矛盾。这和国家体制没关系，哪儿都一样。

[1]
约翰·博尔顿：1948年生，耶鲁大学法律博士，曾出任副国务卿（小布什政府）和美国常驻联合国代表，强烈主张对伊朗和朝鲜等国采取强硬态度，批评奥巴马软弱。后出任过特朗普的国家安全事务助理，两人最后不欢而散。

[2]
约翰·凯利：1950年生，曾任美国南方司令部司令（上将），2016年退役后被特朗普提名为国土安全部部长，不久又转任白宫幕僚长（2017.7~2019.1在任）。

[3]
What does a national security adviser do? *ShareAmerica.gov*, Sept 18, 2019. https://share.america.gov/what-does-national-security-adviser-do

7
美军缺了这件宝贝啥都玩不转

对这幅漫画有印象吗？

它和一则流传甚广的消息有关——美军买一个马桶盖居然花了 600 美元！你没看错，不是马桶，只是马桶盖。

其实，600 美元只是概数，准确数据应是 640 美元！[1]

漫画中被套上马桶盖的可是个大人物——国防部长温伯格，他强烈要求国会给军费要大方，以此应对与苏联的"星球大战"。几千万甚至几千亿的装备，美国老百姓没啥概念，被美军忽悠成高精尖，贵一点也能接受。可马桶盖这玩意儿谁家都有，超出正常价太多，实在过分。

美国国防部长温伯格被套上马桶盖

军费的坑可大了，再一深究，还会发现更多猛料：一把锤子 435 美元；一个扳手 466 美元；一个烟灰缸 600 美元；一个螺母 204.3 美元……

美军日常用品价格都高得如此离谱，可以想见那些所谓高技术装备，价格水分得有多少。

美军太有钱了，打起仗来那个奢侈法，其他国家只有瞠目结舌的份儿。越南战争中，4 名美军被 1 名敌军狙击手盯上，一边不敢动弹，一边呼叫支援。为了救出这几个大兵，美军实施了 3 次空中打击，数次直升机火箭弹攻击，发射了 1000 多枚炮弹。[2] 这种"牛刀杀鸡"的路数可谓是美军的传统，传承至今。电影

---

[1]
"Our bags are packed": Weinberger on Star Wars program. Published in the *Washington Post*, Jan 25 1987. https://www.loc.gov/rr/print//swann/herblock/invasion.html

[2]
此据时任陆军五级专家的唐纳德·格雷汉姆（后任华盛顿邮报公司董事长）回忆，见 [美] 托马斯·E. 里克斯著，吴亦俊等译：《大国与将军：从马歇尔到彼得雷乌斯，美国军事领袖是怎样炼成的》，广州：广东人民出版社，2013 年，第 206 页。

体制 - 机制篇　045

《兵临城下》那种狙击手之间的精彩对决，在美式战争中找不到了，美军已经用钱把战争变得乏味，把战争艺术的魅力空间挤压成一张纸。

美军的确奢侈，但人家也有苦衷：本年预算不花光，来年怎么要更多钱？最省事儿的办法是搞几个大项目买几件大杀器，可这样花钱太假。上报采购清单的秘诀之一是让它看起来"合理"，所以美军在各个项目都摊派一些费用。

也许你会说：这有啥，美国有的是钱！在很多人印象里，苏联被"星球大战"计划拖垮了，而美国财大气粗，笑到了最后。这是个误会，至少片面了。苏联解体前，其实美国也快撑不住了。当年，为了和苏联竞争，美国在军事科技上下了血本，投入非常之大，经济回报却很少。军事科技需要高度保密，为了避免被苏联窃取，绝大多数不能民用，自然就没有收益。当时，美国军事科技的研发费用占全美各行各业科技研发费用的 70%，但对 GDP 的贡献只有 6%。因此，美苏争霸让美国掏空腰包却没啥产出，把美国压得快喘不过气来。苏联垮台后，美国军事压力消失，克林顿上台后大打经济牌，搞起了军民融合，让军事科技发挥经济效益，理由是：美国已经无力维持一个相互隔离的国防工业和民用工业体系，必须构建一个能够同时满足军用和民用两方面需求的工业基础。

写到这里，笔者想起了富足的中国汉朝，有钱到令人发指的程度。国库里的钱多到花不完，放太久绳子都烂了，钱散落得满地都是（当时铜钱是用绳子串起来的）。汉武帝打匈奴，自恃不差钱，动不动就给有功将士大量赏金，那叫一个豪气。汉武帝本想打速决战，一战把匈奴摆平[1]，但人家没上套，结果速决战打成了持久战，持续几十年[2]，汉武帝本人也从 23 岁的小伙子打成了 67 岁的老头子。汉匈战争太烧钱，把国家积攒的经济基础掏空了，而且只有投入，几乎没有收益，最后弄得"海内虚耗，户口减半"[3]，"寇盗满山，天下动摇"[4]。如果不是汉武

---

[1]
这就是著名的"马邑之谋"：公元前 133 年，汉武帝派韩安国、李广、王恢等率领 30 万大军，计划在马邑（今山西省朔州市，当时属雁门郡）诱歼匈奴军臣单于（冒顿之孙）率领的 10 万人。但单于看出破绽，还没到伏击区就撤了。马邑伏击战，汉军无功而返，还暴露了战略企图。

[2]
汉武帝时期的汉匈战争，从公元前 133 年的马邑之谋到公元前 89 年汉武帝下罪己诏，长达 44 年。

[3]
[东汉] 班固：《汉书》（卷 7·昭帝纪第 7），北京：中华书局，1999 年，第 163 页。

[4]
[西汉] 刘向著，马达译注：《新序译注》，武汉：湖北人民出版社，1986 年，第 362 页。

帝下罪己诏，停止汉匈战争及时止损，没准儿西汉在他手里就玩儿完了。总之，花钱比挣钱快，再多钱也禁不住使劲儿折腾。

言归正传，2023 财年，美国军费预算达到 8579 亿美元，折合人民币 58000 万亿。这是什么概念？是中国同年军费的近 4 倍！

美国国会议员几乎个个是人精，五角大楼用了什么魔法，从议员手里"骗"到大大超过需求的巨款呢？

五角大楼轻车熟路，分三步走：

1. 项目评估期间，告诉议员，某项武器装备特别实用和好使，采购成本又低，不要花多少银子，争取采购项目在国会顺利通过；

2. 项目启动后，将武器装备零部件的生产地尽量分散到国会议员所在的州，议员们觉得自己为选区（家乡）争取到了好处，自然就不会反对国防部的采购项目；

3. 武器装备生产阶段，真实成本露出真面目张开血盆大口，国防部则以种种理由要求国会追加预算，而议员们往往只能点头。

美国不是有严格的监察和审计制度吗，这事儿就不闻不问不管？

没错，本级监督有国防部监察长，且不归国防部长管，而是直接对总统负责，不用看国防部长脸色投鼠忌器，可以放开胆子干。上级监督方面，白宫有一个著名的美国政府问责局[1]，专门给各政府部门找碴儿。这两家都想揪住国防部，但试了几十年之后双手一摊："这是一项不可能完成的任务。"什么情况？国防部有意采用了一个"不能进行审计的数据库，而计划拟制中使用的数据也是不可靠的和武断的。"[2]

俗话说，大河有水小河满，大河无水小河干，美国现在财力雄厚，军费出手十分大方，可如果哪一天美国经济出现问题，首先被压缩的，很可能是军费。毕竟，美军的花费大头在海外，在国家没有外敌入侵危机的情况下，挨刀的难免是军方利益。

---

[1] 美国政府问责局：美国政府的最高监督和审计机构，成立于 1912 年，对政府各部门进行监督、审计、评估和调查，其局长由参议院建议和同意，总统任命，任期长达 15 年。

[2] [美] 温斯洛·T. 惠勒等著，陈学惠等译：《美国军事改革反思》，北京：军事科学出版社，2013 年，第 39、40 页。

那么，美国财力能一直雄厚下去吗，还能雄厚多久？

表面上，美国经济长期位居世界第一且遥遥领先，似乎看不出衰落的迹象。从绝对值上看，美国经济的确一枝独秀，但从相对值（美国经济占世界经济份额）来看，美国在下降。

强国经济衰退一般有三种情况：

第一种来自突发大事件，英国是最典型的案例。第二次世界大战是一个破坏性极强的大事件，英国短短几年内就交出经济世界第一的位子。在这之前，谁能看出英国经济会衰退乃至一落千丈？

第二种来自外部的大国竞争，最典型的案例是苏联。苏联的大杀器无论质量还是数量，都不在美国之下，最后崩盘退出竞争游戏，根子上还是因为差钱。

第三种来自强国内部的衰退，罗马帝国很有代表性。如果既没有大国竞争，也没有破坏性强的突发大事件，强国可以长期保持经济强盛，但不能一直保持，总有一天会衰退。当人们明显感觉到甚至看到衰退迹象的时候，其实衰退早就发生了，只是之前没被及时察觉。这就好比癌症，等你感觉到疼痛，往往已经到了晚期，无可救药。罗马帝国很有钱很强大很奢侈也很长寿（从公元前27年建国到公元1453年，活了1480年），连军事天才汉尼拔也败倒在罗马面前。然而，罗马帝国最后仍沦落到大而穷的地步，免不了一死。

从时间上看，第一种衰退来得会很突然很意外很迅速，第二种次之，第三种再次之。

值得玩味的是：认为美国将一直坚挺下去的，多是外国人；唱衰美国的，反倒是美国人自己。这是因为美国舆论喜欢负面新闻，很多坏事都公之于众。因此，苏联突然崩溃令人震惊，而美国则衰而不弱垂而不死，它走向衰败会是一个缓慢的长期的过程。

不妨送美军两句中国的古训，一是"由俭入奢易，由奢入俭难"[1]，二是"常将有日思无日，莫待无时想有时。"[2] 别看美军现在挥金如土，可如果哪一天国家经济衰退了军费紧张了，日子该怎么过？著名影星尼古拉斯·凯奇主演过一部大

---

[1] [宋] 司马光：《训俭示康》，王仁恩编著：《古代家训精华》，兰州：甘肃人民出版社，1997年，第155页。

[2] [明] 冯梦龙：《警世通言》（第25卷），海口：海南出版社，1993年，第288页。

片叫《战争之王》，反映了苏联解体之后苏军待遇陡然下降，为了向从前的好日子看齐，只好向其他国家售卖武器。某一天，美军会不会落到这步田地？

没钱，美军肯定打不了仗；有钱缺另一样东西，美军似乎也打不了仗——民意。很多人对美国有这样一种印象：美军怕死，民众看到阵亡数据攀升就会反战，总统看到老百姓反战就会结束战争。表面上，这个逻辑链条好像很有道理，因为美国政客（包括总统）权力的来源是老百姓，如果忤逆民意，那就等于不想干了，要是民意压倒性强烈反战，政客们不可能背道而驰。

然而，这种感觉出了错。来瞅瞅朝鲜战争、越南战争、伊拉克战争的三组统计数据[1]：

朝鲜战争民意统计

民意测验日期	累计死亡数字	战争支持率
1950年8月	4631	66
1950年12月	13991	39
1951年2月	16716	41
1951年4月	18674	45
1951年8月初	21459	47
1952年9月	28185	39
1952年10月底	29874	37

越南战争民意统计

民意测验日期	累计死亡数字	战争支持率
1965年8月	166	61
1966年3月	2415	59
1966年5月	3191	49
1966年9月	4976	48
1966年11月	5798	51
1967年2月	7419	52
1967年10月	13999	44
1968年10月	28860	37
1969年9月	38581	32
1970年5月	42213	36
1971年5月	44980	28

伊拉克战争民意统计

[1]
熊志勇：《美国公众舆论与战争》，载《外交学院学报》，2004年9月，第46、48页。

不难看出：（1）战争初期，民意支持率比较高，然后高开低走；（2）中间如果有重大战果，民意支持率会突然增高（如活捉萨达姆）；（3）随着战争进入持久，美军陷入泥沼，伤亡率增加，民意支持率总体呈下降趋势。值得注意的是，民意对战争的作用是"影响"而不是"决定"——会影响总统对战争政策的调整，但往往不能决定战争的结束。

有个数据很能说明问题——5%：总统大选中候选人的外交政策对选民的影响只占5%，更重要的因素在于经济状况、候选人的形象和选民的政党倾向。[1]5%的比例，少得可怜。换句话说，在总统换届选举中，只有当两位候选人的得票率差距小于5%，候选人的对外政策（包括对战争的主张）才会产生关键影响。如果不是遇到总统换届选举，总统更是只要象征性在乎一下民意就行，反正威胁不到自己的职位。为什么媒体总报道民众反对战争，美国却迟迟不结束战争？这就是玄机所在。

美国给人的感觉，解决国际问题容易选择武力，甚至有点穷兵黩武，一直不停打仗。这是因为美国有足够的底子和底气，经济实力自二战以来一直领跑，而且甩第二名几条街。可以预见，只要美国有钱，战争就是一个经常的选项。

但从理论上说，任何一个国家的经济都不可能永远繁荣下去。从经验上说，一个国家经济繁荣的时候，很少会想到衰落的那一天，比如当年的"日不落帝国"。尽管美国经济现在如日中天，但总会有日落之时。进一步说，如果将来美国经济不断下滑或者崩溃，以至于发不出军饷，美军甚至可能哗变……

---

[1]
Glenn Hastedt. *American Foreign Policy: Past, Present, and Future*, Rowman&Littlefield Publishers, 2014, p.76.

8
"指管训分离"后作战失利，是作战指挥不行还是训练管理不行

军事实力和经济实力成正比，钱包鼓拳头就硬，这好像没有争议。美国很有钱，军队就很强大，更多国家经济实力不够，军事也不行。不过也有例外，有一个国家很有钱，打起仗来却一塌糊涂。没错，它就是宋朝。

北宋是出了名的"经济巨人，军事侏儒"。后人对其诊断之后，认为武将的地位太低，没钱谁拼命干活儿？何况是脑袋系裤腰带那种危险的活儿。这话没错，不过还没说到点子上，宋朝武力孱弱的重要原因在于军事领导指挥体制。

北宋在军事上采取"指管训分离"原则：调动军队的权力归枢密院，训练军队的权力归三衙（殿前司、侍卫亲军马军司、侍卫亲军步兵司），指挥权则交给临时任命的边将或统帅。宋朝属于"枪杆子里出政权"，开国皇帝赵匡胤非常担心有人学自己"黄袍加身"，所以对武将非常警惕，"杯酒释兵权"只是权宜之计，他随后还建立了"指挥"、"训练"和"管理"分离的军制，欲保大宋王朝永世太平。

北宋的军事体制和现在的美国相似，都是以文驭武，都是指管训分离。美国的军事体制设计得比较复杂，军队管理训练归各军种部，指挥作战归各战区联合司令部。武将系统陆海空三军的军种一把手（陆军参谋长、海军作战部长、空军参谋长）之上，都各自有一个垂直系统的文官领导——即国防部的陆军部长、海军部长、空军部长。[1] 美军的头儿参联会主席，也对应一个文官系统的顶头上司——国防部长。要打仗了，各军种的头儿和美军的总头靠边站，轮到各战区联合司令部司令出风头。当然，负责指挥作战的司令亦听命于国防部长。

负责指挥的人不管管理和训练，负责管理和训练的人不管指挥，指挥部队的人不熟悉部队，熟悉部队的人却指挥不了部队，这不是自缚手脚吗？矛盾的是，

---

[1]
美军的指挥系统曾经十分混乱，比如各军种武将系统的一把手和文官系统相应的一把手（各军种部长）都想要权力，搞得部队无所适从。美墨战争（1846~1848）中，美国在实力上占据绝对优势，却无法体现在战场上。陆军司令（当时还不叫陆军参谋长）有一套作战方案，陆军部长也有一套作战方案。时任美国总统波尔图都晕菜了，不知道该通过谁发布命令。前线指挥官也很无语，不知道该执行陆军司令的命令还是陆军部长的指示——尤其是两者不一致的时候。到了南北战争时期（1861~1864），林肯暂时解决了这个问题，让陆军司令格兰特当主角（管指挥），陆军部长当配角（提供兵员和后勤支持），总算打赢了内战。战争结束后，林肯想把这一套强化甚至制度化——陆军部长凡事都要向陆军司令请示报告，结果国会坚决不干，说这会导致军国主义云云。

体制 - 机制篇　051

相似的领导指挥体制，宋军总是吃败仗，美军则雄霸天下。

美军现行的军事体制奠基于一部著名法案——1986年的《美国国防部改组法》[1]。此前，美国军政军令一体，陆海空三军既负责训练管理自己的军种部队也负责指挥之。而根据新法案，训练管理仍归各军种部，但打仗没你事儿，由战区联合司令部司令进行指挥。同时，给各军种首长找了一个头儿——参联会主席，开会集中各军种建议，加强参联会指导统一战略的能力。

其实，《美国国防部改组法》被高估了，联合指挥问题并未解决，参联会的地位和作用也起伏不定。1991年海湾战争被认为是新的军事体制下第一次成功尝试，但它掩盖了不少问题，比如总指挥、中央司令部司令施瓦茨科普夫与第7军[2]军长弗兰克斯[3]的争执和矛盾。

施瓦茨科普夫（左）与弗兰克斯（右）

海湾战争地面进攻于1991年2月24日凌晨4时打响，施瓦茨科普夫给第7军的任务是：穿过科威特的沙漠，从侧翼包抄伊拉克共和国卫队。25日早上，各军进展神速（如第24师已深入伊拉克约100公里），第7军先头部队却在进入伊拉克24公里后停了下来，没有赶到柯林斯（共和国卫队主阵地以西的一片沙漠）完成攻击编组。对此，施瓦茨科普夫在回忆录中写道：我就像驾驶一辆马车，一

[1]
又称《戈德华特-尼科尔斯国防部改组法》：该法案以参议员巴里·戈德华特（共和党）和众议员威廉·弗莱恩特·尼科尔斯（民主党）的名字命名，他们当时分别为参众两院军事委员会主席，是该法案的主要推动者。该法案在美国众议院以383票赞成、27票反对，在美国参议院以95票赞成、0票反对的结果获得通过，可以说是众望所归。

[2]
第7军拥有5支部队：第1步兵师、第1骑兵师、第1装甲师、第3装甲师、第2装甲骑兵团，可谓兵强马壮。

[3]
弗雷德里克·弗兰克斯：1936年生，西点军校毕业，参加过越南战争（导致左腿受伤残疾）和海湾战争，后曾任陆军训练与条令司令部司令，1994年退休。

边是赛马，一边是骡子。他命令第 7 军：给我抓紧了。

施氏没有直接打电话给弗兰克斯，而是让中央陆军部队司令部司令兼第 3 集团军司令约索克中将转达。从指挥程序看，这没毛病，因为第 7 军的直接上司是约索克[1]而不是施氏。当时，约索克刚做过胆囊手术，十分虚弱，被形容为"看起来更应该去太平间而不是作战室"。在这种情况下，施氏强行把他留下来，大概是认为约索克向老部队下令更好使。这与中央司令部的运行体制有关——平时没有作战部队，打仗了才从各军种抽调部队，打完收工后，部队"各回各家，各找各妈"。说白了，在弗兰克斯眼里，你中央司令部司令听上去牛气，但又不管我的升迁，我也不用太把你当回事儿。

约索克催了，但未起作用。既然第 7 军加速进军如此重要而紧急，施氏完全可以考虑下面两个办法：第一，先给约索克打招呼，然后直接向弗兰克斯下令；第二，撸掉弗兰克斯，换将。然而，施氏一个办法都没用，还是让约索克继续催促。

那么，弗兰克斯到底在磨蹭啥？

他很谨慎，担心遇到共和国卫队奋勇抵抗，于是做了两个决定：（1）等待所有部队都越过边境；（2）休整一下再组织进攻。

25 日晚，第 7 军距离柯林斯仍有 30 公里的路程。这一次，弗兰克斯找了一个不可抗的客观原因——遭遇大雨和沙尘暴。约索克夹在中间实在难过，干脆让弗兰克斯直接打电话向施氏解释。26 日黄昏，两人终于直接对话，气氛自然比较尴尬。最后，由于弗兰克斯贻误战机，导致共和国卫队三个师逃走了两个。

在施氏的回忆中，第 7 军总是犹犹豫豫、拖拖拉拉，军长弗兰克斯被他形容为"过分谨慎、战战兢兢、花言巧语，对自己所处的战争理解错误。"[2]

对此，弗兰克斯是怎么回应的呢？

一方面，他为自己辩解。关于 25 日晚为何按兵不动，弗兰克斯表示：地面行动开始阶段，美军大部队都在展开，夜间行动可能误伤友军。这个解释让人看不懂：如果其他部队也像他那样想，岂不是都按兵不动？弗兰克斯还说："我思考了 48 小时，想找到一个出人意料的进攻位置，当我们进攻伊拉克共和国卫队时，我们就完全可以全速从这个位置进行突击，集中力量攻击他们。所以我需要做的就是让

---

[1] 约索克当时指挥两个军——第 7 军、第 18 空降军。

[2] [美] 托马斯·E. 里克斯著，吴亦俊等译：《大国与将军：从马歇尔到彼得雷乌斯，美国军事领袖是怎样炼成的》，广州：广东人民出版社，2013 年，第 311 页。

第7军到达这样一个出人意料的位置。"[1]犹豫不决是战场大忌。弗兰克斯居然用了48小时纠结一个问题，确实有贻误战机之嫌。除此之外，还有"越战后遗症"的因素——陆军担心自己突进之后被敌军迂回包围，不像空军那样容易跑路……

另一方面，弗兰克斯还直接反击施瓦茨科普夫。中央司令部总部位于美国佛罗里达州坦帕的麦克迪尔空军基地，施氏将指挥部迁至沙特首都利雅得。这一点被弗兰克斯抓住攻击，说施氏离前线有600多公里，是"庄园将军"。弗兰克斯还不过瘾，继续嘲讽："他是一个职业步兵，对指挥装甲编队毫无经验。"此外，施氏让约索克传令给第7军本来是尊重指挥程序，居然也遭到弗兰克斯攻击："（他）从未直接给我打过电话，也没有亲自来考察过，他对第7军的情况根本没有一个全面的了解。"[2]

对军人来说，服从命令是天职，弗兰克斯应无条件执行命令，但他没有。战机稍纵即逝，他居然犹豫不决整整两天，以种种理由拖延行动，实在不该。弗兰克斯屯兵不前，甚至惹恼了参联会主席鲍威尔。鲍威尔直接打电话给施瓦茨科普夫，强调了两点：第一，"（我）对整个第7军的事极为震怒"；第二，"我很难向华府的任何人为第7军的行动辩解。"[3]由于面对的是弱小且处于被动防御的伊拉克军队，弗兰克斯48小时的犹豫不决不至于造成致命后果。但如若他面对的是一支强大的军队，就不好说了。

《美国国防部改组法》被认为理顺了领导指挥关系，但弗兰克斯按自己的想法行事，没太把总指挥施瓦茨科普夫的命令当回事，还挖苦施氏只是步兵不懂装甲部队，瞎指挥。弗兰克斯不是兵种首长更不是军种首长，而只是装甲部队的一个军长就敢"抗命"，可见其内心深处的军兵种意识有多顽固。

美国一向标榜自己勇于反思失败，善于吸取教训，到12年后的伊拉克战争，军事领导指挥体制运行顺畅了吗？

美军上校麦格雷戈[4]是这样评说的[5]：

[1][2]
[美]托马斯·E.里克斯著，吴亦俊等译：《大国与将军：从马歇尔到彼得雷乌斯，美国军事领袖是怎样炼成的》，广州：广东人民出版社，2013年，第311、312页。

[3]
[美]施瓦茨科普夫著，谭天译：《身先士卒：施瓦茨科普夫自传》，上海：上海译文出版社，1995年，第591页。

[4]
道格拉斯·麦格雷戈：美国陆军退役上校，参加过海湾战争并获得勋章。

[5]
[美]温斯洛·惠勒等著，陈学惠等译：《美国军事改革反思》，北京：军事科学出版社，2013年，第178页。

美军的指挥和控制系统自1991年以来就没有发生过变化。与第一次海湾战争时的情况一样，"伊拉克自由行动"的美军指挥和控制司令部是由各军种司令部临时拼凑起来的，陆军、陆战队和空军都在按自己军种的想法进行着自己的战争。事实上，本应联合实施的作战与后勤也都是仓促上马临时凑合，根本没有做好战争准备，尤其是没做好打这样一场长期战争的准备。

《美国国防部改组法》号称理顺了美军的领导指挥体系，特别是提升了参联会主席地位。海湾战争中，参联会的确发挥了重要作用，主席鲍威尔很出风头，家喻户晓。但伊拉克战争中，参联会主席谢尔顿[1]和迈尔斯则没啥存在感，几乎被国防部长拉姆斯菲尔德晾在一边。参联会的地位一落千丈，回到了越战时期。

鲍威尔（左）与谢尔顿

冰冻三尺非一日之寒，旧有美军领导指挥体制的毛病是长期形成的，不可能吃下一服特效药就马上彻底治愈。就参联会主席而言，只要遇到强势的国防部长，基本就成了摆设。

顽疾，不是一部法案就能轻易治好的。美军"指管训分离"的军事体制看似理顺了各家关系，实则运行中并不顺畅，谁都想当主角，不愿当配角，更不甘当吃瓜群众。而且，"指管训分离"的出发点是利用分权控制军队，防止权力集中到少数将军手里，以利于国家保持稳定，这是美国建国240多年来没有发生一次军事政变的重要制度安排。但从另一个角度看，"指管训分离"在实现稳定的同时，使军人在使用权力时受到极大限制，一定程度上也牺牲了战斗力和作战效率。

[1]
休·谢尔顿：1942年生，通过地方大学"国防生项目"（ROTC）入伍，特种兵（后来干到特种作战司令部司令），参加过越南战争、海湾战争、科索沃战争，1997年10月出任参联会主席。"9·11"事件发生后的10月1日他的任期结束，刚好处在"9·11"事件与阿富汗战争的决策过渡时期。

体制 - 机制篇　055

9

"五角大楼军阀"想革美军的命，结果被美军革了命

估计绝大多数人对照片中这位仁兄感到陌生，他叫保罗·英林，以前是一个美军校官（据查有中校和上校两种说法，不确定——笔者注），因为一篇文章成为名人，也因为这篇文章被迫离开部队，去做了中学老师。[1]2007年，一篇文章让他暴得大名——《为将之道的失败》，他在文中大骂美国的将军，说他们没有责任感，没有创造力，没有执行力。

保罗·英林

查此人简历：学历上，他是杜肯大学的"国防生"（ROTC）、芝加哥大学硕士，在陆军指挥与参谋学院的高级军事研究院深造过；经历上，参加过海湾战争，驻防过德国和波斯尼亚，在西点军校教过书，三次赴伊拉克执行任务。

他在文章中炮轰将军们，很不客气地写道："我见了不少四星上将和政治家，他们看似都觉得我的文章有道理，但一谈到改革，就不吭声、没精神了，这样的官僚氛围我再也受不了。"[2]近20年过去了，很多知情人读罢此文依然认为没有过时。

美军一向以"改革创新"的形象示人，怎么会这样？

一般来说，改革意味着大破大立，但美军改革不同，往往是"小碎步"，很少大刀阔斧[3]——特别是在军事制度层面很少进行颠覆性大改。1920年，年轻的艾森豪威尔（当时还是少校）在《步兵》杂志发表文章，认为步兵条例上有些东西过时了、该改了，比如陆军认为坦克存在的意义是保护步兵，战斗中两者应该保持速度一致，但实际上坦克应该利用装甲和速度进行突击，不必等步兵一起。

[1]
英林转业后，在中学教授"社会研究"课程，收入只有在部队时的三分之一。

[2]
Paul Yingling. "A Failure in Generalship," in *Armed Forces Journal*, May 1, 2007. http://armedforcesjournal.com/a-failure-in-generalship

[3]
根据美国战略评估大师安德鲁·马歇尔的得意大弟子、美国著名智库"战略与预算评估中心"主任安德鲁·克雷皮内维奇的说法，军事革命包含四个层次：（1）军事技术的变革；（2）军事平台的发展；（3）战役法的创新；（4）组织调整。

结果，上司不爽了，直接警告他"不得发表任何与固有步兵条例相悖的言论"[1]，甚至威胁再发表这种言论就要把他送上军事法庭。当代美军名将彼得雷乌斯和奥迪尔诺[2]都提议改革，但遭到三大强人一致反对——中央司令部司令、陆军参谋长、参联会主席。难怪美国著名军事战略问题专家约翰·阿尔奎拉[3]指出："（美军）大部分高级将领、高层文职人员以及很多中级军官都属于传统派。"[4]

改革，无非两种。

一种是主动改革，即刀口向内，自己革自己的命。

对任何一个组织来说，自己革自己的命都很难，往往下不去手。英林讽刺道："指望一个在体制中摸爬滚打了25年的军官在他快50岁的时候，突然以创新者的面貌出现，这不科学。"[5]俗话说，胳膊拧不过大腿，个人对抗组织往往没有好下场。所以，英林发表此文不久，被迫离开部队。一个人"唾弃"组织的结果，往往是遭到组织"抛弃"，被视为"叛徒"。组织表态了：既然你认为部队如此不堪，还待在这儿干吗？部队水浅你游不动，那就另谋高就吧！

不过，说美军不愿意革自己的命也不能代表全部事实。比如：陆军为了适应现代战争，对旅级部队进行过重组，但猫腻不少。美国人自己爆料说："陆军开始将部队重组为所谓'模块化'的'旅级战斗队'，但它对现存的旅进行缩减时削减的却是其战斗部队。这样一来，旅的数量多了，但每个旅的战斗力却下降了。陆军还有意无意地增加了旅级司令部的数量。这次改组反倒让官僚机构如愿以偿，被它们当成为陆军超编老上校和新将军们设立指挥职位的良机。一次有建设性的和本意纯朴的改革，就这样由于官僚们的私心变了味，原本是为了提升战

---

[1]
[美] 托马斯·E. 里克斯著，吴亦俊等译：《大国与将军：从马歇尔到彼得雷乌斯，美国军事领袖是怎样炼成的》，广州：广东人民出版社，2013年，第36页。

[2]
雷蒙·奥迪尔诺：毕业于西点军校，参加过海湾战争和伊拉克战争，是美军历史上第12位在同一场战争中先后指挥师、军和集团军的将领，曾担任参联会主席助理、驻伊拉克美军司令、陆军参谋长等职，2015年退役。

[3]
约翰·阿尔奎拉：美国海军研究生院教授，曾长期担任美国国防部顾问并参与重大国防问题的研究论证。

[4]
[美] 约翰·阿尔奎拉著，董浩云等译：《顽敌：阻力重重的美军转型》，北京：解放军出版社，2013年，绪论。

[5]
Paul Yingling. "A Failure in Generalship," in *Armed Forces Journal*, May 1, 2007. http://armedforcesjoumal.com/a-failure-in-generalship

斗力的改革转而变成了争权夺位的一场闹剧。"[1]

陆军自个儿不愿意改革，就算刀口向内也不敢戳个三刀六洞，那只好把改革的手术刀递给别人。这就是另一种改革——被动改革。干这活儿的常常是三种人：一是国防部长，二是国会，三是媒体。

作为管理和指挥军方的国防部，有的"掌门人"（特别是那些没有军队经历和背景的国防部长）试过对美军动手术刀，结果却往往划破自己的手指，惨淡收场。

最典型的莫过于号称"五角大楼军阀"的国防部长拉姆斯菲尔德。此人对中国很不友好，但不能否认其精明强干。在政坛，他当过国会议员、做过白宫办公厅主任、任过驻北约大使，还当过两个国防委员会的主席，熟悉政治运作，了解军方情况，还积累了大量人脉。在商界，他担任过两家大公司的 CEO，成功将其从破产边缘挽救回来，盈利颇丰。

拉氏既能干又自信，还得到总统小布什大力支持（后者宣称要"对军方进行改革，即使放弃一代技术装备也在所不惜"）。于是，拉氏挽起袖子准备大干一场，对美军进行彻底改革，比如对陆军实施结构性重组，砍掉几乎所有重大国防项目等。

国防部长和总统手握所有美军军官的升迁命运，由其主持军事改革，还能不成功？事实很无情，的确不成功。

主要原因在于，未争取军方支持。

拉氏和大部分军方要人都未建立密切关系，不让参联会染指任何改革议项。改革初期，他似乎取得了胜利。比如：拉氏强行砍掉了陆军的一个大项目——十字军自行火炮计划，这等于从陆军手中生生拿走 110 个亿。所以，当时不仅陆军参谋长强烈抗议，连文官系统的陆军部长也表示反对。[2]

拉氏不只动陆军的奶酪，还几乎把部队都得罪光了，以至于不少退役将领联名要求罢免拉氏。但小布什罩着他，不为所动。人一得意就容易忘形，拉氏忘了很重要的一点——军方"不是一个人在战斗"，他们和国防部、国会、政府、国防工业、媒体有着千丝万缕的联系，拥有不少支持者。拉氏得罪军方，就等于得罪了上面这些能量巨大的群体，他们联合起来向小布什施压。2006 年 12 月，拉

[1]
[美] 温斯洛·T. 惠勒等著，陈学惠等译：《美国军事改革反思》，北京：军事科学出版社，2013 年，第 157 页。

[2]
拉姆斯菲尔德认为"十字军自行火炮计划"不符合新形势新任务（反恐战争）的新要求。但陆军坚持"十字军自行火炮计划"同样理由坚挺：如果将来美国和俄罗斯开战，美国拿什么和俄罗斯对抗？

氏黯然下台。

国防部长倒下了，国会又站出来，把军方和国防部统统作为改革对象。

为了制约军队，美国开国先贤们绞尽脑汁，赋予国会三大权力——发动战争权、拨款权、调查权。如今，发动战争权几乎形同虚设，国会更多依靠拨款来掐住军队的脖子，并通过调查权督促军队改革。所以，你可以看到国会议员们"下基层"蹲点作调查，还可以看到军方的头头脑脑们被传唤到国会"作证"。"作证"是好听的说法，有些时候是国会怀疑你能不配位或做了不干净的事儿，要开启集体审判模式。

看上去，国会为了国家利益，在不依不饶逼军方改革，实则不然。举个例子，大伙儿更清楚。20世纪80年代，美国国会有一个叫博克塞[1]的女议员，5年来一直努力推动国会就改革军队问题立法，成为政治明星，如愿当上参议员。在这个过程中，两位改革派对其提供了巨大帮助，但她上位后发现风向变了，支持改革已经不是热点话题，无助于抬高身价，就解雇了这两位帮手。

上面这种事，过去有、现在有、将来还会有。当议员们发现支持改革派能赢得媒体赞誉，增加政治光环，就会支持改革。当他们察觉媒体对军事改革的热情消退，又会毫不犹豫抛弃对军事改革的支持。说白了，议员们支持改革的目的，主要是为了自己升官儿。非常了解国会的惠勒一针见血地指出："对于国会山上的政客来说，改革派的主要作用是帮助他们升迁，而并非改革军队。"他还直言不讳："在迫使五角大楼改革方面，国会不过是一根弱不禁风、见风使舵的芦苇。"[2]

国防部长和国会都倒下了，不怕，还有媒体。

媒体被誉为立法、行政、司法之外的"第四权力"，对美国的发展发挥了重要作用。而且，媒体经常以支持军事改革的面目出现。比如：20世纪70年代末80年代初，美国媒体曾大量揭发美军的天价采购丑闻，要求美军改革。可惜，时间一长，美国民众逐渐对揭黑美军的"新闻"产生了审美疲劳。媒体的嗅觉比狗还灵，觉察到读者口味变了，于是减少了这方面的报道，开始关注新的刺激性新闻。

---

[1]
博克塞：1940年生，很早就从政，20世纪80年代初任职众议院军事委员会期间曾揭发国防部"7600美元天价咖啡杯事件"，声名鹊起，但她自己也卷入银行业丑闻（开空头支票）。2006年6月，Radar列出"美国最蠢的国会议员"，她名列第五。

[2]
[美]温斯洛·T.惠勒等著，陈学惠等译：《美国军事改革反思》，北京：军事科学出版社，2013年，第80、87页。

面对国防部长、国会和媒体接二连三要求改革的攻势，军方是什么反应？

开始，军方感到"压力山大"。不过，军方与国防部长、国会和媒体打交道不是一天两天了，非常了解对方，知道他们撑不了太久，自己只需要扛一扛、拖一拖、熬一熬就行。而且，军方在国防部、国会和媒体也有自己的人，会在改革声浪过了顶点之后借助这些人发动猛烈反击。在这场不算持久的持久战中，军方往往笑到最后。

美军改革怎么会那么难？

两个字——利益。如果有人想从你兜里掏钱甚至要杀了你，触犯了你的核心利益，谁都会拼命反抗和反击。利益，是阻挡在军事改革面前最大的障碍，但绊脚石还有不少，有的还不易发现。

"隐形绊脚石"中很重要的一块是改革动力不足。改革，往往是在遭遇危机和失败时被迫采取的自救行动。美军对其他国家的军队拥有碾压性绝对优势，这种情况下，还改个什么劲，不是没事儿瞎折腾嘛……对一个国家来说，惰性是慢性毒药，对个人来说，混日子是慢性自杀。改革意味着改变现状，意味着得罪人，甚至意味着牺牲。《华盛顿邮报》著名记者里克斯指出："在今日的（美国）陆军中，'良好或中等'的军官比那些偶尔冒险和失败的'表现杰出者'活得更滋润。"[1]

武侠片中有一种人，不断挑战比自己武功高强的人，进步神速。直到有一天，当他发现没有了对手，会产生强烈的孤独感，就是那种"独孤求败"的感觉。此后，他的武艺很难再突飞猛进。人如此，国亦然。美军的强大，很大程度上要感谢德国、日本、苏联这样的强敌：德国把美军"逼"出了艾森豪威尔和巴顿这样的名将，日本把美军"逼"出了原子弹，苏联把美军"逼"出了信息化……

二战之后，美军短期出成效的著名改革不多，但千万不要忽视那些渐进式军事改革。如果一支军队的满分是100分，现在的美军则是90分，拉姆斯菲尔德等人想通过一次改革，把美军的分数提高到100分，失败了。同时，美军却一直通过渐进式改革，从90分出发，向100分迈进。其他国家通过一场军事改革，或许可以从70分升到80分，但这猛增的10分，含金量可能不如美军在90到100这个阈值中的1分。

---

[1] [美]托马斯·E. 里克斯著，吴亦俊等译：《大国与将军：从马歇尔到彼得雷乌斯，美国军事领袖是怎样炼成的》，广州：广东人民出版社，2013年，第370页。

10
美军正在"罗马化"

> 罗马人跟我们最为相似……他们建造了伟大的帝国，却随时间而渐渐衰落。[1]

说这话的人叫班农[2]，曾是美国总统特朗普的首席战略官（Chief Strategist，特朗普上台后特别为其新设的位置，不需参议院确认），这是他读完《罗马帝国衰亡史》（英国著名历史学家爱德华·吉本著）的感想。

一个国家大厦将倾之际，军队是最后一根支柱。罗马帝国[3]面临灭顶之灾时，曾经强大无比的罗马军团奄奄一息，无法尽保卫之责。将来某一天，当美国面临崩溃，美军能保卫美国吗？

一支军队从强盛走向衰败无非三种方式：（1）内部腐朽衰败；（2）外部出现更强大的对手；（3）上述内部外部情况互相交织催化。罗马军团和美军在各自的时代都是"地表最强"，从内部结构看，美军更可靠。

罗马军团是"正规军团＋辅助军团"的模式，后者很大程度上是雇佣军。罗马公民不愿当兵，便雇佣不断进入罗马的外国人（西哥特人、匈奴人等）当兵。罗马正规军团的战斗力大大强于辅助军团，为了死死摁住辅助军团，致力于削弱其凝聚力，办法是把各路外国人混编在一起。

---

[1]
宋鸿兵：《史蒂芬·班农：罗马帝国衰落的原因可见于今日之美国》，新浪财经头条，2017年12月7日。https://cj.sina.com.cn/article/detail/1632067682/515629 美国与罗马的相似性比较，美国人自己写了很多论著，本文不再赘述，主要从军事角度进行分析。

[2]
史蒂夫·班农：1953年生，具有多重身份，包括：媒体高官、政客、战略家、银行投资家。值得注意的有两点：第一，他当过7年的美国海军军官；第二，他当过特朗普7个月的首席战略官（注意，不是国家安全事务助理）。

[3]
罗马实际上经历了三个大的时期：王政时期、共和时期、帝国时期。罗马军力最强盛、疆域最辽阔是帝国时期，但政治制度最完备、宪政最有活力与韧性的则是共和时期。罗马击败迦太基（汉尼拔），打败高卢，征服地中海，是在共和时期。

图拉真柱（图拉真被称为罗马五贤帝之一，
他为纪念征服古代王国达西亚立下此纪功柱）上的罗马军团浮雕

  罗马建立辅助军团时，肯定没想到会失控。随着越来越多地让辅助军团打前阵当炮灰，辅助军团无论在兵力还是战斗力上，逐渐超过正规军团。[1]《剑桥插图战争史》写道，罗马正规军团"战马由于无人照料而杂毛丛生，而他们的主人却把自己的每根毛拔得干干净净，很少看见哪一个士兵有毛茸茸的腿和胳膊。"[2] 这样的和平兵，能有多强的战斗力？这还算好的，罗马帝国到了末期，罗马人宁可自残也不去当兵……结果，"外国人"组成的辅助军团[3]将正规军团压制，反噬罗马帝国，配角成主角，仆人变主人。当然，辅助军团的强大不是一朝一夕之间，而是长期缓慢积累，有一个从量变到质变的过程。这个过程太长、太慢、太不明显，罗马统治者没能察觉，但等他们发现的时候，为时已晚。

  美军善于吸取教训，当然会设法避免重蹈罗马军团的覆辙。同样面对不断涌入军营的外国裔，美军不同，不让其独立成军，而是分散配置在各个部队，由"正宗美军"掌控局面。为增强外国裔美军的归属感，服役期间同工同酬，满 4 年可以拿到美国国籍，这比罗马更人性化——罗马辅助军团不仅待遇不如正规军团，而且需服役满 25 年才能成为罗马公民。

[1]
公元 23 年，根据古罗马历史学家塔西佗（Tacitus）记载，罗马正规军团和辅助军团相当，都约为 12.5 万人。

[2]
[美] 杰弗里·帕克著，傅景川译：《剑桥插图战争史》，济南：山东画报出版社，2004 年，第 56 页。

[3]
到后期，也有罗马公民加入辅助军团。到了卡拉卡拉当罗马皇帝时（198~217），干脆宣布罗马境内所有人都是罗马公民。

那么，经过结构性改良的美军是否能保美国万年安全呢？

美军的结构比罗马军团稳固，但并无本质不同，结局可能更惨——罗马正规军团是被辅助军团"硬吃"，属于"外部征服"，而美军崩溃则可能是以另一种方式——"内部瓦解"。

从建国开始，"正宗"美国人就不愿意干"低级活"，但凡有条件便会雇佣黑人当奴隶，连开国总统华盛顿都拥有不少黑奴。南北战争时期出现了非常讽刺的一幕：北军总司令格兰特指挥作战解放黑奴，自己老婆却拥有黑奴。当兵是又脏又累还可能送命的苦差事，美国人不愿意干。如今美国实行募兵制，只要能找个好工作的人，很少选择参军。美军陷入"用兵荒"，于是想出让外国人为美国当兵的点子。[1] 要持续吸引外国人为美国卖命，一些重要的、原本只能由"正宗"美国人占据的岗位不得不向外国裔美军开放。随着外国裔美军数量越来越多并不断把控要职，正宗美军或沦为"少数派"。于是，未来最悲惨的一幕可能是这样的——当美国遇到危难需要保卫时还不如罗马，连一支正儿八经的美军都没有。

美军的结构已经潜伏着危机，而海外军力部署的压力则可能加重和加速这种危机。美国记者卡普兰写道："美国目前的'帝国困局'是显而易见的：美军在世界各地的驻扎，实际上恰恰体现了曾经困扰古今诸多庞大帝国的难题，只不过在形式上有所差异罢了。"[2] 亨廷顿曾告诫美国不要过度透支自己的力量进行帝国扩张，而应该保守一点，保存实力，有所为有所不为，同样可以维护西方文明的主导地位。不过，美国的统治者们似乎没听进去。

罗马军团[3] 战略重心有两个：一是莱茵河，对手是日耳曼人；二是阿拉伯半岛，对手是东方人。阿拉伯半岛吃紧时，莱茵河的罗马军团就转运过来，导致日耳曼人强大并入侵。总之，帝国太大处理的事情必然就多，当罗马军团不够用的时候，经常拆东墙补西墙。

---

[1]
从人口看，罗马帝国和美国都是移民国家。来自中东的特洛伊人在中东无法立足，就到了罗马。美国也是在英国待不下去的清教徒跑到北美洲建立的"世外桃源"。但这些人太少了，所以不断有新移民涌入。

[2]
[美] 罗伯特·D. 卡普兰著，鲁创创译：《大国威慑》(后记)，成都：四川人民出版社，2015 年，第 388 页。

[3]
罗马军团的总量一般保持在 25 个，以公元 9 年奥古斯都时期为例，其分布如下：欧洲 18 个军团（包括西班牙的 3 个军团）、非洲 1 个军团，埃及 2 个军团，阿拉伯 4 个军团（守护地中海的安全，对付东方）。

巧合的是，美国的战略重心[1]和罗马帝国相似，也在欧洲和阿拉伯半岛（产油区）。美国的麻烦在于增加了第三个战略重心——西太平洋，以遏制对手突破岛链。因此，现在美国面临的问题比当年罗马更棘手：印太地区吃紧时，如果把驻欧洲或阿拉伯半岛的美军转运过来，可能导致俄罗斯在欧洲重新占据优势（战斗民族的扩张性不比日耳曼人差）或恐怖分子死灰复燃，卷土重来……好在美国不像罗马那样有内战，24万驻海外美军玩不转的时候，还可以从国内调兵。理论上，美国会比罗马撑得更久。

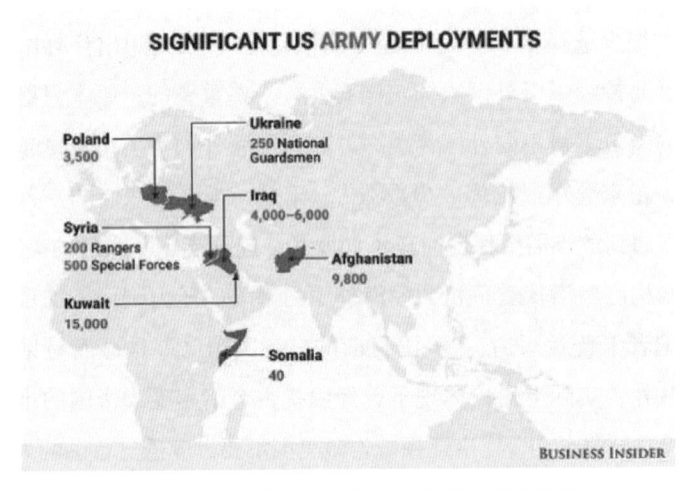

美国陆军海外部署图（主要显示其东欧防线和阿拉伯防线）

防外也就算了，美国人居然对本国军队一直心存戒备，采取种种措施进行限制和提防。美国很清楚，罗马在过度扩张的过程中，元老院[2]逐渐失去了对在外征战的统帅们的控制，从"共和国"变成了"帝国"。罗马由盛转衰的分水岭是军人干政，军政府很少能管好经济，经济下行又导致军队随之走下坡路，恶性循环，最终导致罗马帝国崩溃。有了这个前车之鉴，美国建国后虽然也进行扩张，但较为节制[3]，并且一直防止军人干政，军队最重要的两大权力（人事权和财权）掌握在文官和国会手里。

[1]
美国在全世界130多个国家拥有700多个军事基地。

[2]
美国参议院正是参照罗马的元老院（全由贵族产生）设立，众议院则参考了罗马的公民大会。至于总统，也可能参考了罗马的执政官。

[3]
美军虽然没有像罗马帝国那样直接占领海外土地，但实际控制的地盘要比罗马帝国大得多。

然而，美国还是在一点一滴滑向"帝国化"。纵向看美国 200 多年的历程不难发现，每一次美国面临外部危机，联邦政府的权力就会一步步强化。独立战争中，美国为了获胜，各州政府不得不让渡部分权力给联邦政府。南北战争其实是州权企图从联邦管束下挣脱的一次武装反抗，北方获胜后进一步加强了联邦政府的权力。二战后，美国面临苏联的威胁，再次加强了联邦政府的权力。就军队层面而言，有一个标志性事件：1950 年，马歇尔突破法律限制[1]成为国防部长。"9·11"事件之后，美国联邦政府再次借机加强权力，"马歇尔事件"重现：2016 年，马蒂斯突破法律限制成为国防部长……参议院投票表决时，只有一人反对——吉尔布兰德。她表示："我很尊重马蒂斯将军，但我不支持豁免[2]。文官治军是美国民主的基本原则，我不会为突破规则投赞成票。"[3]然而，除她之外，其余 98 人都投了赞成票！

有人会说：美国对军人控制得很好，不然建国近 250 年怎么从未发生过政变呢？没错，罗马元老院也曾紧紧抓着控制军队的缰绳，但最后还是失去了缰绳——不是一瞬间突然脱手，而是慢慢从手中松脱。慢性病从来就不易察觉，察觉时就晚了……2021 年元旦刚过，美军爆出新闻：10 名前国防部长联名发表公开信，呼吁美军不要干预美国总统大选结果[4]，说白了就是军队不能干预政治。

吉尔布兰德是唯一一个维护法律权威的参议员

---

[1]
1947 年，美国《国家安全法》设立国防部时规定，凡在 10 年内曾在正规军中服役的军官，均不宜被任命为国防部长，同时禁止现役军人担任该职。2008 年修订为 7 年。

[2]
关于美国总统的豁免权，下面这篇文章分析得非常详细和透彻——刘卫东：《试析美国总统的豁免权》，载《美国研究》，2012 年第 1 期。

[3]
Elana Schor. Gillibrand says she won't vote for Mattis waiver, *Politico.com*, Dec 1, 2016. https://www.politico.com/story/2016/12/kirsten-gillibrand-mattis-waiver-232099

[4]
Bryan Bender and David Cohen. Ex-Defense secretaries say military must stay out of election battles, *Politico.com*, Jan 3, 2021. https://www.politico.com/news/2021/01/03/defense-secretaries-military-trump-elec-tion-454334
在公开信上署名的 10 名国防部长包括：（1）迪克·切尼（1991 年海湾战争时期的国防部长）；（2）詹姆斯·马蒂斯；（3）马克·埃斯珀；（4）莱昂·帕内塔；（5）唐纳德·拉姆斯菲尔德（2003 年伊拉克战争时期的国防部长）；（6）威廉·科汉；（7）查克·哈格尔；（8）罗伯特·盖茨；（9）威廉·佩里；（10）阿什顿·卡特。3 名没有署名的国防部长是：莱斯·阿斯平（1993.1.21~1994.2.3）、帕特里克·沙纳汉（2019.1.1~2019.6.23，代理）、克里斯托弗·米勒（2020.11.9~2021.1.20，代理）。

这说明什么？说明特朗普在最后时刻仍然不甘心，还想利用军队影响总统大选。值得注意的是，1989年至今美国有13名国防部长，只有3名没在联名公开信上署名（其中两名曾做过代理国防部长），可见军人干政的事情已经严重到一定程度。尽管特朗普最后没干成这事儿，但这是个危险的信号，是帝国大厦裂开的一道缝，恐怕还会有人继续特朗普未竟之事。

有句古话形容中国古代封建王朝——其兴也勃，其亡也忽[1]，其兴亡轨迹大致是"∧"字形。美国的发展轨迹不是这个路子：美国建国后，国力稳步上升，二战后急速攀升，到20世纪50年代可谓如日中天；七八十年代由于越战泥潭的拖累以及德国和日本的崛起，美国相对衰落；90年代，美国实现复苏；进入新世纪后，因为陷入伊拉克战争和阿富汗战争的泥潭以及2008年金融危机，美国国力回落……每一次出状况，人们唱衰美国，但随后它又能恢复活力；每次它缓过劲儿来自我纠错、重振雄风，但又会迎来经济危机。美国式道路有点像扭秧歌，一会儿进一会儿退。平心而论，美国是很有弹性的一个国家，它的称霸经历了一个长期的过程。同样，它的衰落也不太可能突然到来。

帝国强盛的时候，朋友会很多；而当帝国衰落的时候，敌人更多，常常面临众叛亲离。历史总是惊人地相似，这种相似不是指细节重复，而是指规律再现。罗马帝国的崩溃是从军人干政导致经济衰落开始的，美国的崩溃也许会反过来——经济衰落导致军事失败开始，而军队走下坡路的表现形式则相似：待遇下降、士气下降、战斗力下降、凝聚力下降……

听过一个残酷的"冷笑话"：一个人从摩天大楼的顶楼跳下，一边坠落一边喊："还没事儿。"下面围观的人说："坠落不是事儿，事儿出在着地的一刹那。"

人如此，国如此，军亦如此。

---

[1] 这句话首见于《左传·庄公十一年》，《新唐书》（卷115）进行了二次引用，原文为："禹、汤罪己，其兴也勃焉；桀、纣罪人，其亡也忽焉。"

作战 - 训练篇

在最近的一场"正规战"——伊拉克战争之后,美军的作战和训练基本都是围绕"治安战"进行的。伊战距今已 20 余年,美军对战争中暴露出来的问题进行了改进,并聚焦大国冲突进行战备。至于改进得怎么样,只有通过下一场正规战的实践去检验。

11
美军越强大，这个毛病越改不了

有一个现象很有意思：美国各军种[1]在国会经常"高估"对手，但美军在战场上却往往"低估"对手。前者，是因为军方想要从国会拿到更多预算经费，得把对手说得很强大才行。而在战场上，美军却常常被对手弄得灰头土脸。下面挑了三个具有代表性的案例，看后秒懂。

第一，小大角战役[2]。

中国读者也许比较陌生，但美军刻骨铭心。这一仗，美军名将居然惨败给"疯狂原始人"，脑袋还险些被卸下来当球踢！

这个名将叫卡斯特[3]，是美国南北战争中的英雄人物，曾率500人的第7骑兵团歼灭南方军一个旅，仅俘虏就达700人，比自己总兵力还多，受到总统林肯青睐。

美国建国后向西部拓荒淘金，遭到土著印第安人激烈抵抗，于是派军队强行开路。1876年6月，卡斯特率老部队（隶属于赫赫有名的骑兵第1师），兵分三路进剿。其他两路因故受阻，卡斯特明知对方有四五千人，仍率211名骑兵孤军冒进。

反映小大角战役的电影《巨星之子》

他凭什么？

自恃当年曾以寡击众，大胜南方军，认为印第安人比南方军又低几个档次，不足为惧。不料，卡斯特被诱入伏击圈，仅仅半小时就全军覆没。他的"自大与傲慢"，很大程度上代表了美军的形象与心态。

[1]
注意，美国几大军种中，"海岸警卫队"非常特殊，平时归国土安全部管，战时归海军部管。

[2]
小大角战役（Battle of the Little Bighorn，又译作小比格霍恩战役）：发生在蒙大拿州。

[3]
乔治·卡斯特（1839~1876）：俄亥俄州人，西点军校炮兵科毕业，南北战争中表现出色，因功升至少将（战争结束后部队裁减，复归为中校），被誉为美国历史上最著名的骑兵军官。

作战 - 训练篇　　**069**

印第安人按照老规矩将美军尸体挨个斩首，唯独放过了卡斯特，算是给他留了个全尸。卡斯特轻敌败死给美军投下了浓重阴影，此后每当美军遭遇不利，总是想起这个败仗。

卡斯特之死只是一个缩影，美军此后多次败北，几乎总能看到轻敌的影子。

第二，折戟朝鲜半岛。

1950年6月朝鲜战争爆发后，美军越过三八线，不断逼近朝中边境。对于中国是否会出兵援朝，美方的判断是：中国得听苏联老大哥的，没有苏联支持，中国军队不行，断然不敢出兵！下面是当时美国各方的反应：

中央情报局（1950年9月8日）：中国军队不仅从来没有遭遇过"具有高昂士气、手握现代武器，还有使用那些武器的强烈意愿和技术的训练有素的军队"，而且"实际上毫无能力"去强化或支持朝鲜海军，特别是中国的空军更不值得一提。[1]

国务卿艾奇逊（1950年9月10日）："我认为中国共产党如果干预，那纯粹是发疯。"[2]

白宫高层人士普遍认为（1950年9月中旬）："中国在军事上不具备单独干涉的能力"，即使单独行动也"不会造成决定性的变化"，"倒有可能遭受丢脸的失败"。[3]

麦克阿瑟（1950年10月15日）："如果中国人试图进军平壤，将会有一场最大的屠杀。"[4]

中央情报局（1950年10月18日）："（中国）与美国的战争将是灾难性的。"[5]

中情局话音刚落，中国人民志愿军第二天就大规模跨过鸭绿江，将美军打回

---

[1]
Rosemary Foot. "The Sino-America Conflict in Korea," in *Asia Affairs*, 1983, V 14, p.161.

[2]
[美]约翰·斯帕尼尔著，钱宗起等译：《杜鲁门与麦克阿瑟的冲突和朝鲜战争》，上海：复旦大学出版社，1985年，第107页。

[3]
[美]克莱尔整理，康怡之译：《将军百战归——布雷德利自传》，北京：军事译文出版社，1985年，第740页。

[4]
[美]杜鲁门著，李石译：《杜鲁门回忆录》（第2卷），北京：世界知识出版社，1966年，第429页。

[5]
陈少铭：《美国在新中国出兵朝鲜问题上的判断与决策——以中央情报局的情报评估为中心的考察》，载《中共党史研究》，2013年第4期，第53页。

三八线，逼上谈判桌，用实际行动给美国上了一课：中国军队不是"菜鸟"，更不是"弱鸡"。从某种程度上说，新中国的立国之战不是解放战争，而是抗美援朝。

第三，邪灵蛇行动。

1991年，美国在海湾战争中大胜，一扫越战失败的阴影。但不到两年，美军就在小小的索马里折戟沉沙，自信心严重受挫。

1993年，美国国防部长给特种部队下了一道命令：突入索马里首都摩加迪沙，擒拿不听话的军阀首领穆罕默德·法拉赫·艾迪德。这场行动代号"邪灵蛇行动"（Operation Gothic Serpent）。

160多名美军特种部队人员（由游骑兵部队和三角洲部队联合组成）信心满怀，大白天就杀入对方老巢。不料，两架黑鹰直升机被对方火箭弹击落。其他人赶紧施救，又陷入对方火网和路障，撤退不得，计划一个小时的"斩首行动"变成十几个小时的"自救行动"。撑到次日凌晨，美军装甲部队二次施援，才将陷入重围的美军救出（此事后来改编为著名电影《黑鹰坠落》）。然而，18名美军特种兵永远回不去了，其中两名三角洲部队的军士长被打死，尸体还被游街示众。视频公开后，美国人深受震动。

按照美国有仇必报的脾气，这事儿不能就这么算了，但美国却于次年春天匆匆撤走了驻索马里所有美军，除了给两位军士长授予国会荣誉勋章（自越战以来首次颁发）作为安慰外，什么都没做。此外，国防部长阿斯平迫于压力引咎辞职，美国领导世界的自信受到重挫，暂停了进攻性单边主义政策。

"邪灵蛇行动"之所以失败，按照美国官方总结的教训，是由于"部队高傲自大的情绪"。[1]

因为轻敌，本次行动的指挥官加里森少将[2]认为靠自己就能搞定，行动开始后才告知索马里美军的指挥官蒙哥马利少将[3]；

因为轻敌，美军连敌情都没摸清楚就开始行动。注意，美军不是不能，而是不屑；

---

[1]
R.D. Hooker, Jr. . "Hard Day's Night: A Retrospective on the American Intervention in Somalia," in *JFQ*, 3rd Quarter, 2009, p.128.

[2]
威廉·加里森：1944年生，参加过越南战争，之后主要在特种部队工作。"邪灵蛇行动"失败后结束军旅生涯。但部下为他辩护，说那次行动是政客的责任。

[3]
特种作战部队属于"战略性部队"，只需对佛罗里达州坦帕的中央司令部负责，不用向索马里的美军司令蒙哥马利报告，在程序上倒也说得过去。

因为轻敌，尽管情报显示敌人携带了袭击黑鹰直升机的武器，但美军不当回事，没有应对预案，还是按原计划进行；

因为轻敌，参战人员认为一个小时就能解决战斗，连水、夜视仪和防弹衣都没带；

因为轻敌，没有委派地面战场的统一指挥官，美军两支特种兵在一个房间里并肩战斗，遇到问题居然向各自的上级报告……

美方总结此次行动的教训时认为："加里森将军和他的特种作战指挥官们低估了索马里民族联盟武装分子的战斗力。虽然在美国人眼里，这些武装分子装备陈旧、毫无专业技术可言，但他们都身经百战。"[1]"黑鹰坠落"的教训很典型很惨痛，但日子一长，美军好了伤疤忘了痛，估计老毛病以后还会再犯。

美军为什么会轻敌？自己强大，对方弱小，所以过度膨胀、过度骄傲、过度自信，这是最直接最明显的原因。除此之外，还有一个因素不容忽视——以己之心，度彼之腹。抗美援朝战争中，美方之所以断定中国不会出兵，就是用自己的心理去推测对方的想法，结果误判了中国决策层的意图，低估了中国军队的意志。

这一次，美国还只是脸上无光，但另一次，美国本土差点成了第二个珍珠港。1962年古巴导弹危机中，美国以己度人，严重低估了苏联在古巴部署导弹的数量。总统肯尼迪问国防部长麦克纳马拉：苏联在古巴的实力究竟怎么样？麦氏答道：充其量6000到8000名技术员。美方一直在监控苏联跨越大西洋运输船的数量、舱位和甲板空间，据此测算出这个数据。实际上，在古巴已经有42822名苏联技术人员，是美国估算人数的5~7倍！

美国的情报能力一向不赖，这次何以出现如此大的误差？原来他们按照自己的忍耐程度评估每艘运输船能容纳多少人，却没想到苏联人比自己更能忍受极度恶劣和狭窄的航运环境，更能挤！

新世纪以来，美军连续发动阿富汗战争和伊拉克战争，以为可以像当年改造德国和日本那样改造这两个国家，显然又一次轻敌和失算了。

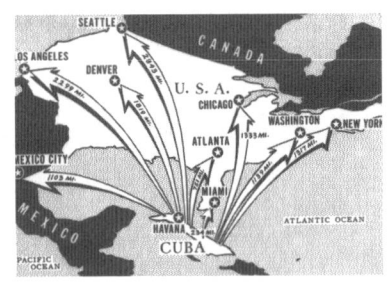

如果这些导弹真打出去……

---

[1] R.D. Hooker, Jr.. "Hard Day's Night: A Retrospective on the American Intervention in Somalia," in *JFQ*, 3rd Quarter, 2009, p.128.

12
美军最怕毛泽东说过的三个字

我们要进行持久战。我们要一步一步地消灭它的有生力量，使它每天都有伤亡。它一天不撤退，我们就打它一天；它一年不撤退，我们就打它一年；它十年不撤退，我们就打它十年。这样一来，它伤亡多，就受不了。到那时，它只好心甘情愿同我们进行谈判，和平解决问题。[1]

猜一猜，上面这段话是谁说的，啥时候说的？

不少人只猜对一半——毛泽东，却猜错了另一半，以为出自于抗日战争时期的《论持久战》。实际上，这是毛泽东在抗美援朝战争时期说的，针对的是美国。

美国打完二战有点儿飘，挟大胜余威，到处干涉别人家事，不料在小小的朝鲜碰壁。山姆大叔不甘心，又跑去越南耀武扬威，结果再次失败。这两仗让美军很受伤，陷入持续低迷。之后，美军痛定思痛，闭关修炼十多年，总算打了一场翻身仗——1991年海湾战争。

越南战争之后，美军的作战理论层出不穷，让人眼花缭乱，但核心离不开三个字——速决战。所以，美军在海湾战争中及时打完收工，陆军只是象征性把脚踩到伊拉克的土地上，很快就拔了出来。美国老百姓不理解，问海湾战争多国部队总司令施瓦茨科普夫："为什么我们不一路打到巴格达，把任务'彻底完成'？"施氏表示："设若我们真的占领全部伊拉克，我们就会像陷入柏油坑里的恐龙一样，到现在还困在那里。"[2] 瞅瞅12年后的伊拉克战争，施氏不幸言中。至于科索沃战争，陆军作壁上观，干脆没有登台表演。换句话说，那两场战争，陆军参与程度很低，脚都没咋伸出去，自然不会陷入"持久战"的泥潭。

但阿富汗战争和伊拉克战争，美军就陷入持久战的泥潭了。美国要是陷入一场持久战，最后的结果往往是"三十六计走为上"。当年的朝鲜战争如此，后来

---

[1]
此据周世钊的回忆，见余玮、吴志菲：《红墙见证——家事国事天下事》，北京：中共党史出版社，2010年，第24~25页。

[2]
[美]施瓦茨科普夫著，谭天译：《身先士卒：施瓦茨科普夫自传》，上海：上海译文出版社，1995年，第634页。

的越南战争如此，现在的阿富汗战争和伊拉克战争还是如此。抗日战争中，日本企图速战速决，通过几次大战消灭中国的军事力量，迫使中国屈服。但中国的游击战让日军有劲儿没处使，反而陷入人民战争的汪洋大海。而今，美国在阿富汗和伊拉克也面临类似窘境。

珍珠港事件后几十年美苏争霸中，强大如苏联也没敢对美国本土发动袭击。苏联解体后，美国觉得自己天下无敌，可以高枕无忧，不料被几架飞机炸醒了迷梦。"9·11"事件让美国人极度意外、惊慌、震怒。美国马上把恐怖分子列为新的最大敌人，不到一个月就把阿富汗锁定为恐怖活动的策源地，发动了阿富汗战争，企图彻底端掉恐怖分子的窝点。两年后，美国担心恐怖分子从伊拉克搞到"大杀器"，又发动了伊拉克战争。表面上，美军的速决战在阿富汗和伊拉克都很成功，小布什曾得意地宣布"game over"。

阿富汗战争、伊拉克战争与之前的海湾战争、科索沃战争有一个很大的不同——美军派出了大量地面部队，而且待得很久。以阿富汗为例，美军兵力最高时达10万，加上"美协军"20万，一共30万人，而对手只有区区2.5万，双方兵力对比为12∶1。在巨大的装备和兵力"双优势"下，美军居然清剿不了塔利班，还要继续增兵，而目的竟然是为了"自保"，不受塔利班游击队威胁。这样憋屈和痛苦的日子，美军熬了20年！

如果对外战争与老百姓的切身利益攸关，美国人的支持会更有耐心，但这样的耐心也有限度。当美国人只看到大把银子丢进阿富汗和伊拉克的无底洞，只看到不断有缺胳膊少腿的美国大兵回国，只看到美军滥杀无辜，却看不到战争胜利的希望，他们还会一如既往支持这场战争吗？

美国当年打败日本后，把这个国家改造得还算成功，以为可以把"日本模式"搬到阿富汗和伊拉克，再造两个小弟，不料事与愿违。美国人忘了，日本人只服强者，为了变成对方可以完全否定自己，但阿富汗和伊拉克人的想法不同：老子就算过穷日子苦日子那也是我自个儿的事儿，关你美国人什么事！美国人可能觉得委屈：我帮你们摆平了萨达姆，还帮你们建立民主国家，你们不仅不领情，还用枪炮炸弹赶我们走……没错，伊拉克人不喜欢萨达姆，但同样也不喜欢"外人"入主，特别是赖着不走的美国人。

美国对自己的"持久战"短板当然清楚，2006年出台的《四年防务评估报告》[1]开篇一句就是："美国是一个正在打持久战的国家。"[2]如果美军陷入持久战，意味着把陆军扔进海外战场的泥潭了。美国陆军有一个很牛的部门叫"能力整合中心"，其负责人是一个叫韦斯利的中将，他表示：陆军必须"避免陷入一场持久的冲突"[3]。

为了克服"持久战"的短板，美军也在想招，其中一招就是向毛泽东的《论持久战》取经。中国《环球时报》记者曾对驻阿富汗美军进行随军采访，一个叫巴伯科克的中尉告诉他："我还真要叫你们中国人师父哩，因为部署到阿富汗的美国军官至少要读12本书，其中有关于伊斯兰教内容的，有普什图民族特点的，有阿富汗历史与传统的，最重要的是，我们一起学习了毛泽东的《论持久战》、人民战争理论以及他写的其他游击战理论。"[4]

而且，美国还将"持久战"纳入军事演习的范畴，可谓高度重视。2005年5至6月，美国陆军战争学院、国防部、中央情报局、华盛顿的智囊机构及部分伙伴国的高级军官举行了代号为"统一寻求2005"的特殊军事演习。演习以"持久战"为主题，预想7年后发生一场长期战争，美军攻打"雷德兰"（一个虚构的国家），抢夺该国的自然资源。演习结果令人失望，用演习组织者的话来说：尽管我们已经摒弃了"战争可以迅速、无痛地获得胜利"的理念，但最终还是难以忍受战争的"旷日持久和代价高昂"。[5]2003年伊拉克战争至今已经20多年，美国没有再发动类似战争，是不是因为没找到"持久战"的解药呢？

---

[1]
《四年防务评估报告》：根据1996年美国国会通过的《军队结构评估法案》，从1997年起，新一届政府成立后，须向国会提交防务评估报告。克林顿时期，五角大楼于当年提交了美国首份防务报告。由于国家的军事战略调整、兵力结构转型或武器系统发展都不是短期内能够完成的，所以防务评估每四年进行一次。报告由专家和官员撰写，他们一般由总统选定、由国防部长亲自组织班子，该文件被认为是美国每届政府对军事战略的纲领性文件。主持撰写2006年《四年防务评估报告》的是美国国防部副部长戈登·英格兰。

[2]
Quadrennial Defense Review Report-Preface, Feb 5, 2006.

[3]
Aaron Mehta. The US Army's three focus areas to avoid protracted combat, *DefenseNews.com*, Jan 10, 2019. https://www.defensenews.com/land/2019/01/09/the-armys-three-focus-areas-to-avoid-protracted-combat

[4]
邱永峥、郝洲：《跟着美军上战场》，北京：人民日报出版社，2011年，第79页。

[5]
Sandra Erwin, "Iraq Lessons Pervade Army War Games," in *National Defense Magazine*, Jun 1, 2005.

美国前国防部长马蒂斯说了一句名言："战争，只有当敌人说了结束的时候才能结束。"[1] 他很清醒，但特朗普把他开了。

现在，美国似乎准备放弃遥遥无期的反恐战争，把矛头转向中国和俄罗斯这样的大国。美国连对阿富汗和伊拉克这种小个子的"治安战"都打不赢，居然对摆平中俄这样的大块头很有信心的样子，哪来的自信？

窃以为，美国不可能像入侵阿富汗和伊拉克那样大规模入侵中俄这样的大国，最大可能是由第三方间接交手即"代理人战争"。就算美国人自己下场，也主要派海军和空军去打。美军准备的"大国之战"至少面临三个问题：

第一，美国对阿富汗和伊拉克的作战经验转用于中俄这样的大国和战斗民族，能否奏效？

第二，"兵者，国之大事"，大国之间发生战争是很谨慎的，美苏争霸时期那么敌对那么紧张都没干起来，现在同样也会非常慎重。换句话说，美国把军事准备的矛头对准大国，也许是在准备一场不会发生的战争，意义何在？

第三，当美国转身对付另一个敌人的时候，他们身后的敌人（恐怖分子）并没有被肃清。美国人转身后，恐怖分子很可能报复性野蛮发展，不仅让美国长达20年的反恐战争成果付诸东流，还可能使美国腹背受敌。如此结果，美国当然不想看到，却有可能发生。

美国如果与大国开战，能否打赢？对此，美方缺乏十足的信心。2021年7月，两名美军将领在提交给国会的一份调研报告中写道："由于这一代美国海军未逢同样级别的敌手，以至于指挥官们没有机会下令迎战强敌，使问题变得愈发严重。"[2]

[1]
吴敏文：《特朗普提名的国防部长马蒂斯：理性的"疯狗"》，载《中国青年报》，2016年12月8日，第12版。

[2]
Robert E. Schmidle, Mark Montgomery. A Report on the Fighting Culture of the United States Navy Surface Fleet. July 12, 2021, p.6. https://www.cotton.senate.gov/imo/media/doc/navy_report.pdf

13
同时打赢两场大仗，"美军梦"恐难照进现实

美国目前的军力有可能满足单一大型区域冲突的需要，与此同时，关注并参与其他地点的活动。但是，如果是应对几乎同时发生的两场重大区域突发事件，美军面临强大的压力，甚至可以说没有准备好。[1]

上面这段话，可不是哪个军事评论家瞎说，而是引自一份权威的材料——《美国2019财年军力报告》。美国媒体进行报道时，干脆直接写道："美军不能同时打赢两场大战。"[2]

"同时打赢两场战争"放在战役层面，就是分兵两处，两线作战。无论是东方的《孙子兵法》还是西方的《战争论》，对"两线作战"都很反对，而是一再强调"集中兵力"。

既然如此，美国为什么要"冒兵法之大不韪"？

一般来说，自信心爆棚的国家才想着改写兵法原则。在美国之前，至少有两个国家试过，而且野心更大——不仅想同时打赢"两场"战争，还想打赢"多场"战争——西方的德国和东方的日本。

二战结束后，牛气冲天的美国也这么做过，提出了一个前无古人的设想。肯尼迪和约翰逊坐庄美国总统期间（1960~1969），提出"同时打赢两个半战争"的设想（姑且称为"2.5版"）。"两个"指的是与欧洲苏联的大战和与亚洲中国的大战，"半个"指的是在亚非拉地区的小规模战争。

《美国2019财年军力报告》

---

[1]
The Heritage Foundation. 2019 Index of U.S. Military Strength, p.31. 美国著名智库"传统基金会"于2018年10月4日发布了《美国2019财年军力报告》，对美国军力、美军在全球履行任务的能力、美国利益的最大威胁等问题作出评估。这是该机构连续第五年发布此类报告。

[2]
Richard Sisk. US Military Unable to Fight Two Big Wars at Once: Report, Military.com, Oct 4, 2018. https://www.military.com/dodbuzz/2018/10/04/us-military-too-small-meet-threats-nation-report.html

越南战争一打，美国才发现自己想多了，根本搞不定"两个半战争"。主力在欧洲被苏联牵制不敢动，次要战场在亚洲被越南拖住打不赢，如果非洲和拉美地区也干起来，美军就要被"三马分尸"了。

尼克松上台后，对"2.5版"进行了调整，降级为"1.5版"，去掉了中国。他认为苏中两国已经闹掰，亲赴北京修复了美中关系。这样一来，美国就不用同时对苏中开战了。继美中和好之后，苏联又在20世纪90年代初解体，美国"两场战争"的对手都没了。

没有敌人，美军怎么刷存在感，用什么理由向国会要钱呢？

有敌人要上，没有敌人创造敌人也要上。克林顿于1992年上台后，笑纳前任总统老布什海湾战争的胜利果实，正式提出"打赢几乎同时发生的两场大规模地区战争"。苏联和中国都不用打了，现在打谁呢？"2.0版"重新挑了两个次量级对手：海湾的伊拉克和东北亚的朝鲜。1999年，美军打算用实战验证"同时打赢两场局部战争"，同时对南联盟和伊拉克进行轰炸[1]，发现有些力不从心，于是暂时放弃了后一个目标。

2001年小布什上台后，对美军战略目标进行了微调：先集中兵力在一个战场取胜，然后再集中力量打第二场战争。注意，这次微调有两个新变化：

第一，不是"同时"打两场战争，而是"先后"打；

第二，没有明确打谁，连方向都没有。

为贯彻落实"先后打赢两场战争"的新目标，美军具体化为一个时间链条——"10～30～30"：决定打谁后，10天内部署到位，30天内打败一个敌人，30天后腾出手来对付另一个敌人。

随后，美军算是实现了"先后打赢两场战争"的目标（阿富汗战争和伊拉克战争），但地球人都知道，美国其实没有达到目的，而是久陷泥潭。2005年4月27日，小布什曾咨询"军师"、参联会主席迈尔斯："你认为，因为我们在伊拉克的军事行动，已经限制了我国军队在其他地方采取军事行动的能力吗？"迈尔斯马上表示："（我）没有感觉到我们受到了什么限制，而是认为我们仍然拥有强

---

[1]
1999年空袭伊拉克的情况：1月25日，美英战斗机空袭巴士拉地区5处场所，造成24名平民丧生，76人受伤；2月28日，美军三次空袭伊拉克北部的摩苏尔，炸坏一条输油管线，使伊拉克对土耳其的石油输出停顿了84小时；3～4月，美英两国战机定期轰炸伊拉克防空设施、雷达站和通信中心；7月29日，在伊拉克北部空袭中，8名伊拉克人被打死，26人受伤。五角大楼宣布，自"沙漠之狐"行动以来，美英两国共袭击伊拉克军事场所108次。

大的战斗力。"[1] 不料，迈尔斯在 5 月 2 日却改了口："由于在伊拉克和阿富汗的军事行动占用了美军大量的人力和物力资源，如果再遭遇其他战事，美军可能无法按照预期取胜。"[2] 之前，迈尔斯知道小布什想听到什么答案，所以顺着老板的话讲；之后要卸任了[3]，总算敢说老板不爱听的真话了。

奥巴马上台后，改变了小布什"先后打赢两场战争"的战略，认为那是冷战思维，决定调整为："在参加和打赢一场重大战争的同时，能够应对和威慑第二个敌人。"[4] 军事战略由之前的"2-"调整为"1+"了。

俱往矣，数风流人物，还看今朝。如今，美国打算回归"同时打赢两场战争"，其中一场由美国独立打赢，另一场借助联盟打赢。[5] 问题在于，如果靠小弟去打赢另一场战争，那还是大哥自己的本事吗？

美国可以主动选择敌人，如果拣软柿子捏，不要说两个敌人，三四个也不在话下，可以轻松打赢。不过，还得看"赢"怎么定义。美军在阿富汗和伊拉克究竟是赢还是输呢？

美国不停打仗，拥有丰富的作战经验，但那是对中小国家的作战经验，被戏称为"治安战"。如果与两个大国同时发生战争，美国在很多方面其实准备不足，这一点，连美国著名智库兰德公司也承认。[6]

[1]
小布什于 2005 年 4 月 27 日在记者招待会上的讲话，此据澳大利亚联合广播公司报道。

[2]
见迈尔斯向国会提交的军力报告。

[3]
小布什于 2005 年 4 月 22 日提名海军陆战队上将彼得·佩斯接任参联会主席。

[4]
Department of Defense. Sustaining U.S. Global Leadership: Priorities for 21st Century Defense, *defense.gov*, Jan 2012. https://archive.defense.gov/news/defense_strategic_guidance.pdf

[5]
拉一帮小弟群殴对手是美国的一贯做法。朝鲜战争，美国拉了 16 个国家组成所谓"联合国军"；越南战争，美国拉上了韩、澳、泰、新西兰四国参战，荷兰、比利时、希腊、丹麦等国派出了医疗队；海湾战争，美国更是组织了 34 国，规模空前；科索沃战争，美国组织了 13 国参战（包括英、法、德、意、加等国），还有 6 国提供后勤支援；阿富汗战争，组织英、德、波、捷克、斯洛伐克等参战，日本、韩国、菲律宾、吉尔吉斯斯坦等提供后勤支援；伊拉克战争，组织英、澳、丹、波等参战。

[6]
Michael Spirtas. Are We Truly Prepared for a War with Russia or China？*Rand.org*, Oct 9, 2018. https://www.rand.org/blog/2018/10/are-we-truly-prepared-for-a-war-with-russia-or-china.html

美国的军事实力不是世界第一吗，美国的军费不是等于排在其后面十几个国家的总和吗，为啥就不能同时打赢两场战争？

富人有富人的苦恼，往往超出穷人的想象力。美国国防部估计，在未来一场大规模地区战争中，美军出动的兵力规模为：

陆军部队 50 个旅，

海军陆战队 36 个营，

海军 400 艘战舰和 620 多架飞机，

空军 1200 架飞机……

如果同时发动两场大规模地区战争，上述指标得翻倍。但现实是，美国陆军只有 31 个战斗旅[1]，海军只有 290 艘战舰（均指现役可部署），空军和海军陆战队还凑合，但也好不到哪儿去。

这其实间接启发世人：如果要干一票大的又不想被美国干预，那就趁美军正在打一场大战的时候动手。这事儿不是没人干过：当年美国打内战，法国的拿破仑三世就趁机把山姆大叔的邻居墨西哥搞定了。

美国前国务卿基辛格曾警告说："毫无区分就介入冷战后世界的一切种族纷争和内战，势必让美国资源耗竭。"[2] 所以，小布什之后，奥巴马和特朗普都在进行战略收缩，但军事战略上却不肯放弃"同时打赢两场大战"的目标。

既然美国心里清楚同时打赢两场大战力不从心，为什么还恋恋不舍呢？

美国的一份官方文件说得很明白："如果美国失去了这种能力，我们作为全球超级大国、盟国安全伙伴和国际社会领袖的地位将受到怀疑。"[3] 问题是，旧秩序终究是要被打破的，美军想用一个指头摁住两个跳蚤是不现实的。

[1]
这 31 个战斗旅包括步兵旅 13 个，装甲旅 11 个，斯特赖克旅 7 个。

[2]
[美]基辛格著，顾淑馨、林添贵译：《大外交》，海口：海南出版社，1998 年，第 771 页。

[3]
William S. Cohen. Report of the Quadrennial Defense Review, May 1997.
https://www.files.ethz.ch/isn/32542/qdr97.pdf

14
美国这场战争被誉为经典，却连敌人都找错了

美军的战法据说非常简单，就三条：

我们在哪儿？

我们的敌人在哪儿？

我们的友军在哪儿？

不过，美军在其中一个环节上犯了错——我们的敌人在哪儿？

阿富汗战争和伊拉克战争两场反恐战争打得很漂亮，但尴尬的是美国连敌人都找错了。美方承认："在始于 2001 年 9 月 11 日的国家与恐怖主义的首轮交锋中，我们企图以向其他民族国家兴师问罪的方式打击恐怖主义网络。"[1]

美国的失误在于，对手发生了变化，却仍刻舟求剑，选择传统国家进行概率打击，而不是针对恐怖分子进行精确打击。某种程度上，这是受情绪左右的结果。

盛怒之下不被情绪支配，冷静分析并理智决策，美国曾经做得非常好。珍珠港事件，美国死亡 2400 多人（和"9·11"事件死亡人数相当），全国上下几乎都是"干死小日本"的呼声，但美国没有急于找日本人报仇，而是从大局出发，冷静做出了"先欧后亚，先德国后日本"的决策。三年后，美国用两颗原子弹回敬日本，算是加倍奉还，把日本驯服成"乖宝宝"。

"9·11"事件被形容为"新珍珠港事件"[2]，但这一次，美国在决策时缺乏冷静和理智。反击是必须的，问题在于反击目标既清晰又模糊。清晰，因为敌人是恐怖分子无疑；模糊，因为美国不清楚恐怖分子具体藏身何处。

以美国超强的情报能力，要找出恐怖分子具体藏身何处并非难事，但需要时间，程序还比较麻烦。[3] 这个理性的选择被否定了，理由是美国过去就是这么做

---

[1]
[美] 约翰·阿尔奎拉著，董浩云等译：《顽敌：阻力重重的美军转型》绪论，北京：解放军出版社，2013 年，第 140 页。

[2]
Donald Kagan, et al.. Rebuilding America's Defenses: Strategy, Forces and Resources For a New Century, 2000, p.50, 51. https://resistir.info/livros/rebuilding-americas-defenses. pdf

[3]
如果恐怖分子所在的国家与美国敌对，美国派遣情报人员和特种部队人员将非常困难；如果是友好国家，也会遇到外交和法律等问题。

珍珠港事件（左）与"9·11"事件（右）

的，效果不佳，恐怖分子反而变本加厉。

无法准确定位恐怖组织的位置，那就模糊一些，恐怖分子躲在哪个山洞不清楚，但藏在哪些国家不难判断。"9·11"事件发生时，小布什不在华盛顿，但他恨恨表示："对那些应对这些懦夫行为负责的人，美国发誓一定会穷追到底并施以惩罚。"[1] 在国家安全会议上，他把"敌人"的范围扩大：支持恐怖组织的国家同样被视为恐怖组织。小布什似乎说得没错，推倒大树，在树上筑巢的恐怖分子只能跑路。其实还有更好的理由，只是不便明说——小布什可以挽救糟糕的支持率，国防部和情报系统可以拿到更多经费，美国可以控制中亚[2] 和伊拉克的石油。总之可以把个人利益、组织利益和国家利益结合在一起，简直是完美。

话说，美国遭受恐怖袭击也不是一次两次了，早就可以采取上述办法（打击恐怖分子栖身的国家而不是恐怖分子本身），为何要等到"9·11"事件？

世界贸易中心遇袭，"9·11"事件并非首次，第一次发生在1993年——1枚炸弹在世贸中心大楼地下室爆炸，造成6人死亡。次日，时任总统克林顿在每日例行的广播讲话中只是简单提了几句，表示谴责，宣布调查，然后大谈经济。联系世贸中心两次遇袭事件，法国著名记者拉比诺写道："布什总统及其幕僚在着手解决这一问题时采取了完全不同的方式……仿佛8年前失望的'等待'在这一次终于以某种方式成为现实。"[3] 美国对持续不断的恐怖袭击忍很久了，终于等到

---

[1]
[美] 拉姆斯菲尔德著，魏骅译：《已知与未知：美前国防部长拉姆斯菲尔德回忆录》，北京：华文出版社，2013年，第244页。

[2]
按照美国的布局，土库曼斯坦的油气资源是一条经由阿富汗（绕过俄罗斯）的输油管道，但塔利班成为障碍。输气线路的计划由优尼科公司提出，而该公司的经营顾问哈米德·卡尔扎伊后来成为阿富汗的元首，这绝非偶然。

[3]
[法] 托马·拉比诺著，陈沁等译：《美国战争文化》，上海：上海社会科学出版社，2018年，第14页。

大规模反击报复的机会。正如珍珠港事件结束了美国的孤立主义，"9·11"事件也结束了美国应对恐怖分子的软弱。

现在要做的，是争取国会和民众支持，而且要抓紧时间。"9·11"事件当天下午，拉姆斯菲尔德表示："如果再拖一周，采取行动的意愿将比现在减少一半。"[1] 拉氏不愧是老江湖，数据证明他是对的：最初，近80%的民众狂热支持动武[2]；随着时间的推移，支持动武的人越来越少[3]；进攻阿富汗之前，75%的美国人反对一切单边行动[4]；阿富汗战争开打之初，44%的共和党和77%的民主党更愿意用外交途径解决问题。[5] 最开始，美国人被笼罩在强烈的不安全感和恐惧之中，要求反击和复仇的情绪格外高涨，如果他们冷静下来，就不好办了。

很快，美国将反击对象锁定为阿富汗，理由是"9·11"事件的幕后主使本·拉登藏在那里。请大家注意两个时间：（1）5天，"9·11"事件之后不到一周（9月15日），美国就做出了阿富汗战争的决策；（2）21天（9月16日~10月6日），这是美军"制订军事计划+备战"的总时间。

前一个时间还说得过去，后一个时间就显得有些草率了。制定一份作战计划需要多久？据中央司令部副司令德龙（海军陆战队中将）回忆，"更新一份作战计划一般也要花上三年时间"。[6] 注意，这是在已有计划基础之上进行"更新"，如果重起炉灶制定一份新计划，按理得三年以上。而且别忘了，苏联解体之后，

---

[1] ［美］拉姆斯菲尔德著，魏驿译：《已知与未知：美前国防部长拉姆斯菲尔德回忆录》，北京：华文出版社，2013年，第246页。

[2] 《新闻周刊》与普林斯顿调查研究中心联合展开的民意测验，2001年10月11日~12日。

[3] 加里·雅各布森：《布什任期与美国选民》，"初评乔治·W.布什任期"研讨会刊，普林斯顿大学伍德罗·威尔逊研究院，2003年4月25日~4月26日，第22~24页。

[4] 美国有线电视新闻网、《今日美国》与盖洛普共同开展的民意调查，2002年8月22日，译自题为"可能发生在伊拉克的战争"的辩论，沃尔夫·布利策主持的节目《最新消息》，2002年8月25日。

[5] 哥伦比亚广播公司新闻台与《纽约时报》联合开展的民意调查，2003年1月28日，"伊拉克与联合国调查报告"，http://www.cbsnews.com/ht-docs/CBSNEews-polls.iraq-back0123.pdf，2003年5月30日。

[6] ［美］迈克·德龙著，张春波等译：《我在指挥中央司令部：阿富汗和伊拉克战争真相》，北京：东方出版社，2006年，第76页。

美国对阿富汗不再关注[1]，连驻阿富汗大使馆都关闭了。也就是说，"9·11"事件发生时，美国对阿富汗的情况掌握得很不够。

21天之内，美军不仅制订了新计划，甚至连备战工作也做好了，该怎么评价？

不可否认，美国特事特办，体现了超高的效率。但心急吃不了热豆腐，急促之下制订的计划可能存在漏洞。战争结果表明，美国只实现了一半目标——短时间内打垮了塔利班，但没有摘到想要的"果子"——摧毁基地组织，抓住拉登。

早在1993年世贸中心北塔地下室就曾遭遇过炸弹袭击

抓不住拉登，那就毁掉恐怖分子可能用来报复美国的"大杀器"。于是，美军又打响了伊拉克战争。第二个目标选择萨达姆，原因之一是"9·11"事件发生后，全世界只有一个国家对袭击表现得幸灾乐祸，而且是"公开表态"。没错，正是伊拉克。萨达姆说："美国这是在自食恶果。"[2]拉姆斯菲尔德要求部下收集其他国家对"9·11"事件的评论，并表示："如果他们的话有恶意，我也一样会记住。"[3]

阿富汗战争打响之后仅仅17个月，美军又打了伊拉克战争。打完伊拉克至今已有20年，美军没了大动静，什么情况？

阿富汗战争打得太顺了，美国大受鼓舞，认为清单上的恐怖国家就像多米诺骨牌，可轻易推倒，恐怖分子们最终将无处容身。在美国的清单上，打击对象至少有四个——阿富汗的塔利班、叙利亚的阿萨德、伊拉克的萨达姆、伊朗的神职领袖等。如果不是因为在阿富汗和伊拉克陷入泥潭，美国很可能会打下去，继续对那些所谓"邪恶国家"动手，除之而后安。

美国的考虑是："如果他们（恐怖分子）一直在逃跑，时刻担心被发觉和追捕，他们就没有时间、没有精力也没有能力计划袭击了。"[4]看上去很有道理的

[1]
由于美苏冷战的原因，美国对阿富汗十分关注，特别是苏联入侵阿富汗之后，美国一直在秘密向阿富汗反苏武装提供各种支援。1989年2月15日苏军完全撤出阿富汗之际，中央情报局巴基斯坦分部给总部发去一份电报："我们赢了。"

[2] [3] [4]
[美]拉姆斯菲尔德著，魏驿译：《已知与未知：美前国防部长拉姆斯菲尔德回忆录》，北京：华文出版社，2013年，第247页。

样子，实则得不偿失，这两场战争给美国带来的"副作用"是其没有充分预料到的。在美国国内，警察不断追逐罪犯，犯罪活动就停止了吗？在美国之外，美军也一直在追捕恐怖分子，恐怖分子就消停了吗？老虎有打盹儿的时候，世界警察也有松懈的时候，此时恐怖分子就有可能展开反击。总之，这是一场只有起点、没有终点的"超限战"。

孙子曾告诫："主不可以怒而兴军（师），将不可以愠而致战。"[1]慈禧怒而对11国宣战，首都被攻占；法国怒而对德国宣战，皇帝被活捉；两国都自取其辱。以美国之强，虽不必担心在国家战争和反恐战争中失败，但也难以取得最后成功。

除了打击恐怖分子，美国还应该思考这样一个问题：为什么针对美国的恐怖袭击这么多？

1988年，泛美103航班爆炸案[2]；

1993年，世贸中心第一次遇袭；

1993年，伊拉克特工企图刺杀总统老布什；

1993年，美军在摩加迪沙遇袭（"黑鹰坠落"事件）[3]；

1996年，沙特阿拉伯霍巴塔恐怖袭击案[4]；

1998年，驻东非使馆爆炸案[5]；

2000年，科尔号军舰被袭[6]；

……

[1]
钮先钟：《孙子三论》，南宁：广西师范大学出版社，2003年，第103页。

[2]
泛美103航班爆炸案：即1988年12月21日的洛克比空难：泛美航空103号班机在苏格兰边境小镇洛克比上空爆炸，270人遇难。

[3]
摩加迪沙之战：发生在1993年10月3~4日，美国派出特种部队突击索马里首都摩加迪沙，企图抓捕索马里独裁者艾迪德。美军本来是袭击者，却成为遇袭对象，在激烈巷战中战死18人，几十人受伤。

[4]
沙特阿拉伯霍巴塔恐怖袭击案：1996年6月25日，沙特阿拉伯真主党对达兰附近的霍巴大厦住宅群发起袭击，那里住着一些美军。恐怖分子开车撞击其中一座大楼并引爆车上的炸药，造成19名美军身亡。

[5]
东非使馆爆炸案：发生于1998年8月7日，美国驻坦桑尼亚和肯尼亚大使馆几乎同时遭到汽车炸弹袭击，造成224人死亡，多人受伤。

[6]
科尔号军舰遇袭事件：发生于2000年10月12日，科尔号驱逐舰停靠也门亚丁湾补充燃料，两名恐怖分子乘坐一艘小艇靠近军舰并引爆上面的炸药，炸出一个大洞，造成17人死亡，39人受伤。

从美国遭受的恐怖袭击来看，绝大部分发生在境外，一次在境内的袭击也不算严重，对绝大多数本土美国人影响不大，故一直未采取大规模反击举措。"9·11"事件和珍珠港事件都发生在美国本土，伤亡程度相当，美国受不了，很快展开反击。美国的反恐战略是"御敌于国门之外"，问题是难道美国人以后都要待在"家"里不出门吗？

2002年2月伊拉克战争前夕，为了给行动制造理由，美国国务卿鲍威尔不惜在联合国作伪证。他信誓旦旦地表示自己作出的每项陈述都有事实作为支持，给出的都是在真实情报基础上得出的结论。8年后，他终于承认自己当年瞎说："是谁带着一大堆错误的情报来到联合国？是我！我作为始作俑者被人永远牢记。"[1]很显然，美国损耗了国际社会对自己的信任。

让美国始料未及的是，自以为反恐战争是挥舞正义之剑，会得到全世界的同情和支持，却导致美国的"国品"受到国际社会广泛质疑，对美国坐稳老大的位子不是好事。美国发动反恐战争的目的是铲除恐怖组织和消灭恐怖分子，但栖身大树之上的除了少数是恐怖分子，更多是无辜民众。美国悍然入侵，导致阿富汗和伊拉克大乱，民众不要说维持生计，连基本的人身安全都难以得到保障。很大程度上，这是美国造成的。在美国仓促制订的计划里，只有推倒大树找恐怖分子巢穴，至于跌伤摔死一地小鸟，与我何干？阿富汗战争和伊拉克战争的总指挥弗兰克斯说过一句话："我是战争中的战士，不是经理。"[2]

"9·11"事件本来是美国彻底反思的机会，如果民众冷静下来，会发现一个事实——美军在世界不同地区造成的破坏和死亡与"9·11"事件相比有过之而无不及。著名记者拉比诺指出："从那时起，针对中东地区的狂热泥潭或者国家安全政治展开大规模反思的机会似乎到来了。"[3]然而，反恐战争仓促开打，开弓没有回头箭，美国自己约的战，含泪也要打下去，一打就是20年。美国，因为缺乏耐心，失去了检讨全球政策和调整战略的机会。

[1]
[美]托马斯·E.里克斯著，吴亦俊等译：《大国与将军：从马歇尔到彼得雷乌斯，美国军事领袖是怎样炼成的》，广州：广东人民出版社，2013年，第16页。

[2]
[美]拉姆斯菲尔德著，魏骅译：《已知与未知：美前国防部长拉姆斯菲尔德回忆录》，北京：华文出版社，2013年，第347页。

[3]
[法]托马·拉比诺著，陈沁等译：《美国战争文化》，上海：上海社会科学出版社，2018年，第14页。

15
实力30∶1,美国人竟吓得冷汗直冒

> 美国总统:"我们的导弹够灭你们30多次。"
> 苏联领导人:"我们只能灭你们一次,但那就够了。"[1]

这是一段经典的对话,发生在肯尼迪和赫鲁晓夫之间。

苏联解体30多年了,美国为啥还在拼命发展"爱国者"系列拦截导弹?担心本土被打。美国本土挨揍的时候不多,但每一次都把山姆大叔疼得哇哇叫,而且为此改变国家战略方向。美国前国防部长马蒂斯说得好:"当你家后院起火时,你很难再关注什么总体战略了。"[2]

两强相争

第一次,美国的"心脏"被烧。

美国建国不到30年(1783~1812),翅膀还没长硬,就想把加拿大(英国的殖民地)这块肥肉吃到嘴里,占领整个北美大陆。1812年,时机来了——这是

---

[1]
Kennedy: We have enough missiles to blow you (USSR) up thirty times over. Khrushchev: We have enough to blow you up only once, but that will be enough for US. Deborah Wiles, *Countdown*, Scholastic Press, 2016, p.3

[2]
[美]桑德拉·欧文撰写,天火编译:《美上将:美军最宝贵的财富不是武器而是作战经验》,凤凰网,2010年1月22日。http://news.ifeng.com/mil/4/201001/0122_342_1522091.shtml

"英国历史上最糟糕的一年"[1]，当时英国正和拿破仑死磕。

美军进攻加拿大非常顺利，占领了当时的首都多伦多（旧时称约克），火烧议会大厦。但好景不长，两年后，英国击败拿破仑，腾出手来向北美增兵，直捣华盛顿，把美国总统麦迪逊吓得丢下老婆逃命。为了报复美军在加拿大纵火抢劫，英加联军于1814年8月21日火烧白宫。而且，英国还计划把美国北部领土划一块出去，在美国和加拿大之间建立一个缓冲国。

不过，英国最后没办这事儿，毕竟打败拿破仑最值得炫耀，再说英国还得收拾邻居法国的烂摊子。相比之下，英国对北美不那么重视，没有坚持肢解美国的计划。美国偷鸡不成蚀把米，小心脏狂跳了半天。后来，马汉在其名著《海权论》中一再叮嘱：美国作为老二一定要和老大英国搞好关系，千万不能和英国对着干！

第二次，美国的"右臂"无病剧痛。

美国的"心脏"是华盛顿，"右臂"则指东海岸。美国的"右臂"无病剧痛是被西班牙吓的。

1898年美西战争以美国大胜告终，但鲜为人知的是，战前美国曾被西班牙吓得魂不守舍。当年，美国是冉冉升起的红日，西班牙则是迫近西山的夕阳，美国为何害怕这个已经没落的老牌帝国？

美西战争前夜，西班牙海军上将塞韦拉收到一条指令——摧毁基韦斯特[2]的美军基地，封锁美国东海岸。4月8日，塞韦拉率领舰队出发！

美国人尤其是首当其冲的东海岸居民听说后，想起当年白宫被烧的往事，慌了。波士顿[3]的富人们赶紧把财富内迁80公里，穷人们搬不起家，地方官不能跑路，纷纷向军方寻求保护。美国战争部长阿尔杰回忆说："要求陆军部马上对前来的西班牙舰队采取行动的呼声之紧急让人伤心。电报、信函，还有代表受威胁地区的政治家们一起涌进了陆军部。各地都要求配发枪支，并要求把地图上能找

---

[1]
据英国历史学家德里克·威尔逊分析，1812年的英国处于四分五裂的状态，经济衰败尤为严重。政府被剥夺了领导权，国家处于空前的绝望气氛中……如此多的重大事件发生在同一年，英国民众生活的各个方面都受到严重影响。此时，英国与法国拿破仑的战争已经打了近10年（1803~1812），还看不到胜利的希望。

[2]
基韦斯特：美国最南端的城市，有"美国的天涯海角"之称。

[3]
波士顿：马萨诸塞州首府，位于美国东北部。

到的所有河流和港口都布上水雷。"[1]

美国人真是玻璃心，脆弱得不行。

第三次，美国的"脚趾头"被狠狠砸了一锤子。

美国的"脚趾头"指珍珠港，这事儿地球人都知道，但很多人未必知道"尼豪岛事件"。

日军对珍珠港进行第二轮袭击时，一个叫西开地重德的飞行员由于油箱被击穿，迫降在尼豪岛（位于夏威夷群岛最西端）。岛上居民得知西开地重德身份后，欲将其扭送官府。不料，岛上的三个日裔美国人企图将其救走，为此还打伤了几名美国人。最后，岛上的美国人群策群力将西开地重德打死，并制服了其他三个同伙。

外国人要成为美国人，得向美国宣誓效忠，日裔美国人也履行过这道程序。但"尼豪岛事件"让美国人不再信任那些日裔美国人，觉得他们很可能

日本飞行员西开地重德

是日本安插的间谍，搞不好还可能弄出武装暴动。所以，美国总统罗斯福发出一纸命令：把他们关起来！[2] 随后，11万日裔美国人被关进"集中营"，一直到1945年初日本大势已去才解禁，这时已经有1万多人死在里面。直到46年后，美国才承认自己当年草木皆兵，紧张过度，把原因归结为"种族偏见，战争中的不安情绪和政治领导层的失败"。

话说，既然偷袭珍珠港那么成功，日本为啥不趁机再来一波？

别忘了那是"偷袭"，能成功已经是撞大运了。日本离美国太远（8000多公里），不可能复制珍珠港事件那样的成功案例。不过，日本还是发明了一种特殊武器去攻击美国，把对方吓得够呛——风船武器。

---

[1]
[美] E.B. 波特主编，李杰等译：《海上力量：世界海军史》，1992年，北京：解放军出版社，第206页。

[2]
珍珠港事件发生后两个月，罗斯福总统于1942年2月19日下达了9066号行政命令，授权美国陆军部部长确定国内某些地区为"战区"，可对生活在战区的人加以任何必要的限制，甚至将其驱逐出境。这份命令声明，整个太平洋沿岸，包括加利福尼亚州、俄勒冈州、华盛顿州和亚利桑那州的所有日裔美国人都可以被命令转移。

作战-训练篇　089

听上去高大上，其实就是直径达 10 米、可以携带燃烧弹和炸弹的氢气球[1]，日本人一共生产了 9000 多件！

1942 年 2 月 24 日，洛杉矶（美国西部最大的城市）市民看到空中出现几个大气球，然后听到警报声，"日本派出几百架飞机来空袭"之类的小道消息不胫而走，搞得人心惶惶。到了晚上，为了让市民们安心，驻扎该市的四个防空连毫无目标向空中发射了 1600 枚炮弹。

"气球武器"尽管比较简陋，也没造成什么人员伤亡，但美军雷达探测不到，没法预防。对此，官方只能封锁消息，以免引起更大范围的恐慌。

不是所有城市都像洛杉矶那样走运。俄勒冈郊外，几个孩子发现一个气球，觉得好玩跑上去推，结果被全部炸死。华盛顿汉福特工厂（生产原子弹的主要原料——钚）的一根电线被这种气球扔下的炸弹炸断，险些导致钚反应堆瘫痪……

美国人的神经，的确脆弱。

第四次，美国的"裤裆"被塞进一只刺猬。

这就是 1962 年著名的古巴导弹危机。美国在苏联家门口部署导弹，5~15 分钟就能发射，12 分钟就能打到克里姆林宫。苏联以牙还牙，把导弹运到古巴，从这里把导弹打到白宫，只要 5~6 分钟！赫鲁晓夫有一个形象的比喻："往美国人的裤子里塞一只刺猬。"[2] 苏联在古巴部署了 36 个进攻型中程导弹核弹头[3]，每一个核弹头的威力是广岛原子弹（1.4 万吨 TNT）的 71 倍，足以毁灭美国东部几十个城市，包括政治中心华盛顿和经济中心纽约！

双方几度擦枪走火，如苏军击落了美军的 U-2 侦察机[4]，美军也迫使苏军潜

---

[1] 这种氢气球利用日本和美国之间的"喷流现象"（一条将美国和日本连接起来的空中走廊，走廊里的空气以每小时 200 公里的速度自西向东快速流动，从日本到美国只需要三四天时间），主要是投放到美国西北部，扔下燃烧弹引起森林大火，制造恐慌。

[2] [俄] 伊万·西多罗夫撰写，彭华编译：《古巴导弹危机纪实》，载《时代教育》，2007 年第 22 期，第 43 页。

[3] 此外，防卫型短程核弹头还有 80 个。

[4] 1962 年 10 月 27 日上午，美军一架 U-2 侦察机飞到古巴苏军中程导弹上空，企图诱导苏军雷达开机捕捉信号，被对方直接击毁。

艇浮出海面。[1] 卡斯特罗曾鼓动赫鲁晓夫：您要无所畏惧，率先使用核武器打击社会主义的共同敌人——美帝国主义！[2] 这些，险些引发美苏之间的核大战。

最终，赫鲁晓夫撤除了导弹。表面上苏联输了，实际上美国输了，因为美国也撤除了在意大利和土耳其威胁苏联的中程导弹，而且是美国总统肯尼迪瞒着军方悄悄向赫鲁晓夫做出的让步！当时苏联规定：驻古巴苏军如果与莫斯科失联，紧急关头可以临机决断！肯尼迪的妥协无疑是明智的，否则"升级版珍珠港事件"很可能在美国全境扎堆发生！

第五次，也是最近的一次，美国的"通天塔"塌了。

这就是"9·11"事件。一时间，美国几乎瘫痪，"领空、大量的大学和商铺已经关闭，摩天大楼人员疏散一空，纽约的电话线路受到干扰或者处于忙音，体育赛事以及其他庆典仪式被取消。"[3] 除了担心恐怖分子还有其他袭击目标，美国人还害怕遭遇生化武器攻击。为此，地方紧张，军方也紧张。位于北卡罗来纳州布拉格堡的陆军部队司令部一度神经质到把地板上的白色粉末当成炭疽，经过检验才发现那些粉末不过是来自附近的一盒甜甜圈。[4]

都说时间是治愈伤口最好的良药，但"9·11"事件过去整整三年后，美国人还是没有从担心和恐惧中走出来。民意调查显示，美国人对遭受恐怖袭击的担忧已经和担心失业和失窃一样成为常态。

美国国家安全观的核心和底线是四个字——本土安全。因此，美国在"9·11"事件之后新增了好几个大部：国土安全部、北方司令部、战略司令部、网络司令部、航天司令部。注意，后面三个司令部与之前成立的几个地区司令

---

[1]
1962年10月27日晚，苏军8-59号潜艇遭到美军一个航母战斗群（由1艘航母和11艘巡洋舰、驱逐舰组成）死命追踪，被对方的5颗深水炸弹迫出水面。面对美国人假惺惺的关心"你们是否需要帮助"，艇长萨维茨基中校勃然大怒："我们现在就把美国人炸翻天，我们自己也会葬身鱼腹，但也要他们陪葬！我们绝不会给苏联海军抹黑！"舰艇政委也表示同意，但舰编队参谋长兼该潜艇大副瓦西里·阿尔希波夫中校不同意，才避免了一场核大战。瓦西里·阿尔希波夫后来干到中将，并担任过海军军官学院院长。

[2]
陈伟：《古巴导弹危机：你不知道的惊天内幕》，载《书屋》，2017年第6期，第93页。

[3]
［法］托马·拉比诺著，陈沁等译：《美国战争文化》，上海：上海社会科学出版社，2018年，第109页。

[4]
［美］斯坦利·麦克里斯特尔著，蔡健仪译：《重任在肩》，北京：中信出版社，2014年，第67页。

部[1]不同，没有划定具体责任区域，那是因为美国无从判断敌人会从哪里来，只能"务虚"，加强本土立体防卫。特别值得一提的是国土安全部[2]，预算达400亿美金，成员多达17万人，集情报整合、预防突袭、反应反击于一体。国土安全部是美国政府最大的部，其成立是自1947年成立国防部以来最大的一次政府改组，可见美国对本土安全的重视程度。

特朗普上台后，发布了第一份国家安全战略报告[3]，报告提到四个核心支柱，第一个就是"保护本土安全"。为此，美国孜孜以求的是这样一个目标——我能打着你，你打不到我，一个劲儿发展拦截导弹。目前，美国反导系统的拦截成功概率为0.3，拦截对方1枚导弹至少需要3枚导弹！这样的拦截率已经很高，但在对手看来，恰恰暴露出美国人的"七寸"——需要更多拦截导弹对付来袭导弹。此外，美军导弹拦截率有水分，毕竟靶场数据和战场数据是不一样的，正如俄罗斯总统普京所说：美军之所以能够拦截成功，因为不是俄罗斯发射的导弹。

[1]
如中央司令部（负责中东和中亚地区，这一地区能源集中）、欧洲司令部（辖区包括92个国家，世界主要资本主义国家的集聚地）、非洲司令部（管辖整个非洲大陆）、印太司令部（辖区最大，占世界面积的50%）、南方司令部（辖区包括中南美洲、墨西哥南部和加勒比海地区南部）、北方司令部（管辖北美洲地区）。

[2]
美国国土安全部（United States Department of Homeland Security，简称DHS）：成立于2003年1月24日，级别很高——联邦调查局隶属于司法部，国家安全局隶属于国防部，都属于二级部，而国土安全部是美国联邦政府的一级部门，包括海岸警卫队、海关总署、移民和规划局等23个机构。

[3]
国家安全战略报告：始自美国国会于1986年通过的法案，据此，总统应每年发表一次报告。但近年来并未被完全遵循，如小布什任内只发表过一次，奥巴马任内发表过两次。

16
面对这样的对手和战法，世界第一的美军只能抓狂

亚历山大帝国、蒙古帝国、大英帝国、苏联帝国，一个个响当当的名字，都倒在同一个地方——阿富汗！

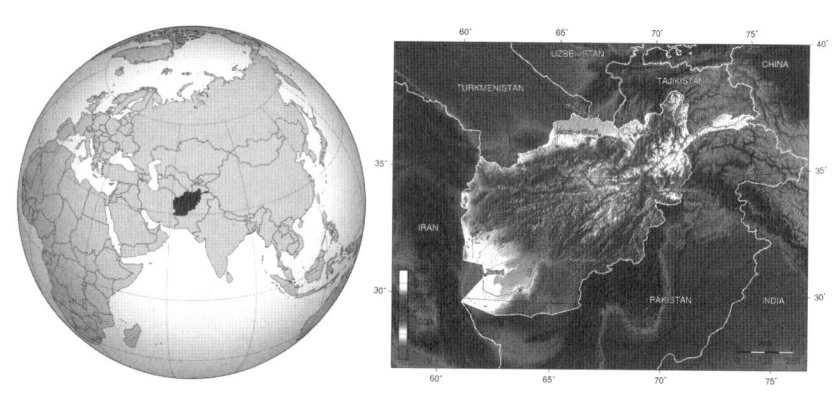

阿富汗地理位置和地形

亚历山大在这里差点被弓箭手点杀，成吉思汗的后人在这里无法站稳脚跟，大英帝国1.6万人从这里撤退时被追杀仅一人幸存，苏联在这里当了近10年"老赖"[1]，最后还是灰溜溜退回老家。

这些情况，美国完全了解，但还是成为第五个杀入阿富汗的帝国。山姆大叔坚信，美国之强大非之前四大帝国所能比，可以做到他们做不到的事情，证明美国更伟大。不到三个月，美军果然顺利推翻塔利班政权，骄傲得不要不要的。时任国防部长拉姆斯菲尔德认为自己创造了历史，自豪地写下这么一段话："年轻气盛的美国颇具策略、巧妙地在阿富汗这块古老的、几千年来令多少伟大帝国折戟沉沙的土地上作战。美国，至少此时此刻，没有成为倒在阿富汗这个大坟场的又一具尸体。"[2]

可惜，拉姆斯菲尔德被事实无情打脸，他高兴得太早了。英国《卫报》曾评价，美国在经过十多年的冲突之后，陷入了"不能赢得战争、不能阻止战争、不

---

[1]
1979年12月，苏联入侵阿富汗，预计3个月搞定，最后拖了近10年还以失败告终。

[2]
[美] 拉姆斯菲尔德著，魏驿译：《已知与未知：美前国防部长拉姆斯菲尔德回忆录》，北京：华文出版社，2013年，第293页。

作战-训练篇 093

帝国坟场：遗弃在阿富汗的苏军坦克

能离开战争"[1]的三重困境。

苏联在阿富汗撑了近10年，撤了。美国强很多，撑了20年，但也撑不下去撤了兵。美国当初自信满满，认为不会重蹈苏联覆辙，不会陷入阿富汗泥潭，但还是栽了。

阿富汗是帝国坟场，伊拉克呢？无情的结果证明，伊拉克同样让美国头疼。伊拉克是不是第二个泥潭[2]，最有发言权的是驻阿富汗的美军基层官兵。轮战到伊拉克的军士托里克斯表示："拿到命令，我没有什么感觉，只能希望能从狡猾的敌人的枪口下全身而退，我们都知道那个地方是个泥潭。"[3]

美军之所以陷入这样的困局，因为他们面对的是一类特殊的敌人，遇到的是一种特殊的战法。这类敌人有"三不"特点：不穿制服、不在军队服役、不效忠于任何国家。这种战法叫"消耗战"，塔利班禁止5人以上的士兵聚在一起，以避免被美军集中杀伤。美国人如此描述："（消耗战）虚张声势，假装能够不分地点、不分时间发动攻击，不但让我们耗费了巨额资金以确保安全，而且还令我们

[1]
Simon Tisdall. The U.S. and Afghanistan. Can't win the war, can't stop it, can't leave, *The Guardian.com*, May 1, 2018.https://www.theguardian.com/world/2018/may/01/the-us-and-afghanistan-cant-win-the-war-cant-stop-it-cant-leave

[2]
2011年底，美军本已从伊拉克撤军，但后又受巴格达政府邀请派部分美军重返伊拉克。截止2023年3月初的数据显示，驻伊美军约2500人。

[3]
据德国《时代周报》（2017），转引自 http://mil.news.sina.com.cn/world/2018~03~30/doc-ifyssmmmc6934330.shtml

规模庞大的军队疲惫不堪。"[1]

美军患了健忘症，大概忘了240多年前自己面对世界第一强国英国，正是靠艰苦卓绝的八年（1775~1783）"消耗战"，才最终取得独立。不穿制服的人——当年的"美军"穷得叮当响，不是制服不统一就是干脆没制服，被迫躲到福吉谷[2]时衣不蔽体，简直就是丐帮大逃亡；不在军队服役——不少农民拿起枪杆子打击英国鬼子，如著名的"绿山男孩"[3]；不效忠于任何国家——当时还没有"美国"的国号，更无"美军"的称呼，华盛顿率领的部队叫大陆军，怎么效忠"美国"？大陆军是各州民兵拼凑而成并由各州出钱供养，有奶便是娘，州军效忠的是自己的州而不是国。13个州凝聚力差，大陆军战斗力弱，华盛顿带领的"美军"无论兵力还是装备上都处于劣势，而且在绝大多数战事中都吃了败仗。

那么，面对如日中天的日不落帝国，华盛顿凭什么笑到最后？

对英国来说，不赢就是输，而对华盛顿来说，不输就是赢。华盛顿本人更看得开：就算一直打败仗也没关系，只要把"消耗战"打下去，胜利终将到来，因为自己耗得起。何况，中间还来了外援——法国。

1777年，华盛顿战败之后被迫率军躲进福吉谷（油画）

[1]
[美]约翰·阿尔奎拉著，董浩云等译：《顽敌：阻力重重的美军转型》绪论，北京：解放军出版社，2013年，第127页。

[2]
福吉谷（Valley Forge）：位于宾夕法尼亚州，被称为美国革命圣地。1777年大陆会议所在地费城陷落后，华盛顿为了躲避英军追击，被迫率军进入福吉谷，在那里熬过了一个难挨的冬天。现已成为国家历史公园。

[3]
绿山男孩：一群反对英国的武装民兵，首领叫伊森·艾伦（Ethan Allen），他们聚集在佛蒙特州（State of Vermont），而佛蒙特的意思就是"绿山"，这群民兵也就被称为"绿山男孩"（Green Mountain Boys）。

一比较不难发现，如今阿富汗和伊拉克对付美国的招儿，简直就是当年美国对付英国办法的翻版。阿富汗和伊拉克的反美武装派系众多且并不团结，就像当年美国的 13 个州各怀鬼胎。两国反美武装的装备与美军相比堪称"原始"，当年"美军"在装备上和英军相比也差得不是一星半点。在实战中，反美武装无法击败美军，只能靠路边炸弹和对付落单的小股美军零敲碎打，当年"美军"打死的英军也不多，多靠不讲规则"点杀"英国军官。阿富汗和伊拉克反美武装很可能背后有俄罗斯源源不断"输血"，当年"美军"也有法国雪中送炭。试想，当年苏联入侵阿富汗，美国悄悄给阿富汗提供各种支持，以后人家俄罗斯就不能"礼尚往来"？

阿富汗和伊拉克反美武装也许并不了解美国独立战争的历史，如果他们从当年"美军"对付英军的办法中进一步寻找灵感，活学活用，也许会更令现在的美军抓狂。

越南的丛林是泥潭，阿富汗的山脉是泥潭，伊拉克的沙漠也是泥潭，美军经过痛苦的实践才发现，原来泥潭可以如此多样化。放宽时间和地域的视野，你会发现被消耗战打败的不只是英国和美国。在东方，日本被中国的消耗战拖了 8 年，败给了时间。在西方，拿破仑帝国被西班牙的游击消耗战[1]拖得奄奄一息，《剑桥插图战争史》称之为"西班牙溃疡"。起初，西班牙根本不是对手，2.8 万人被不到自己一半的法军打得一败涂地，损失 7000 多人，而法军只阵亡 70 多人。随后，西班牙人从"蚊子咬狮子"的寓言[2]中找到灵感，开始了消耗战。一个西班牙人表示："打几年仗怕什么，我们赶走摩尔人（阿拉伯人）可花了 800 多年时光！"[3]法国著名作家雨果当时在西班牙首都马德里读小学，他回忆说同学们都在做"赶走强盗拿破仑"的游戏。一个法军士兵在家信里写道："这里从小孩到

[1]
法国与西班牙这场战争被称为半岛战争（Guerra de la Independencia）。拿破仑为了关闭里斯本港不让英国人用，于 1807 年借道西班牙占领了葡萄牙，但随后顺便把西班牙也变成了法国的一部分，遭到西班牙人长达 6 年的抵抗，最后西班牙人取得胜利。

[2]
"蚊子和狮子"是《伊索寓言》中的一个故事：一只蚊子飞到狮子的跟前说："你认为你比我强，是不是？得啦，你完全错啦！你有什么力气啊？你爪子抓，牙齿咬，那是农妇和丈夫打架的本领。我比你强。来吧，让我们打一架！"蚊子吹响了喇叭，开始叮咬狮子裸露的鼻子和脸颊。狮子伸出爪子，在自己的脸上又撕又抓，以致流出血来。他筋疲力尽了……

[3]
郭晔旻：《维多利亚之战：拿破仑的"西班牙溃疡"癌变》，载《国家人文历史》，2013 年 6 月（下）。

老人都是我们的敌人","这些敌人看不见,又到处存在。"[1]法军小心小心再小心,还是经常被游击队突袭,每天被干掉好几百人……

现在的美军也好不到哪儿去。美国随军记者卡普兰说:"在有着 2600 多万人口、上百万美军曾经轮换驻扎过的伊拉克,以'人体炸弹'每天杀死数名美国人和三四十名伊拉克人,就足以摧垮 1 万公里之外美国本土民众的意志了。"[2]

对付"三不敌人"和"消耗战",美军已经够头疼了,更头大的是另一件事——重建阿富汗和伊拉克。开战前,美军的计划包括三个部分:战前准备、战中打击、战后重建,前两个部分很扎实,最后一个部分就是做做样子。换句话说,美国不论是军方还是政府,都没有做好战后重建的充分准备。

战后,最重要的是恢复秩序,为重建国家提供安全稳定的环境。稳定靠军队。但美国却解散了伊拉克军队,重新招募的军队又不堪大用。美军擅长搞破坏(砸烂一个旧世界),哪会搞建设(建设一个新世界),让美军负责战后重建,简直就是关公伐木,勉为其难。2014 年,美军为了把阿富汗政府这个阿斗扶起来,花了 5 亿美元给对方买军用运输机,结果其中 16 架居然被当地军队大卸八块,以每磅约 6 美分的单价当废品卖了,变现 3.2 万美元。[3]见此,美国人哭笑不得。美国前国防部长拉姆斯菲尔德辩解道:"控制和建设不是军队的事儿,军队要干的是在决定性作战中把对手清除掉。"[4]看来,白宫得增设一个部门——外国重建部。然而,该部门恐怕建不起来,因为这等于拿美国人的钱为外国人办事,纳税人不会答应。

没有搜查令就把人家大门踹开,翻得乱七八糟找东西(恐怖分子和大杀器)又没找到,如果拍屁股走人,这会给全世界留下什么样的印象,以后还怎么当老大?所以,美军不能走,得留下来打扫卫生,规整物品,修缮房屋。事实证明,美军杀人是老手,轻车熟路,重建这活儿是菜鸟,干不了。正如驻阿富汗美军司

[1]
郭晔旻:《维多利亚之战:拿破仑的"西班牙溃疡"癌变》,载《国家人文历史》,2013 年 6 月(下)。

[2]
[美]罗伯特·D.卡普兰著,鲁创创译:《大国威慑》后记,成都:四川人民出版社,2015 年,第 378 页。

[3]
柳烨:《浪费程度令人瞠目结舌　2014 年美军花了哪些冤枉钱》,载《中国国防报》,2015 年 1 月 13 日。

[4]
[美]温斯洛·T.惠勒等著,陈学惠等译:《美国军事改革反思》,北京:军事科学出版社,2013 年,第 113 页。

令麦克里斯特尔所说:"(重建工作)交给了不合格的人来解决,就像让一名25岁没有金融资质的人负责重建股票市场一样……这一切可真扯淡。"[1]

战后重建,军队干不了,政府不想干,想把烂摊子撂给别人。美国记者卡普兰表示:"军人们希望美国更多地通过无声的联盟关系和发动东道国代理人的方式去管理这个世界。"[2]

美国在阿富汗和伊拉克的存在方式无非三种:一是美国自己,二是代理人,三是盟友。第一条路,估计走不下去了;第二条路,代理人当美国的傀儡,一时可以,永世谁愿意?何况现在的代理人还搞不定局面。至于第三条路,盟友们谁又愿意接下阿富汗和伊拉克这两个烫手山芋?所以,美国在阿富汗和伊拉克最终只能是白忙活一场。

也许有人会说,美国在阿富汗和伊拉克是不太成功,但也有成功的案例,比如在巴拿马和海地。[3] 没错,那是因为这些国家太小,没有打消耗战的资本。换一个面积较大的国家,加上一个顽强的民族,任何一个大国要入侵并站稳脚跟,恐怕都要三思而后行。

[1]
[美]斯坦利·麦克里斯特尔著,蔡健仪译:《重任在肩》,北京:中信出版社,2014年,第92页。

[2]
[美]罗伯特·D.卡普兰著,鲁创创译:《大国威慑》(序),成都:四川人民出版社,2015年,第7页。

[3]
巴拿马面积75500平方公里,海地面积仅27800平方公里,比阿富汗(647500平方公里)和伊拉克(438300平方公里)都小多了。

17
美军这件"利器"杀人不见血，却总担心割伤自己

众所周知，美国一直非常担心对手特别是恐怖分子（不讲规则不计后果）掌握大杀器。生化武器已经让美国寝食难安，要是核武器落在恐怖分子手里可咋整？

恐怖分子有没有可能掌握核武器？有。

美国洛斯阿拉莫斯国家实验室[1]专门进行核能研究，相关数据当属绝密，但其官方网站竟被一个未成年的中学生入侵。这个孩子的名字大家耳熟能详——军人家庭出身的斯诺登，他在《永久记录》一书中写道："在花费半个小时读一篇关于核武器威胁性的文章时，我赫然发现数个安全人员才能取得的档案竟任人下载。"[2]

理论上讲，斯诺登能做到的事，恐怖分子也能。

2019年，美国情报界[3]列出了全球十大威胁[4]，排在第一的是"网电"："我们的对手和战略竞争者将不断地利用网电能力，包括网电窃密、攻击和影响，获得在政治、经济和军事上超越美国及其盟友伙伴的优势。"[5]

同年8月，美军网络发生了一件被黑客入侵的大事，中招的是大名鼎鼎的F–15战斗机，其"关键飞行支持系统"（critical F–15 system）被黑客侵入。"关键飞行支持系统"是用来干啥的？F–15处于飞行状态时，专门从机载摄像头和传感器收集数据。试想，如果这些数据被对手掌握和利用，会是什么

---

[1]
美国洛斯阿拉莫斯国家实验室：美国承担核子武器设计工作的国家实验室，位于新墨西哥州北部，建立于1943年曼哈顿计划期间，最初负责原子弹的制造，首任主任是"原子弹之父"罗伯特·奥本海默。

[2]
[美]爱德华·斯诺登著，萧美慧等译：《永久记录：美国政府监控全世界网络信息的真相》，北京：民主与建设出版社，2019年，第44页。

[3]
美国情报界（U.S. Intelligence Community，简称IC）：并非泛泛而谈的虚指术语，而是一个实实在在的由18个肩负情报职能的政府、军方部门或其他相关组织构成的联合体，由国家情报总监办公室牵头负责。

[4]
十大威胁依次是：网电、网络影响行动和干涉选举、大规模杀伤性武器及其扩散、恐怖主义、反间谍、新兴及颠覆性技术对经济竞争力的威胁、太空与反太空、跨国组织犯罪、经济与能源、人类安全。

[5]
Office Of The Director Of National Intelligence. Worldwide Threat Assessment of the US Intelligence Community, Jan 29, 2019, p.5.

后果？F-15轻则眼盲（数据被关），重则走火入魔（数据被改），最坏的结果甚至被黑客控制和指挥，成为对方的飞机。七名黑客做到这一点，只用了两天。[1]

同年早些时候，美国空军与五角大楼数字服务部开展"捉虫赏金"活动，承诺只要发现空军门户网站中一个漏洞就打赏13万美元！[2] "一洞十万金"，太有诱惑力了，黑客们使尽浑身解数，最后发现了54个漏洞。这意味着空军需要支付702万美元，值得吗？完全值得。如果这些漏洞战时被敌人发现，损失恐怕是702万美元的N倍！

演习结束后，"黑客入侵美国空军"（Hack the Air Force）项目组成员托马斯感慨不已："尽管美军编设了专业的内部网络防护团队，开发安装了网络扫描器、入侵检测系统和设备，但军方防御人员并不完全具备黑客入侵的相关知识，黑客们出人意料的攻击也远远超出安防团队的想象。"[3]

上面两次黑客入侵美军网络事件都是美军组织的演习，攻击者是美军自己找的黑客。美军感到后怕：如果是敌人成功入侵，可咋整？

美军网络遭到入侵不是一次两次：

1995年，美国空军检查朝鲜核设施的保密档案被一个十几岁的男孩轻易获取；

1996年，一次军事演习中，美国海军大西洋舰队被一个小小的空军中尉空手夺白刃，把指挥权给夺走了。这个军官没用一兵一卒，只用了一台家用的普通电脑和调制解调器；

1999年的网络入侵发生在实战中——科索沃战争，黑客利用"梅莉沙"病毒攻击美军，造成"尼米兹"航母计算机系统瘫痪3个小时；

2001~2002年是高潮，英国黑客麦金农多次袭击美国军方网络，还说"像进

---

[1]
Joseph Arks. "White-hat hackers find vulnerabilities in F-15," in *Stars and Stripes*, Aug 15, 2019.

[2]
Jeff Daniels. Air Force seeking hackers as military prepares for its largest BUG bounty program yet, *CNBC.com*, May 16, 2017. https://www.cnbc.com/2017/05/16/air-force-seeking-hackers-as-military-prepares-its-largest-bug-bounty-ever.html

[3]
石留风：《黑客花2天就成功入侵F-15战机系统 美军网络安全漏洞百出》，载《环球时报》，2019年8月16日。

入花园那样简单"。由于入侵次数太多危害也大[1]，美方最开始以为是敌人有组织的团体行为，没想到是一人所为。美国军方称这是"迄今为止全球最严重的军用计算机入侵事件"，把麦金农称作有史以来"最危险的军事黑客"，威胁要将其"下油锅"；

2008年，驻中东地区美军基地的笔记本电脑被插入带有恶意代码的U盘，与之联网的军方网络（包括国防部网络）遭到严重的网络攻击。美军收复网络失地用了整整14个月；

美军想要将其下油锅的英国黑客麦金农

2015年1月21日，美国中央司令部的推特和YouTube网站账号被控制，对手是"伊斯兰国"雇的黑客；

美国《航空周刊》称，"外国情报人员"曾入侵一家重要的美国防务公司，窃取了多达2.4万份文件，其中包含有关F-35联合攻击战斗机的技术信息。这些信息可能帮助美国的对手有针对性地开发雷达系统，使F-35的通信电波被锁定，降低其隐身性能……

纵观美军网络被多次入侵的案例，不难发现两个规律：第一，真正由敌人发动的网络入侵，数量不多，质量也不高，"蚂蚁咬一口"这种攻击难以造成致命伤；第二，多数针对美军网络的入侵行动都是军方自己组织的，为的是检验防御能力，查出漏洞，打上补丁。正如美国空军助理部长罗珀（负责采购、技术和后勤）所说："如果不让咱们自己最好的黑客找出美军飞机和武器系统的数字漏洞，那么像俄罗斯、伊朗和朝鲜这类对手国家的顶级黑客就会代劳，抢先一步。"他忧心忡忡地表示："美军所有战机都有数以百万计的代码行数，如果其中一行有漏洞，本来一个国家无法通过空战击落我们的战机，现在却只要敲几下键盘就轻松搞定。"[2]

补充一点，美军组织"蓝红军攻防演习"很有必要，但也存在一定风险。如果

---

[1]
麦金农的代表作之一是侵入了弗吉尼亚迈尔堡陆军的电脑网络，盗取管理员特权、密码、信息和指令，然后把大约1300个用户账户删除，还"删除了电脑上关键的系统文件"，复制了包含有用户名的文件，对电脑密码进行加密，安装可以不经授权进入其他电脑的工具。

[2]
Joseph Arks. "White-hat hackers find vulnerabilities in F-15," in *Stars and Stripes*, Aug 15, 2019.

出现斯诺登或曼宁这样的"卖国贼",等于是帮敌人培养了一个极具破坏力的人,够美国喝几壶的。所以,一旦出现这样的"内奸",美军常常往死里整,杀鸡骇猴。

美方一直在锲而不舍地追踪和严惩那些从美军网络窃密的人,美军士兵曼宁和维基解密创始人阿桑奇不幸成为其中两只"鸡"。曼宁把部分美军资料泄露给维基解密,后者将其曝光,特别是美军在伊拉克肆意滥杀平民和记者取乐的视频公开后,引起全球公愤,美军形象跌至谷底。[1]曼宁一个月后被捕,获刑35年——尽管其动机是让公众知晓真相,这个刑期仍是有史以来最长的[2]。同时,他还被军方降到最低级别的列兵、取消所有福利,并以不名誉退伍——这意味着曼宁"净身出军",而且出狱后很难找到工作。至于阿桑奇,美方没有马上抓到他,但从未放弃,终于在12年之后(2019年)通过英国将阿桑奇"间接"抓获,并想方设法要将其引渡到美国受审。此举震慑了不少人——敢黑我者,虽远必抓。换个角度看,这事儿充分说明,美军对机密文件失窃是非常忌惮和害怕的。

曼宁被判刑(左)、阿桑奇被捕(右)

虚拟的网络和物理的战场,看上去属于两个不同的空间维度,但有一点是相同的:守方一般处于被动,攻方总能找到"漏洞"。守方在设计防御的时候会从攻方的角度来考虑,让防守看起来完美无瑕、固若金汤。但事实证明,攻方总能从意想不到的地方杀进来。换句话说,没有攻不破的城墙(网络),只有不努力的攻方(黑客),所谓"守"高一尺,"攻"高一丈。

软件研发出来后,被发现有漏洞,赶紧打上补丁,这是常事。而在战场上,对手不会告诉你漏洞在哪儿,更不会给你打补丁的机会,只有在发起决定性进攻时,用行

[1] 曼宁提供给维基解密的资料中,最出名的是一段2007年的视频——美军向伊拉克无辜平民开枪。此外,他还向维基解密提供了约25万份外交电报、关塔那摩监狱囚犯的卷宗,以及几十万份伊拉克战争和阿富汗战争的内部报告。

[2] 2017年初,曼宁获总统奥巴马特赦减刑,并于当年5月17日释放出狱,后以演讲为生。

动来证明。到那个时候,"漏洞"往往来不及修补,城墙已经被突破。

对此,美国把脸都愁烂了。美国陆军训练与条令司令部副参谋长拉舍(负责通信事务)说:"敌人将有意识地频繁尝试摧毁我们的网络,作为打击我们战斗力的非对称手段,他们会这么做的。"[1] 美国国家安全局前局长米尼汉(空军中将)也表示:"鉴于美国对信息的依赖,信息既是它最大的优势,也是它最大的弱点。"[2]

有人可能会感到疑惑:美国一般政府部门迫于信息公开法,有义务向公众开放,但军方网络部分内容是不开放甚至物理隔离的。本文前面介绍的两次黑客入侵美军网络演习,都是允许黑客使用军方网络的情况下进行的。那么,在美军网络与互联网隔离的情况下,黑客如何入侵?

美军网络主要有三大系统[3],只有一个系统为外界互联网预留了端口,但这并不意味着其他两大封闭系统就可以高枕无忧,相反常常遭到离线攻击——通过U盘植入病毒、改动计算机原件等办法。美国《星条旗报》曾透露,入侵美军网络至少有5个方法。[4]

网络入侵最常见的办法是"物理+虚拟"联合攻击。网络空间再虚拟,也

---

[1]
Stew Magnuson. "Defending Networks Emerges as Top Battlefield Priority," in *National Defense*, Sept 2017.

[2]
李际均:《将军论兵:信息制胜与不战屈人之兵的辨析》,载《解放军报》,2005年6月21日。

[3]
美军网络一般分为3种:(1)"全球联合情报通信系统"(JWICS),它采用辐射式结构,以国防情报局为轴心向各节点提供信息,发送和接收两端都采用了加密装置。1991年海湾战争中,美国国防部、中央司令部、前线指挥部之间进行联系,就是靠这个系统。(2)"加密互联网协议路由器网络"(SIPRNet),它采用的是人所共知的IP协议,但在上层有加密协议,可以把所有流通信息进行加密。美军传达命令、战场上通信、战备训练,都是它在发挥作用;(3)"非加密互联网协议路由器网络"(NIPRNet),它是非加密网络,也是美军内部的通用网络。三大系统都从物理层面上与外部互联网分隔,但NIPRNet还是和外界互联网预留了端口,外人也可以访问。

[4]
(1)利用底层病毒植入计算机进行监听。军事计算机系统和整个控制网络与互联网系统一样,往往存在漏洞。一些底层病毒可以伪装成合法文件甚至绝对隐身,潜伏起来,并驱动雷达天线泄密。这种底层病毒由复杂的汇编语言生成,其运行不依赖其他操作系统,可直接运行且很难被发现。(2)通过预先改动了的计算机硬件进行,如果存在问题的硬件被触发就会导致系统故障。(3)通过无线电系统袭击。如果对方各子系统之间通过数据链或无线电系统联网,就有可能破解这个网络,注入病毒。(4)操作系统(如WINDOWS)本身带有泄密或窃密组件。这些组件平时并不联网,但可以随时偷窥用户操作。如果激活并上传窃取的密件,后果可想而知。一些杀毒软件安装在系统底层,可直接驱动硬件而不受系统监控,也有可能被当作间谍软件使用。(5)在CPU中植入间谍芯片,通过电流或电磁信号传输关键信息而不被发现。见 *Stars and Stripes*, Mar 19, 2012.

需要硬件（如芯片和管线）和软件（如操作系统和杀毒软件）共同支撑。如果军方使用的硬件或软件被植入病毒，不管是否连接互联网，黑客入侵起来都比较容易。美国坚决不允许华为进入其市场，很大程度上就是出于安全考虑，担心华为在通信设备中做手脚（美国自己恰恰就是这么干的——既对敌国，也对盟国）。不仅如此，美国还极力劝阻盟友国家千万不要与华为合作，还是买美国的服务放心。这既有经济利益的诉求，也有大哥监控小弟的考虑。

尽管网络很危险，但它的确可以让事情变得高效，因此，很多国家的军队并未因噎废食，仍会通过网络下达命令和传输数据。没有国家会傻到买敌国制造的网络设备，但问题在于，网络设备由很多配件组成，不可能全部国产化——何况科技含量高的部件，有的国家造不出来。因此，一个国家使用的诸多网络配件中，有被提前植入病毒的隐患。

这不是危言耸听，而是有事实教训，伊拉克和伊朗都中过招。1991年海湾战争中，伊拉克购买的打印机被美国特工植入病毒芯片，打印机联网工作时病毒启动，导致伊拉克防空预警系统瘫痪。2019年6月20日，美国对伊朗发动网络进攻，侵入其军用计算机，导致伊朗数百枚导弹无法发射。《华盛顿邮报》报道此事时表示："美军这次行动是对伊朗击落RQ-4无人机的反击，在不造成人员伤亡的情况下让伊朗受到教训。"[1]

美军之所以担心遭到网络攻击，恰恰是因为自己实施网络攻击的能力很强。很清楚这种杀人于无形的利器破坏性巨大，所以非常担心对手也具备同样的能力。美军害怕对手有核武器、生物武器、远程导弹，也是同样的道理。记住一点，当美国说，某种行为很危险，基本可以确定它自个儿已具备充分的"行为能力"，只是担心敌人也拥有对等能力。

[1]
6月20日凌晨，伊军在霍尔木兹海峡附近发动伏击，将一架返航的美军RQ-4"全球鹰"无人机打爆在公海上。美军的原计划是打击伊朗3处军事设施作为报复，但特朗普得知会造成大约150名伊军士兵伤亡后取消了这个计划，理由是——伊朗击落的是美军无人机，没有造成人员伤亡。所以，美国的反击应该"对等"。Ellen Nakashima. "Trump approved cyber-strikes against Iranian computer database used to plan attacks on oil tankers," in *The Washington Post*, Jun 23, 2019.

18
美军为啥"炮决"自己的中将

被两拨敌人追上，前进和后退的道路被堵，眼看要被包饺子了，怎么办？

讨巧的一招是这样的：利用两拨敌人不清楚对方的位置，设套（比如朝两边各打一枪、放一炮）让其自相残杀，从而趁机逃脱。

这是电影中经常出现的桥段，以突出己方的机智和敌方的愚蠢。

话说，现实中真有这么蠢的人？

不仅有，而且比这还蠢，这事儿发生在举世闻名的诺曼底登陆前夕。

诺曼底登陆是史上规模最大、也最为成功的登陆战。鲜为人知的是，此战还没开打就损失了约 450 名美军，而且凶手不是德国佬，而是盟军自己。[1] 死在胜利前夜就算了，还死在自己人手里，太窝囊了。

1944 年 4 月 27 日 7 点 30，静谧的斯拉普顿海滩突然响起隆隆炮声——这是盟军为诺曼底登陆在进行战前演练。[2] 30 分钟后，舰炮齐射停止，英国大兵登陆，被滩头的情景吓得目瞪口呆——本该空无一人的海滩上，横七竖八躺着几百名美国大兵的尸体。显然，他们死于英国海军 30 分钟前的炮击。炮击是英国海军将领蒙哥马利下的令，虽然他与艾森豪威尔尿不到一个壶里，但也不至于故意这么干。

按照演习计划，英军炮击原定 6 点 30 开始，持续三四十分钟，然后是近 30 分钟的安全间隔，登陆部队则于 7 点 30 展开行动。炮击前 10 分钟出了状况——演习因故决定推迟一个小时。但美军未接到推迟命令，仍按预定时间 7 点 30 登陆斯拉普顿海滩。这下惨了，他们前脚刚踏上滩头，头上英国海军的炮弹就招呼过来……

---

[1]
Kate BuckSunday. American soldiers killed in secret D-Day rehearsal remembered in poignant beach tribute, *Metro.co.uk*, Apr 28, 2019. https://metro.co.uk/2019/04/28/american-soldiers-killed-in-secret-d-day-rehearsal-remembered-in-poignant-beach-tribute-9332193

[2]
诺曼底战役规模太大，盟军方面也缺乏经验，非常谨慎，为确保成功，特意在战前进行了数次演习。1944 年 4 月 27 日，美军在斯拉普顿海滩进行了一场大规模演练，共 2.3 万人参加，包括美军第 4 师等。

1944 年在斯拉普顿海滩头演习的盟军士兵其中阵亡几百人的脚印永远留在那里供后人纪念

与这几百名枉死的美国大兵相比，还有更冤的人——美军麦克奈尔中将[1]，他在正式登陆战中死于美军自己的炮击，而且很大程度上是故意的。将军被找到时，身体已经七零八落，仅凭衣服上的三颗星星依稀辨认出其特殊身份。他用这种奇特的方式创造了一个尴尬的纪录——二战中阵亡的军阶最高的美军将领。

美军连自己的中将也故意"炮决"？

麦克奈尔中将及其墓碑（法国诺曼底美军公墓）

这是艾森豪威尔和第 1 集团军司令布莱德雷的主意。他们估计德军防御阵地离滩头较近，决定在登陆时诱导其暴露，然后轰灭之。该计划的风险在于，美军登陆后与德军防御阵地较近，实施轰炸很可能伤到自己。但两位指挥官认为，少数人的牺牲可以换取更多人员幸存，值。7 月 25 日，美军实施"眼镜蛇行动"，给德军防御阵地特别是炮兵阵地造成严重打击，为登陆创造了有利

---

[1] 莱斯利·麦克奈尔（1883~1944）：1883 年生，毕业于西点军校，参加过第一次世界大战，担任过美国陆军指挥与参谋学院院长（1939.3~1940.7），也是马歇尔的好友，1942 年任虚拟的美军第 1 集团军群司令。1944 年在诺曼底参加"眼镜蛇行动"时，被美军自己的地毯式轰炸炸死，后追封上将。不幸的是，仅仅两周后，他的儿子、第 77 步兵师参谋长道格拉斯·麦克奈尔上校也在关岛被日军狙击手射杀。

条件。麦克奈尔中将跳进散兵坑也没躲过这场地毯式轰炸，一起陪葬的还有100多名美军。

据统计，二战期间美军误伤率为10%，这意味着伤亡总数101.3万人中有约10万冤魂死于自己人的枪口。这一时期美军误伤自己人不是第一次，也不是最后一次。早在独立战争时期，华盛顿率领的大陆军兵分四路突袭英军营地时，其中两队人马因浓雾看不清对手，互相对射。[1]此后，误伤事件从未杜绝。

1983年美军入侵格林纳达行动被认为是一次十分成功的军事行动，但其间发生过一次严重的误伤事件，其严重性在于被干掉的不是普通士兵，而是指挥部。4架A-7"海盗Ⅱ"攻击机呼啸而来，对准第82空降师第2旅司令部一顿狂轰滥炸，造成1死16伤。[2]

与入侵格林纳达行动相比，海湾战争打得更漂亮。有两组相关数据，一组让美国人很骄傲，一组让美国人很尴尬。令美国人骄傲的数据是——18000：148。[3]战前，美方通过推演模拟损失，预计最多减员18000人。打完收工，只死了148人，不到预估的1%，代价极小，确实值得骄傲。另一组数据则令美国人尴尬——148：35，在阵亡的148人中，有35人是被美军自己干掉的，占25%左右。[4]

12年后的伊拉克战争中，美军误伤事件仍频繁上演。2003年3月22日，一架英国旋风战斗机在科威特和伊拉克边境晃悠，被该区域的美军爱国者导弹锁定。爱国者器如其名，"忠君爱国"，弹无虚发，旋风战斗机连同机上的两名飞行员瞬间灰飞烟灭。[5]爱国者导弹可谓"冷面杀手"，不仅把友军的战斗机削了，

---

[1]
1777年10月4日，华盛顿率领1.1万人兵分四路，夜袭9000多英军。由于浓雾和硝烟遮挡了视线，美军将领下令见对面有人就打，结果约翰·苏利文将军和纳撒尼尔·格里尼将军两路美军互相干了起来……

[2]
Sharon Tosi Lacey. "How the invasion of Grenada was planned with a tourist map and a copy of '*The Economist*'," in *Military Times*, Oct 25, 2018.

[3]
当时美国从军方到智库都进行了伤亡推演，军方预计伤亡3000~5000人（3000是鲍威尔的估计，5000是施瓦茨科普夫的估计），而智库则谨慎得多，认为伤亡在15000~18000人之间。

[4]
Phillip S. Meilinger. "Fratncide," in *Airforce Magazine*, Jan 2013 Vol.96, No.1, p.71.

[5]
RAF Tornado downed by US missile, *BBC.co.uk*, Mar 23, 2003. http://news.bbc.co.uk/2/hi/uk_news/2877349.stm

连自家战机也不客气。同年 4 月 2 日，爱国者导弹将一架返航的美军 F/A18 战斗机锁定为敌机，为确保击落发出两枚导弹，造成飞行员怀特中尉惨死。[1]

爱国者导弹太过分了，飞行员们难道就甘当靶子？不不不，他们也反杀爱国者导弹。2003 年 3 月 24 日，美军一架 F-16CJ 战斗机发出警报说被锁定，飞行员以为遇到伊拉克的地对空导弹系统，吓出一身冷汗，赶紧先下手为强。[2] 估计是两天前英国同行出事提了个醒，这名美军飞行员才保住性命。

伊拉克战争时期部署在伊境内的爱国者 3 型，可装填 16 枚导弹于同一发射架

地面的爱国者导弹经常主动出击，空中的战机也不甘落后，喜欢抢先出手。2003 年 3 月 23 日，美国海军陆战队一支悍马车队与伊军交战，呼叫空中支援。A-10 战机很快赶到，兜头一顿炸弹"洗地"，不料打了自己人，海军陆战队 18 人被打死。[3] 5 天后的 3 月 28 日，美军第 190 战斗机中队两架 A-10 战机返航途经巴士拉城北上空，发现地面一个车队。战机在空中占据主动，飞行员有时间与美军有关方面确认地面车队是敌是友，得到确认后发出 5 枚导弹，造成 1 死 5 伤，哪知又是自己人。下面是情景再现（编译自有关视频 [4]）——

[1]
Two TV shows to look at downed pilot, *ArlingtonNationalCemetery.net*, Feb 20, 2004. http://www.arlingtoncemetery.net/nathan-white.htm

[2]
U.S. F-16 fires on Patriot missile battery in friendly fire incident, *F-16.net*, http://www.f-16.net/f-16-news-article787.html

[3]
Marine captain faulted in "friendly fire" incident, *CNN.com*, Mar 30, 2004. https://www.cnn.com/2004/US/03/29/irag.friendly.fire/index.html

[4]
Friendly Fire Cockpit Video Iraq 2003.

爆裂-3-5："好像有几辆敌军车辆在你炮弹落点北面800米处，要更改射击方向，给他们来几发不？"

马尼拉酒店："收到，它们在刚才炮弹落弹点附近吗？"

爆裂-3-5："没错。"

马尼拉酒店："好的，请稍等，我确认下这是不是另一次前沿任务。"

爆裂-3-5："他们就在北面800米的地方，能确认这不是友军吗？"

A-10攻击机

马尼拉酒店："嗯，在这么远的地方没有任何友军。"

爆裂-3-5："收到。我看到好几辆，其中两辆很像平板车，另外两辆有绿色涂装，很难分辨型号，看起来很像是ZIL157型卡车。"

马尼拉酒店："收到，这些车辆出现，印证了我们收到的情报。"

爆裂-3-6："一列车队正在公路上往北方飞驰，车上好像装了橙色板子，你确定这片区域内没有友军吗？"

爆裂-3-5："他（地面控制员）告诉我在更北的地方没有任何友军单位，他们肯定不是自己人。"

（为了进一步确定这不是友军单位，爆裂-3-5又切换到空地通信频道，与"马尼拉酒店"取得联系）

爆裂-3-5："爆裂小队呼叫马尼拉酒店，请问马尼拉-3-4（一支美军部队）在这片区域作战吗？"

马尼拉酒店："收到，没有，他们早就远离这片区域了。"

爆裂-3-5："好的，我再和你确认一次。我们之前看到一些平板车，那是你们的目标吗？"

马尼拉酒店："是的，没错。"

爆裂-3-5（对爆裂-3-6说）："打得好！打得好！"

雷鸣-3-4（英军指挥官）："爆裂小队，这里是雷鸣-3-4呼叫。"

爆裂-3-5："这里是爆裂小队，雷鸣-3-4请讲。"

雷鸣-3-4："爆裂小队，请注意，在3-1-2-2和3-2-2-2地图方格内有友军装甲单位活动，是很小的坦克，请你们注意一下。"

（此时，爆裂小队意识到自己闯了大祸）

爆裂-3-6："完了！完了！我看到了，代表友军的烟雾升起来了。"

雷鸣-3-4："嘿，爆裂小队注意，立刻中止任务！中止！！中止！！！大水冲了龙王庙了……"

马尼拉酒店："爆裂小队注意，3-1-2-2区域内的是友军单位！"

爆裂-3-5："好吧，爆裂小队看到烟雾指示了。上帝，能不能通告一下地面上友军的伤亡情况？"

马尼拉酒店："请待命。"

马尼拉酒店："爆裂小队，看起来有一人在攻击中死亡，另外一人受伤，马尼拉酒店通告完毕。"

爆裂-3-5："收到，爆裂小队正在返航。"

（下面是爆裂小队两位飞行员互相交换心情）

爆裂-3-5："我感觉糟透了。"

爆裂-3-6："简直烂透了！"

爆裂-3-5："我们要进局子了。"

爆裂-3-6："啊啊啊啊！"（歇斯底里般吼叫）

这事儿被美媒冠名为"友好之火"（friendly fire），受伤的英军士兵杰拉德可不同意，愤愤道："我们从来没训练过要抬头看看美国人是不是在瞄准我们！"[1]

上面几桩惨案都发生在2003年伊拉克战争中，现在美军还有误伤吗？

2019年，熟悉的剧本又重演了一遍，这一次倒霉的是阿富汗警察。是年5月16日，阿富汗警察与叛军交手，呼叫空中支援。晚上9时，美军战机赶到，但因沟通问题，错把阿富汗国民军当成打击对象，造成17死14伤！[2]

不过也别只笑话美军，不论哪国军队在战时都可能发生误伤。早期，双方一

[1]
Ben Fenton. "Britons caught in terrifying hail of fire after fatal US mix-up in the sky," in *The Telegraph*, Feb 7, 2007.

[2]
Constable Pamela. "In southern Afghanistan, U.S. airstrikes kill up to 18 members of Afghan forces," in *The Washington Post*, Jun 1, 2019.

般在视线范围内干仗，造成误伤的主要因素是地形地貌、暗夜、浓雾等，导致目力不及或能见度降低。知道对面有人但看不清楚，这种情况下，换了谁恐怕都会假定为敌人，想先下手为强。

在一些战争片中可以看到这样的镜头——有的部队开战前在胳膊上扎一条白毛巾，凡是遇到没这标记的就开枪——这是最简单的敌我识别。随着武器射程增加（从弓箭到步枪到大炮再到导弹等），识别敌我已经不能靠人眼，而是靠"电子眼"。然而，技术有时也不靠谱，只要一出错，误伤便发生。

打仗时神经高度紧张，发生误伤事件其实可以理解。不妨想象自己正开着一架战机，突然发现另一架战机接近自己，你将作何选择：A. 先联络识别敌友；B. 第一时间作出判断并付诸行动？

一般来说，误伤事件主要发生在战争初期，中后期明显减少。这是因为开战初期：（1）大部队刚展开，相对密集；（2）大家精神高度紧张；（3）沟通联络等技术问题。

误伤事件还有部分原因是无人机所致。无人机由后方基地的地面人员控制，打仗和打游戏差不多，更容易发出攻击令。当无人机响应空中支援呼叫赶到现场，敌人就会蛰伏起来。当己方地面人员和无人机进行沟通时，敌人冷不丁对无人机发起攻击，又马上躲起来。控制无人机的后方基地人员在屏幕上只能看到地上一群"蚁人"，常常以为是敌人伪装成自己人，所以便动手了。

横向看，误伤是所有军队一直都没能解决的世界性难题，只要翻点儿历史书，就会发现误伤事件比比皆是，清单可以拉得很长很长，足以写本厚厚的书。纵向看，美军误伤问题长期存在，但总的来说越来越少，这说明美军在不断进步，却又无法彻底根除。同样是阵亡，被敌军打死那叫壮烈，是烈士；被自己人打死算什么？太憋屈了，死者的亲朋都不好意思对人说……

美军还有一个很闹心的问题：如何避免误击平民。误击平民不仅没有军事意义，还会招致当地民众的仇恨以及国际舆论的强烈谴责。美军对无辜平民的误杀率仍高到吓人——74%！2006~2007年，盟军空中力量实施了4696次空袭，其中导致附带杀伤的空袭占总数的74%。[1] 很显然，美军对平民目标更愿意下手，阿桑奇在维基解密中曝光的那段视频只是冰山一角。

[1] Phillip S. Meilinger. "Fratricide," in *Airforce Magazine*, Jan 20, 2013 Vol.96, No.1, p.71.

19
准备一场不会发生的大战，美军这是闹哪样

有一个现象值得玩味：美军在二战之前打仗不多，二战之后则频频出手，不过敲打对象基本是中等体量以下的国家，未和大国真正动手过招。

朝鲜和越南两仗，美军之所以不敢全力投入，是因为对手背后有苏联撑腰。如果美军在亚洲投入兵力太多，又会担心苏联在欧洲搞事。美国当然不想与苏联撕破脸皮直接兵戎相见，否则实力差不多的两个国家全面开战，往往是两败俱伤，就算胜出也大伤元气。比如英国在二战中尽管笑到最后，但那是苦笑。日不落帝国已经被德国和日本拖垮，上演夕阳红，后期参战的美国则乘机崛起接班。

实力相近的两国爆发战争，对双方都没好处，只是便宜了第三方，这样的例子古今中外都有不少：

战国时期，东方六国互相攻伐，耗费国力，地处西陲的秦国乘机崛起，将六国全灭。

反法战争打了整整23年（1792~1815），英国参加了六次反法同盟，最后总算打败拿破仑，但自己也伤了元气。大西洋对岸，独立后的美国严格奉行中立政策，充分利用29年宝贵时机（1783~1812）积攒起比较殷实的家底。在第二次美英战争中（1812~1814），美国面对打败过拿破仑的英国，仅用2年时间就逼其讲和，表现比第一次美英战争强多了——美国独立是耗费了8年（1775~1783）。

两伊战争打了8年（1980~1988），伊拉克和伊朗的炸弹不仅瞄准对方的军人，还瞄准对方的油田，双方损失约100万人，花光了外汇储备不说，还欠了不少外债，越打越穷。尤其是伊拉克，800亿美元债台高筑，其中欠科威特就达140亿，想赖账不还，科威特不答应，伊拉克还去揍人家，最后美国出手打了一场海湾战争。如今，萨达姆被灭，伊朗也被美国定位为邪恶轴心之一。

实力相近的国家相争导致两败俱伤，这样的教训太多。下面具体回顾一下美苏冷战时期的一个大事件，对这个问题的理解也许会更加深刻。

冷战44年间（1947~1991），美苏之间至少发生过18次比较大的军事冲突

（危机）[1]，竞争非常立体，从太空、天空到地面、海面、海下。其中最危险的一天是 1962 年 10 月 27 日，双方离爆发核大战咫尺之遥。

这天上午，美军一架 U-2 侦察机[2]飞到古巴上空，企图诱导苏军雷达开机以捕捉信号。不料，苏军二话不说，直接把这架 U-2 侦察机揍了下来，美军飞行员安德森少校阵亡。苏联的逻辑很简单：你美国飞机在别的地方耀武扬威我不管，胆敢来古巴上空偷窥俺，对不起，杀无赦！

天上的事儿还没处理完，当晚海上又爆发了一次更大的危机。美军一个航母战斗群（由 1 艘航母和 11 艘巡洋舰、驱逐舰组成）连续一周追踪苏军一个潜艇编队（4 艘潜艇），迫使其中 3 艘浮出水面，但旗舰 B-59 号潜艇[3]就是不出来。10 月 27 日，美军失去耐心，不顾是在国际海域，扔出 5 颗深水炸弹。

美军不知道 B-59 号潜艇携带了核弹——其实连潜艇上绝大多数苏军都不知道，不要说美军了。如果美军知道对方有"大杀器"，不知还敢不敢朝人家丢深水炸弹。

当时苏联规定，苏军外出执行任务遭到美军攻击又无法和上级取得联系时，可便宜行事，自行决定是否还击。美军放出深水炸弹实际危害不大，主要是为了吓唬人。但苏联人在深海潜行，对外界信息一无所知，看到美国人丢炸弹不知道啥意思，还以为美苏大战已经

1962 年 10 月 28~29 日，美国海军直升机跟踪监视苏军潜艇 B-59

[1]
美苏冷战期间 18 次军事冲突：1. 美国在冷战初期对苏联领空的航空侦察；2. 朝鲜战争时期美苏在朝鲜上空秘而不宣的空中战争；3. 冷战时期苏联伪装远洋渔船对美国海上武装活动的跟踪侦察；4. 加里·鲍尔斯事件；5.1961 年柏林危机，美苏直接军事对峙；6. 古巴导弹危机期间的海上封锁；7. 古巴 U-2 事件；8.1966 年西班牙断剑事件；9. 美国在越战中封锁、轰炸海防港，与苏联商船的摩擦；10. 美国在太平洋打捞苏联沉没潜艇事件（冷足行动）；11. 美苏在北极的对峙；12. 美苏核潜艇在冷战时期的水下对峙；13. 黑海撞船事件；14. 美对苏电子侦察与苏联反制；15. 美对苏轰炸机巡航；16. 苏对美轰炸机巡航；17. 苏太平洋舰队金兰湾巡航与美军对峙；18. 别连科事件。

[2]
U-2 侦察机：著名军火商洛克希德生产，是单座单发动机的高空侦察机，能全天候于 70000 英尺即 21336 米高空（这在当时已经是非常高的高度）执行侦察任务，直到 2017 年还在使用。

[3]
B-59 号潜艇：F 级潜艇（苏联 641 型，北约代号 Foxtrot 即狐步级），苏联海军的一级常规动力攻击潜艇，1958 年服役，总计生产 75 艘。

爆发。艇长萨维茨基中校非常激动："我们现在就把美国人炸翻天，我们自己也会葬身鱼腹，但要他们陪葬！我们绝不会给苏联海军抹黑！"[1]舰艇政委马斯连尼科夫也表示同意。

两个主官达成了一致，但潜射核弹最终没有发出去，为什么？

因为潜艇上还有一个重要人物不同意——该潜艇大副、潜艇编队参谋长阿尔希波夫[2]，他的军衔和舰长、政委同级（中校）。根据规定，其他三艘军舰都只需要军衔最高的舰长和政委同意便可发射核弹，但B-59这艘旗舰上恰恰多了第三个中校，发射核弹需舰长、政委、参谋长三个中校一致同意。正是阿尔希波夫反对，才避免了一场核大战。试想，如果B-59号潜艇射出了核弹，美军也还以颜色，那会是怎样的景象？如果古巴的苏军向美国本土齐射核弹，美军也向苏联本土还击核弹，那样的场面，估计UFO上的外星人都要惊呆了！

挽救世界的阿尔希波夫

苏军B-59号潜艇浮出海面后，被一群美军包围，确实很憋屈，但美军并未进行检查，不知道潜艇上载有核弹。B-59核潜艇忍辱负重，避免了美苏两个大国核武相向。几十年后，这一细节才曝光。2002年，美国国家安全档案馆馆长布兰顿表示，阿尔希波夫"挽救了全世界。"[3]

按照美国的霸道作风，既然已经俘虏了苏军旗舰潜艇，为什么不上去检查？

答案很简单：如果美国这么干了，以俄国人战斗民族的强硬作风，日后必然以牙还牙，让美国好看。与其如此，不如适可而止，见好就收，霸道也要看对象。美国对伊拉克就不同了，无视联合国权威，想打就打，想搜就搜，没搜到谁也不能把它咋地。2003年，美国对一个中等国家可以耍横到这种程度，而

[1]
此据瓦迪姆·奥洛夫在古巴导弹危机40周年（2002年）时的回忆 Svetlana V. Savranskaya. "New Sources on the Role of Soviet Submarines in the Cuban Missile Crisis," in *Journal of Strategic Studies*, Jan 24, 2007, p.246.

[2]
阿尔希波夫：1926年生，后来干到中将，担任过海军军官学院院长，因核辐射导致疾病，于1998年去世。

[3]
Marion Lloyd. "Soviets Close to Using A-Bomb in 1962 Crisis, Forum is Told," in *The Boston Globe*（Boston U.S.A.），Oct 13, 2002. http://www.latinamericanstudies.org/cold-war/sovietsbomb.htm

1962年，美国对区区一艘潜艇却不敢进行搜查。这，就是大国对大国的威慑力量。

"10月27日危机"总算过去了，但古巴导弹危机还没有结束。最后，苏军撤出了在古巴的导弹，看似输了，其实不然，因为美国也撤出了在土耳其和意大利的导弹。而且，这可能是时任美国总统肯尼迪后来被刺杀的原因之一。为

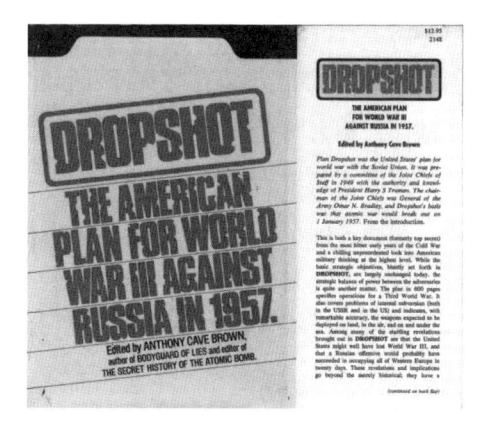

美国对苏联的秘密战争计划

解决古巴导弹危机，他撇开军方和中情局与赫鲁晓夫秘密会谈，并要求苏联不得泄露美国撤出土耳其和意大利的导弹的条款。后来消息泄露出去，引发军方和中情局强烈不满。关于肯尼迪之死，有一种说法就是中情局安排人下的手。

古巴导弹危机总算过去了，但美苏对峙并未结束。特别是20世纪60年代，双方都高度紧张。美国每天24小时都有带核弹的轰炸机在天上巡逻，为的就是地面遭受核袭击而丧失还手机会之时，空射核弹进行报复。

苏联解体后，美军当年秘密制定的对苏作战计划曝光。相比之下，苏联的对美作战计划更让美国人后怕：不是像美国那样将战争逐步升级，而是一来就上终极武器——核弹，直接灭了美国。

家里有大杀器当然好，但一般只有大国有研制能力和对等报复能力，小国（地区、组织）搞不出来，玩不起。所以，美国可以对恐怖分子和一些小国撕破脸皮，大国之间则"斗而不破"。

众所周知，美军的信息化战争十分依赖卫星，中俄两国也在不断开发太空战能力，同时大力发展反卫星能力，使美国卫星失灵甚至直接干掉。说白了，这是在追求两个目标：你有我也有，我没有你也别想有。美国国防情报局在2019年的报告《太空安全挑战》中忧心忡忡地表示：中俄两国不仅着力发展反卫星能力，而且还在联合国携手针对美国，限制太空军事化。[1]

美军不愿与实力相近的大国发生战争。五角大楼一名将军对记者表示："伊拉克战争之后，我们真心期望短期之内不会再有进攻一个大国的事情发生。所以，我们将会更多地采取低调突袭的手段，这是美国军队自19世纪末20世纪初

---

[1]
U.S. Department of Defense. *Challenges to Security in Space*, Jan 2019, p.7.

以来的珍贵传统。"[1]

自2001年美军攻打阿富汗发起反恐战争，距今20多年了。现在，美国调整了战略，把大国竞争放在首位。山姆大叔认为，恐怖分子和小国可以给美国添堵添慌添乱，甚至造成一定程度的损失，但动摇不了美国的国本，就算其拥有大杀器，也因为国小人少，经不起美国报复性反击。但如果让中俄这样的大国乘机坐大，对美国就大大不利了。

竞争和战争都有一个"争"字，程度和烈度却完全不同。面对中俄这样的大国，美国会一直"竞争"下去，而"战争"则是最后一个选项。当年美苏之间的18次军事危机，也许要在新的时间、新的地点，以新的形式和新的对象再度上演，这场比拼体力和耐力的马拉松，更多是吵而不打、斗而不破的"暗战"。

---

[1]
[美]罗伯特·D.卡普兰著，鲁创创译：《大国威慑》，成都：四川人民出版社，2015年，第7页。

20
美军最害怕的大杀器，除了核弹还有这款神器

1962 年古巴导弹危机充分暴露了美国对核弹的恐惧，尽管苏联克制住了对美国发射核弹的冲动，但谁敢保证其他有核国家不会朝美国扔核弹？所以，美国千方百计阻止其他国家拥有核武器。

核弹并非美国唯一害怕的大杀器，至少还有一种特殊武器让美国很忌惮，几十年来一直担惊受怕——生化（生物化学）武器。

"9·11"事件众所周知，但在这前后还发生了两起针对美国本土的生化武器攻击（一假一真）则鲜为人知。

"9·11"事件之前三个月，约翰·霍普金斯大学[1]出台了一份影响很大的报告《黑暗的冬天》，假想美国遭受生化武器攻击后如何应对。这份报告送到了时任国防部长拉姆斯菲尔德桌上，可见其分量。拉氏在回忆录中写道，这份报告"在布什政府内部引起了广泛的传阅和评论"。[2]

约翰·霍普金斯大学关于生化武器攻击的假想报告尽管引起了高层关注，但毕竟只在纸上，美国万万没想到"9·11"事件之后不到一周（9 月 18 日）居然变成了现实。这次生化攻击的形式很简单：含炭疽病的信件被寄出，收件人拆开就会感染病毒。事发当日，小布什出远门了，正在上海参加亚太经合组织会议。他和其他四人挤在酒店一个特制帐篷里[3]，与留守国内的副总统切尼联系，发现切尼"脸色和他扎的领结一样白"[4]。切尼解释说，自己之所以紧张，是因为白宫发现了可疑毒素入侵。

---

[1]
约翰·霍普金斯大学的医药专业非常出名，根据美国自然科学基金会（NSF）的统计，该校在科学、医学和工程学的研究开支连续 30 年位列全球第一。约翰·霍普金斯大学医学院一直是获得美国国立卫生研究院研究基金最多的医学院之一，在《美国新闻与世界报道》2019 年美国最佳医学院排行榜中，约翰·霍普金斯大学医学院排名第二。

[2]
[美]拉姆斯菲尔德著，魏骅译：《已知与未知：美前国防部长拉姆斯菲尔德回忆录》，北京：华文出版社，2013 年，第 255 页。

[3]
据说该帐篷有防窃听功能。

[4]
[美]乔治·布什著，东西网译：《抉择时刻》，北京：中信出版社，2011 年，第 149 页。

从结果看，美国遭受的"9·18生物攻击"仅17人感染、5人死亡。既然损失很小，为何引起从小老百姓到大总统的关注？因为它在美国上下造成了大面积严重恐慌情绪。一份内部评估报告写道："由国家指派的人员在纽约市城区成功实施的天花病菌袭击可以使63万人立即感染，并在控制住病菌爆发之前再使得300万人感染。另外一个情况是，设想在四座主要城市中，在处于高峰时段的地铁内释放生化武器，这会直接造成20万人感染，并使总共100万人受害，经济损失在600亿美元到数千亿美元或更多……"[1]

美国科学家艾文斯这封寄给参议院多数派领袖汤姆·达施勒的信含有炭疽杆菌粉末，导致两名邮政人员死亡

"9·11"事件发生后，美国情报部门高速运转，发现关于恐怖袭击的信息太多（有真有假）。当时，情报部门并没有查清楚是谁干的[2]，而总统小布什认定是恐怖分子所为。为御敌于国门之外，小布什执意要抄大杀器的家，砸烂化学武器的窝点。于是，美国在未找到有力证据的情况下，先后发动了阿富汗战争和伊拉克战争。

战前，美军参战部队进行政治动员，教官大谈萨达姆如何邪恶怎样该死时，大兵们昏昏欲睡，但讲到另一件事儿，大家都来精神不敢神游了——萨达姆可能对美军使用生化武器，如何防范？当年，凤凰卫视随军记者隗静目睹了这一幕，她写道："（听萨达姆的恶行时）讲台下的美军倒是没有群情激奋的反应，有的还百无聊赖地摆弄衣角，坐得离讲台越远就越是漫不经心。讲到恐怖威胁和对各基地的安全威胁时，士兵们显然比较关注。"[3]一位美军随军记者的回忆印证了隗静的说

[1]
[美]乔治·布什著，东西网译：《抉择时刻》，北京：中信出版社，2011年，第149页。

[2]
"9·18生物攻击"是谁干的？小布什以为是恐怖分子，但他错了。直到2010年，联邦调查局才确定那次炭疽信件袭击事件是美国人自己干的，具体来说是一个叫布鲁斯·爱德华兹·艾文斯的科学家。此人1946年生，美国微生物学家，毕业于辛辛那提大学，博士毕业论文的主题就是致病细菌病毒，并且拥有两项有关专利。他之所以发动炭疽攻击，据说是为了获利。

[3]
隗静：《美军中的凤凰：隗静伊战随军日记》，北京：同心出版社，2004年，第38页。

法:"在 3 月 20 日早晨,处于伊拉克边界以南,随着轰炸的开始,每个人头脑里最先想到的就是化学武器的威胁。这也是海军陆战队队员们最害怕的。"[1]

美军接受教育场景

回顾美国遭受生化武器攻击的历史,有个现象值得玩味:真正实锤的由敌人发起的生化武器攻击主要是 1984 年罗杰尼希教[2]生物恐怖袭击,它被认为是美国自 1945 年二战结束以来遭受的最大规模的生物恐怖袭击。这个定性给人感觉死了很多人,实际上造成 3751 人中毒,45 人住院,无人死亡。既然生化武器的敌对攻击次数这么少,致死率这么低,美国为啥如临大敌?

1984 年罗杰尼希教生物恐怖袭击中受害的几家餐馆

[1]
[美]埃文·赖特著,祈阿红等译:《美军战地记者伊拉克战争亲历记》,北京:解放军文艺出版社,2006 年,第 43 页。

[2]
罗杰尼希教是印度人奥修(本名罗杰尼希)创办的宗教,该教向俄勒冈某镇约 10 家餐馆投放了沙门氏菌。

美国之所以担心遭受生化武器袭击，很大程度上不是因为对方的生化武器有多厉害，而是因为美国自己有发动大规模生物攻击的能力，很清楚其影响和危害。试问，如果你都不清楚某种武器有多厉害，怕甚？

为了有个比较，得把日本那支臭名昭著的 731 部队拉出来说叨说叨。

日本战败后，其细菌试验成果被美国截获（直到 20 世纪 50 年代后期才归还日本，但美国有无备份不好说），至今没有公开。尽管日本的细菌试验已是半个多世纪以前的事，但其成果非常"难得"。现在公开的生物试验主要是用猴子作为试毒对象，而 731 部队的试验对象是活生生的人，而且多达 1 万人。[1]1953 年，时任中央情报局主管的杜勒斯曾抱怨说，没有足够的"人类实验品去测试这些惊人的技术"[2]。即使到了今天，全世界恐怕也没有哪个生物实验室会丧心病狂用那么多活人作为试验对象。

731 部队的生物试验内容包括鼠疫、伤寒、霍乱、炭疽等几十种。为了换取日本向美国提供这些"宝贵"的试验成果[3]，美国没有追究 731 部队的责任，甚至还积极营救，如宣称该部队的头儿石井四郎（中将）已死，还假装搞了一场葬礼。1947 年，美国远东军情报部部长威洛比在寄回国内的信中写道："（这些）数据对美国细菌战项目的未来发展有极大利用价值。"[4]2015 年，《纽约时报》发文称："这使得美国能够收集信息，在后来冷战初期的生物战项目中发挥了很大作用。"[5] 原来，除了美国，苏联也弄走大约 30 个 731 部队的日本专家，这让美国人如坐针毡。

731 部队生物试验成果的价值究竟如何？

一方面，不宜估计过高。试想，如果当年日本的细菌武器很厉害，用得着搞自杀式进攻，用得着无条件投降吗？另一方面，也不能低估，就好比不能低估二战时期德国发明的 V 型导弹。虽然当时的导弹飞行距离不够远，杀伤威力也不大，但各位看看今天导弹有多威风！所以，要用发展的眼光看生物武器。它的一

[1]
不幸成为 731 部队试验对象的除了中国人，还有朝鲜人和被抓住的苏联间谍。

[2]
Alfred W. McCoy. *A question of torture: CIA interrogation, from the Cold War to the War on Terror*, New York：Metropolitan Books, 2006, pp.28~30.

[3]
仅 1947 年，日本 731 部队就向美国提供了 800 份有关材料。

[4]
此据日本神奈川大学教授恒石敬一在美国国家档案馆发现的资料。

[5]
狄雨霏：《美国该为掩盖 731 部队人体试验暴行道歉吗》，纽约时报中文网，2015 年 10 月 22 日。https://cn.nytimes.com/china/2015/022/c22sino-japan

大缺点是不好控制，这个问题如果解决了，是一件"投入少、收益大"的利器。

日本用活人进行生物试验，美国也好不到哪儿去，甚至比日本启动时间更早、持续时间更长，这就是于1932年启动、长达40年（1932~1972）的"塔斯基吉梅毒试验"[1]。这种事对美国有关组织来说是家常便饭，其中军方被曝光的此类生物武器试验至少有以下几次：

沙漠岩石演习期间被用来测试战术核武器辐射影响的美军（1951年11月1日）

1950~1953年，美军在美国和加拿大的6个城市施放有毒化学物质，测试化学武器散播模式。[2]

1951~1957年，美军在内华达州进行战术核试验，测试对军人身体和心理的影响。[3]

1956年、1957年，美军在本国两个城市的小镇中放出百万只感染病毒的蚊子，试验其是否会传播黄热病和登革热，导致数百人感染。美军研究人员扮作公共卫生工作者，对受害者进行拍照和药物试验，造成几人死亡。[4]

1958年，美军对一名"自愿"接受化学战试验的军士斯坦利注射了麦角酸二乙酰胺（LSD），结果引起幻觉、记忆力衰退、性格大变等症状。[5]其实这个美

---

[1]
塔斯基吉梅毒试验：该试验的发动者有两家，一是美国公共卫生部，二是亚拉巴马州的塔斯基吉大学（黑人大学）。1932年起，他们对339名非洲裔男性梅毒患者和201名健康非洲裔男性进行活体试验。这些人都是当地贫农，美国当然不会告诉他们实情，而是声称要为他们治疗败血症，而且提供免费医疗、食物和丧葬保险等好处。1972年，有知情者实在看不下去，向媒体揭发，才使该试验项目停止。25年后的1997年，美国政府才正式出面就此事向受害者提供赔偿和道歉。

[2]
Tom Mangold, Jeff Goldberg. *Plague Wars: A True Story of Biological Warfare*, Macmillan, 2000, p.37.

[3]
U.S. Department of Defense. Exercise Desert Rock. https://archive.org/details/ExerciseDesertRock1951

[4]
Germ War, The US Record-Alexander Cockburn, *Counterpunch.org*. https://www.counterpunch.org/germwar.html
Leonard A. Cole. *The Eleventh Plague: The Politics of Biological and Chemical Warfare*, MacMillan, 1996, pp.28~30.

[5]
Bob Erlandson. Ex-sergeant compensated for LSD experiments Tests by Army, CIA done at Edgewood, *TheBaltimoreSun.com*, Mar 7, 1996. https://www.baltimoresun.com/news/bs-xpm-1996-03-07-1996067079-story.html

国大兵只是 1000 多名受害者之一，他不知这个叫"蓝鸟计划"[1] 的生物试验早在 1950 年就启动了。

1963~1969 年，美军向几艘美国军舰喷洒生化武器药剂，船上的几千名士兵根本不知道什么情况，当然也没穿防护服。[2]

1966 年，美军在纽约和芝加哥的地铁隧道中释放枯草杆菌进行试验。[3]

1967~1968 年，美军委托两位教授（当然出了大价钱——386486 美元）在 320 名囚犯中试验精神药品，目的是测试用最少剂量可致实验对象 50% 伤残 [4]……

除了军方，美国还有不少单位（包括政府卫生部门、大学、科研机构等）进行生化试验，而且次数多得多。诸如"塔斯基吉梅毒试验"这类生物试验还算是"治疗性"活体试验，美国是否有未公开的"致病性"活体试验？

这方面缺乏证据，但美国担心遭到生化武器攻击则有不少证据。2001 年炭疽信件袭击的杀伤力不大，却让美国人成为惊弓之鸟。事发不到一周（9 月 23 日），联邦调查局发出一道禁令——喷洒农药的飞机禁飞 24 小时。原来，美方在一名激进分子家中搜到一本小书——驾机喷洒农药手册。禁令一出，军品店发财了——店内防毒面具被抢购一空。[5]

生化武器除了有不好控制的风险（可能波及目标之外的群体，甚至可能伤及施毒者自己），还存在伦理道德的问题。因此，作为负责任的国家主体，对使用生化武器十分谨慎。但对恐怖分子来说就另当别论了，他们不讲规则，更不把道德指责当回事儿。如果恐怖分子掌握了生化武器，后果真是不堪设想。

[1]
蓝鸟计划（Project MKUltra）：人类思想控制试验计划，由美国中央情报局统筹。该计划始于 20 世纪 50 年代初，1953 年正式认可，60 年代缩减规模，1973 年正式停止。

[2]
William Blum. *Rogue State: A Guide to The World's Only Superpower*, Zed Books, 2006, pp.152~154.

[3]
leonard Cole. How the U.S. Government Exposed Thousands of Americans to Lethal Bacteria to Test Biological Warfare, *DemocracyNow.org*, Jul 13, 2005. http://www.democracynow.org/2005/7/13/how_the_u.s_government_exposed

[4]
Jonathan Kaye. "Retin-A's Wrinkled Past," in *Pennsylvania History Review*, Spring 1997.

[5]
《美国担忧受到生化武器攻击》，BBC 中文网，2001 年 9 月 24 日 . http://news.bbc.co.uk/chinese/simp/hi/newsid_1560000/newsid_1561100/1561134.stm

21
震惊世界的海湾战争，其实很失败

海湾战争是美国走出越战阴影的标志，从两组数据看，这场战争确实赢得相当漂亮：

100——地面战争 100 小时就打完收工；

148——仅损失 148 名美军。

见此，世界震惊了。很快，两个军事术语流行开来，一个叫"高技术局部战争"，一个叫"新军事变革"。

令人意外的是，美国自己居然把海湾战争贬得几乎一钱不值。

美军退役上校巴切维奇[1]表示："事实证明，作为推动全球和平事业的举动，这场战争完全失败了。除了恢复科威特的主权，'沙漠风暴'行动几乎什么都没解决。"[2] 美国陆军前副参谋长基恩上将[3]更是把海湾战争贬到不堪的地步："毁掉我们的是 1991 年的海湾战争，在那个 10 年中余下的日子里，它使我们的智力退化到了原始人的阶段。"[4]

一边是漂亮的数据，一边是无情的痛批，什么情况？

海湾战争结束之初，可以用三个词形容美国人——狂喜、狂欢、狂妄。胜利来得太迅速太容易太意外，不仅萨达姆没想到，全世界没想到，连美国自己也没想到。美国上下举国欢腾，不仅举行了胜利大阅兵，还想把二战日本投降仪式场景复制过来。为此，参联会主席鲍威尔和多国部队司令施瓦茨科普夫很认真地讨论过，

---

[1]
安德鲁·巴切维奇：1947 年生，毕业于西点军校，参加过越南战争，90 年代初以上校军衔退役，从事研究和写作工作。值得注意的是，他的儿子于 2007 年 5 月在伊拉克被简易炸弹炸死。在这之前，巴切维奇就已经批评伊拉克战争不应该打。

[2] [4]
[美] 托马斯·E.里克斯著，吴亦俊等译：《大国与将军：从马歇尔到彼得雷乌斯，美国军事领袖是怎样炼成的》，广州：广东人民出版社，2013 年，第 317 页。

[3]
杰克·基恩：1943 生，地方大学"国防生"出身，参加过越南战争（伞兵），后来指挥过著名的第 101 空降师和第 18 空降军，还参加了科索沃战争，担任过陆军副参谋长，2003 年退役后，担任过小布什总统的非正式顾问。值得注意的是，他在 1991 年的一次实弹演习中救过美军名将彼得雷乌斯的命。

打算在密苏里号上和伊拉克举行停火仪式。不过最后由于后勤问题[1]，只好作罢。

海湾战争是一场辉煌的胜利，但换个角度看，这场战争也是失败的。在很多人印象里，美军喜欢总结失败，即使打赢了，也要用显微镜找问题。有人以海湾战争为例，频繁引用时任参联会主席鲍威尔的话："与理想的敌人进行的一场理想的战争……我们获得了理想的联盟，理想的设施和理想的战场。"[2]此战，萨达姆只有65万人马，美军则近70万，还拉了34个国家的26万人一起，利用联合国授权，名正言顺合伙打伊拉克，战争结果"理想"得毫无悬念。

美国当年的如意算盘是：美军负责踹开萨达姆的大门，继之伊拉克自己的部队和老百姓就会自动把萨达姆的房子拆了，重盖新房。换句话说，美国认为只要在战场上给萨达姆予以重大打击，伊拉克境内就会遍地起义，推翻萨达姆政权。地面战争开始前的2月和结束后的3月，时任总统老布什一再公开暗示：伊拉克人应该"决定自己的命运"，迫使萨达姆"下台"。时任国防部长切尼则表示："我们的情报机构和我们的阿拉伯盟友一再告诉我们，在饱受联军打击之后，萨达姆肯定完蛋……我们希望，特别是萨达姆的军人，在战场上尝到羞辱性的失败后，会转而反对他。"[3]

军事政变没有出现，民变发生了。当南部的什叶派和北部的库尔德人发动起义反对萨达姆，美国却食言了，没有提供承诺的帮助。不仅如此，美方居然同意伊拉克用武装直升机残酷镇压起义者（尽管这并非美方本意）。在起义者看来，显然是被美国人放了鸽子。12年后的伊拉克战争，当美国再次请求什叶派帮忙，对方仍心有余悸，采取了不合作态度。

既然起义已经发生，美国为啥放弃支持？

因为内讧，34国同盟特别是其中的阿拉伯国家反对占领伊拉克。两害相权取其轻，为了维持联盟，美国出卖了起义者们。

按照美国的实力，就算盟国不参与，单干也能轻松拿下萨达姆，为何不调整

---

[1]
如果在密苏里号上举行停火仪式，需要做的事情包括但不限于：把伊拉克代表团和盟国军方代表以及众多记者运到波斯湾，这需要时间，而总统老布什要求在周六上午就开始谈判，这意味着施瓦茨科普夫只有48小时，准备时间来不及。

[2]
金一南：《心胜》，武汉：长江文艺出版社，2013年，第159页。

[3]
[美]迪克·切尼著，任东来等译：《我的岁月：切尼回忆录》，南京：译林出版社，2015年，第181页。

目标，直接杀到巴格达？

7年后，老布什对此事进行了回应和反思[1]：

我们想看到伊拉克民众自己群起反抗或该国发生政变把萨达姆赶下台，并不想让伊拉克陷入混乱，而希望波斯湾地区各国保持权力平衡。如果把地面战争扩大为全面入侵，进而干掉萨达姆，这违反了我们的既定方针，将造成无法估量的人力成本和政治代价，联盟将会瓦解，特别是阿拉伯人将弃我们而去……占领伊拉克超出了联合国的授权范围，破坏我们自己制定的规则。如果我们真的占领伊拉克，会被所有伊拉克人视为入侵者并遭到敌视，后果将截然不同，可能一无所获。

美国在设定海湾战争的规矩时有一个原则——避免在越南的错误。越战未获联合国授权，美军霸王硬上弓，不具有国际公认的合法性。海湾战争则取得了联合国授权，美国拉上34国参战，为其合法性穿上了一件漂亮的外衣。注意，联合国授权决议的措辞值得玩味——为把伊拉克军队赶出科威特，多国部队可以采取"一切必要行动"（all necessary means）[2]。那么，这是否包括进攻和占领全部伊拉克呢？决议没有明说。

文章开头那名美军上校巴切维奇说了，美国发动海湾战争，把伊拉克军队赶出科威特，只是出面为弱者主持了一回公道，做了一次好人，其他啥也没捞着，不划算。美国是个生意人国家，做什么事情都要考虑投入和回报，但海湾战争给美国的回报太少了，一张"好人卡"而已。

其实，海湾战争不仅让美国几无所得，还让美军大有所失。

海湾战争是把双刃剑，一方面让美军尝到了技术的甜头，迷上了"高科技"；另一方面，也让美军忽视了指挥艺术，几乎抛弃了"智慧"。此后，美国陆军的重点是"数字化"，如果有人提出和智力有关的项目，只会遭到白眼。美国陆军有两所学校很出名，一是游骑兵学校，二是指挥与参谋学院，前者的目标是把军人的体力提高到极限，后者的目标是把军人的智力提高到极限。在指挥与参谋学院中，其下辖的高级军事研究学院更是专司此职。然而，海湾战争后，高

---

[1]
George H. W. Bush and Brent Scowcroft. Why we didn't remove Saddam, *C-span.org*, 1998. https://www.c-span.org/video/?112316-1/a-world-transformed

[2]
Resolution 678（1990）/adopted by the Security Council at its 2963rd meeting, on 29 November 1990.

级军事研究学院逐渐门庭冷落，申请人数不断减少。

20世纪90年代以来，美军不断打仗，其中看似漂亮的有两仗，一是1991年海湾战争，二是2003年伊拉克战争[1]，伊拉克不幸都成为"背景板"。与越南战争相比，海湾战争和伊拉克战争是另一个维度的失败。越南战争，美国企图凭借强大的国力，用逐步升级的消耗战拖垮越南，没成功。海湾战争，美国把吃到嘴里一半的伊拉克吐了出来。伊拉克战争，美军总算如愿以偿摆平了萨达姆，但在战后重建上一塌糊涂。

难道美军对重建战后的伊拉克没有估计和预案吗？

战前，高级军事研究学院的毕业生们提出了关于战后重建的建议，强调"尽量保持伊拉克军队的完整性并将其用于重建任务，而不是让他们蒙受屈辱，继而遣散回家。"[2]然而，总指挥弗兰克斯代表军方将这个建议束之高阁，美国政界也对战后重建不感兴趣。今天，大量内部档案已经解密，结论令人大吃一惊。兰德公司进行研究后告诉国防部："稳定和重建工作在内部没有得到太多的支持，因为大家都认为这是件十分容易的事。"[3]

其实，兰德公司说得太客气了，因为美国战前筹划时，压根儿没打算为重建做点啥。之前打完阿富汗，打算重建阿富汗政府军，美国前方向后方要25000美元用来训练阿富汗政府军的第一个营，这点钱居然要不到，国防部长拉姆斯菲尔德回复说"没有办法"。对此，美国中央司令部副司令德龙忍不住吐槽："当我们必须发动战争的时候，可以轻易从美国政府那里筹集到数十亿美金，但是我们战后如此迫切地需要25000美元，却根本不可能申请到这笔重要的资金。"[4]

美军总给人这样的印象：打赢对手，靠的是"技术"而不是"艺术"。当仅仅依靠技术优势就可以摆平麻烦的时候，干吗去研究虚头巴脑的指挥艺术？

本文开头那位美国将军基恩认为，"海湾战争让美军退化到原始人阶段"，并

---

[1]
伊拉克战争指挥官、中央司令部司令弗兰克斯战前预判，这场战争最多需要225天，最少也需要125天，但实际上一个月就搞定了，顺利得出乎所有人意料——包括战争计划的制定者和战争的指挥官弗兰克斯（见弗兰克斯回忆录《美国士兵》，北京：中国青年出版社，2006年，第262、279页）。

[2] [3]
[美]托马斯·E.里克斯著，吴亦俊等译：《大国与将军：从马歇尔到彼得雷乌斯，美国军事领袖是怎样炼成的》，广州：广东人民出版社，2013年，第293、322页。

[4]
[美]迈克·德龙著，张春波等译：《我在指挥中央司令部》，北京：东方出版社，2006年，第69页。

非危言耸听。笔者想补充一句，当对手的技术赶超上来，智力退化的美军将毫无优势可言，沦为"原始人"。

这就是华为技术赶超令美国如鲠在喉如临大敌如坐针毡的原因。试想，如果中国人民解放军在技术上也实现赶超，美军如何应对？

22
美军用科技驱散了战争迷雾，却被另一种迷雾笼罩

克劳塞维茨在《战争论》中写道："战争是充满不确定性的领域。战争中行动所依据的情况有四分之三好像隐藏在云雾里一样，是或多或少不确定的。"[1] "战争迷雾"非常讨厌，让人无奈，但也恰恰是"战争迷雾"的存在，让军事天才们的指挥艺术有了发挥空间。指挥艺术在什么地方表演？在看不见的未知领域，在迷雾弥漫的战场上，靠有限情报和第六感，去推理、去判断、去指挥。

有人说，克劳塞维茨这句名言过时了，因为美军已经用技术把未知领域照得透亮，拨开了战争迷雾，实现了单向透明，对方指挥艺术再高也没用，失去了用武之地，被挤到犄角旮旯抬不起头来。

然而，事实并非如此。

美军是用什么神器拨开战争迷雾的呢？不是铁扇公主的芭蕉扇，而是"未来战斗系统"（Future Combat Systems，简称FCS）。听上去高大上，从花费上看的确如此——这套系统需要3100万行代码，预计耗资1600亿美元。该系统的作用是让美军既了解友军位置，也清楚敌军动向。换句话说，你在哪儿，你有多少人，你手里有什么家伙，我全知道，我还可以组团以多打少，你怎么和我玩儿？

美军在伊拉克战争中吊打伊军，据说"未来战斗系统"厥功至伟。然而，事实被夸大了。"未来战斗系统"到底好使不好使？用过的人最有发言权，但他们的证词互相矛盾。

一方面，有美军说接收到的情报信息足够了。没错，美军中央司令部指挥部（位于卡塔尔）和前线指挥部（位于科威特）的指挥官们不愁情报不够，而是发愁另一件事——情报太多，根本处理不过来，以至于有的时候不得不关闭接收器。

另一方面，也有美军说根本没收到情报信息。下面是一个非常典型的案例：2003年4月3日凌晨，美军进攻伊拉克西南约50公里处幼发拉底河上的一座大

[1]
[德] 克劳塞维茨著，中国军事科学院译：《战争论》（第1卷第1篇第3章·军事天才），北京：商务印书馆，1982年，第68页。

桥，行动代号"摘桃子"（Objective Peach），过桥之后便可直捣巴格达。第3机步师69装甲团营长马可恩中校有些懵圈，因为敌情不明："没有人告诉我守卫大桥的力量，没有人告诉我有多少部队、什么部队、什么坦克，任何信息我都无从获知，没有一点情报送到我的手中。在我的上空，可能有人知道这些，但是这些情报没有送到像我们这样的地面作战人员的手中……尽管装备了这一系统，我却'几乎完全'不了解伊拉克部队的实力和位置。"[1]

到了晚上，马可恩营长总算收到情报，但事情却变得更糟，因为情报是错误的。该情报显示，他所处的地域内只有一个伊拉克旅，结果却出现3个旅，打了他一个措手不及。[2]

这是否是意外，只是马可恩营长运气不好才遇到呢？

非也。在前线部队中，这不是个别现象而是普遍问题。不少像马可恩这样的营指挥官抱怨说："（因为缺乏情报）我们对形势几乎一无所知。"[3]

最后，马可恩营长仍取得大胜，那是因为美军在装备和战术上碾压对面的伊军。信息是美军的左膀，装备是美军的右臂，美军让伊军一只左臂也能摆平对方。海军陆战队某部在"摘桃行动"报告的"教训部分"写道："我们冲进敌群才发现敌人，这和人类刚开始战争时很多部队没什么分别。"[4] 尽管美军以少胜多，观察家们却没给好评。兰德公司高级研究员戈登四世[5]认为："这是1944年的作战方式。"[6] 与戈登四世相比，麻省理工学院安全研究计划助理主任科特的评价更不客气："在这类遭遇战中（美军）通常会取得成功，但我们离掌握全部信息还差得远。显而易见，如果对方是一个更厉害的对手，美军将付出巨大代价。"[7]

美军的情报信息有时少得让人饿死，有时又多得把人撑死，什么情况？

越战时期美国陆军信号官佩里道出了实情："在

兰德公司高级研究员戈登四世

[1] [3] [4] [6] [7]
David Talbot, "How Technology Failed in Iraq," in *MIT Technology Review*, Nov 1, 2004.

[2]
[美] 温斯洛·T. 惠勒等著，陈学惠等译：《美国军事改革反思》，北京：军事科学出版社，2013年，第135页。

[5]
约翰·戈登四世：兰德公司高级研究员，曾服役20年，在国防部工作过。

师以上单位（含师），情报足以满足各级需要。"[1]换句话说，师以下部队在情报信息上仍处于饥饿状态。

"在情报上有人撑死有人饿死"，这种情况在海湾战争中就出现过。专家们以为，随着技术的发展，这个问题自然就解决了。12年后的伊拉克战争证明，技术的确进步了很多，但同样的问题还懒洋洋躺在那儿晒太阳。

问题出在哪儿？难道是师以上单位吃独食，没有把情报信息提供给前线部队？这倒不至于。问题出在信息化装备，具体来说是传输数据的装备。师以下部队带宽不够，上级传来的数据需要N个小时才能下载，软件受不了，常常"罢工"表示抗议。而且，当时美军野战部队使用的是基于微波的通信系统，战车要顺利接收信息得停车——车开快了，接收系统无法工作。野战部队内部互相传输信息也需要一个条件——在视线范围内。可如果美军聚集停车接收信息，不仅会贻误战机，还可能成为敌军的打击目标。第3步兵师某旅情报官向兰德公司大倒苦水："部队开动时，除了GPS正常，其他联络系统都失效了。几个小时后，部队停下来，架起天线，重新登录情报网，带宽和软件问题又会造成计算机系统瘫痪10~12小时，无法使用。"[2]讽刺的是，作为传输情报信息备用的邮件，反而成了最主要的情报接收方式。

退一步说，就算情报信息传输没问题，战争迷雾照样笼罩美军。比如，美军兵临巴格达城下时，围城部队得到的情报信息互相矛盾：一种情报显示巴格达兵力充足防守严密，一种情报显示城内兵力不足士气低落。

面对这种情况，美军是怎么处理的呢？

为了摸清城内的真实情况，美军决定派出特遣队进行试探性进攻，具体由第5军3师64装甲团1营组队[3]，进入巴格达城西中部后向西机动，到机场与另一支美军会合。该行动代号"迅雷"，顾名思义必须快。该师第2旅旅长珀金斯[4]亲自参加该行动，但他只是观察员，不干涉营长施瓦茨指挥。正是通过这次行动，美军发现守军

---

[1] [2]

David Talbot, "How Technology Failed in Iraq," in *MIT Technology Review*, Nov 1, 2004.

[3]

该特遣队官兵731人，分为3个连级战斗分队，30辆M1A1主战坦克，14辆布雷德利战车，14辆工程车，此外还有其他机械化保障车辆。

[4]

杰拉德·珀金斯：1957年生，少年时期参加童子军并获得"鹰级"奖章，后考入西点军校（后又在海军战争学院拿到硕士学位），主要在装甲部队服役，2003年伊拉克战争中，他率领的第2旅是第一个越过边境的部队，也是第一个突入巴格达的部队。2014年，他出任最后一个军职——美国陆军训练与条令司令部司令，于2018年退役。

实力有限，决定再来一次，不是打了就跑，而是直捣王巢，进占萨达姆的行宫和执政党总部这两个标志性建筑，摧毁守军抵抗意志，用战术行动达成战略目的。结果证明，美军的战法非常成功。[1] 尽管美军攻占巴格达之战很精彩，但已经和信息战没多大关系，倒退几十年，二战时期的美军指挥官也想得出"试探性进攻"的办法。

伊拉克战争毕竟过去20年了，据说现在美军已经解决了信息联通特别是基层部队信息不足的问题。20年确实可以做很多事情，以美军的能力，的确能解决这个问题，那就在下一场战争实践中拭目以待吧。

回到"未来战斗系统"，它在伊拉克战争中暴露了不少问题，被观察家和国会议员们喷得体无完肤，导致该项目于2009年被取消。之前花那么多钱搞出来的成果就打水漂了吗？没有，转入旅战斗队现代化计划，也算是弥补师以下部队情报信息不足的问题。

"未来战斗系统"夭折了，但用技术手段拨开战争迷雾的事情，美军肯定还会继续做下去，只是换种方式。长远来看，美军以后遇到的问题，也许不是情报信息不足，而是过量，旧的迷雾散去，新的迷雾来袭，对美军造成更大困扰。

这个问题，美军已经意识到了。2017年9月，五角大楼举行"应对未来战争的人事政策"主题研讨会，美军方高官和智库学者就此开展了深入讨论。兰德公司作为参会者整理了一份43页的报告，对情报信息泛滥的解决办法是四个字——人工智能。该报告写道："为了应对数据流的增长，未来的军队将需要更多技术人员对这些数据流进行组织、分类、分析并向其他人报告。此外，人工智能可释放军队人员的脑力，让他们专注于更复杂的问题，而不是由清单、规则和指令所要求的重复性任务。"[2]

这份报告还承认，在发展人工智能方面，中国已经走在了美国前面。美军积累的军事优势是系统性的，在某些方面（如人工智能）不如对手并不影响"大盘"。而且，以美国的技术条件，后发先至并不是一件十分困难的事，ChatGPT就是最新的案例。人工智能发挥作用有一个前提——情报信息在质量上必须准确，在数量上必须充足。从目前来看，中国在这两个方面与美国相比还有不小差距。如果食材质不好量不够，巧妇也做不出一桌好菜。

先找食材后练手艺，先练手艺再找食材，你怎么选？

[1]
刘鹏：《突袭巴格达：美军任务式指挥经典战例》，载《外国军事学术》，2018年，第1153期。

[2]
Rand. Future of Warfare and Implications for Personnel Policies, 2019, p.29.

23
真正的联合作战,美军也没做到

如今,全世界的军队流行联合作战,要是不搞联合作战,都不好意思说自己是现代化军队。这方面,美军毫无疑问又是领跑者,而且甩第二名几条街。还有人说美军的联合作战已臻化境,那就有点儿过了。

美国参谋长联席会议大名鼎鼎,主要的活儿就是解决军种各自为战和联合作战问题。它的标志为紫色,是绿色(陆军)、蓝色(空军)、白色(海军)三种颜色(三大军种)掺和在一起水乳交融的结果,很有象征意义。看上去很美,但当过参联会主席的鲍威尔说了句丑话:"把这些有双重头衔的领导人放在一起,期望他们能达到'联合一致',这根本就是痴心妄想的目标。"[1]

鲍威尔"自黑"显然话中有话,那么阻碍美军实施联合作战的究竟是啥?

参联会标志

两块大石头横在联合作战前进的道路上。

一块石头叫"军种利益"。陆军认为自己是唯一可以进行持久战的军种,在联合作战中的地位"独一无二";海军认为自己在联合作战中"地位特殊",空军认为自己是"至关重要的贡献者"。平时,各军种吵得口沫四溅;战时,你打你的我打我的。

在不少人印象里,1983年美军入侵格林纳达是一次成功的联合军事行动。其实不然,否则也不会发生海军战斗机朝陆军指挥部丢炸弹的乌龙事件。鲍威尔很了解内情,他对这次入侵的总体评价是"成功"但"不漂亮",其表现在:"通信状况太差,各军种间的门户之见以及华盛顿事无巨细的干预,这一切都使得各军种之间的关系受到影响。这次行动说明军种间的合作需要大大加强。"[2]

[1] [2]
[美]科林·鲍威尔著,王振西主译:《我的美国之路》,北京:昆仑出版社,1996年,第456页。

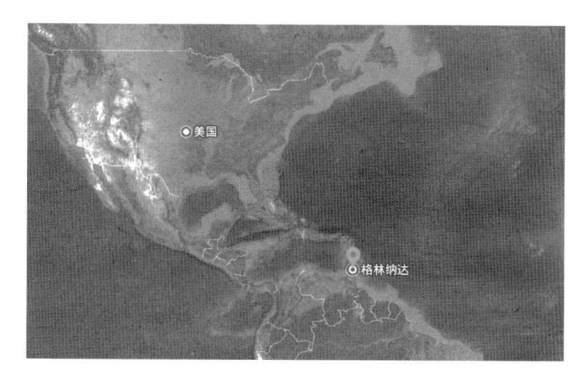

美国与格林纳达的地理位置

当时，各军种之间的通信系统不兼容，尽管彼此距离不远，却难以沟通联络。陆军要通知海军具体打击目标的方位，无法直接联系对方，居然要舍近求远，远隔重洋打电话回美国本土，才能与附近的海军军舰搭上线。

美军给外界的印象是很少总结成功经验，而是善于检讨失败教训，知错就改。然而，入侵格林纳达行动中几大军种之间的通联问题暴露无遗，但之后用了近10年都没解决好，结果在海湾战争中重蹈覆辙。美国政府问责局的一份报告直言不讳地指出："美国各军种在联合作战中的'互通性'问题由来已久矣，1991年海湾战争作为一次载入史册的联合作战，看起来很成功，实际上却因为缺乏基础的互通性，导致成功的含金量不足。"[1]

1991年海湾战争，空军成为主角，陆军到最后阶段才上场露了一下脸。其实，空军在参战前就在抢夺主导权了。1990年9月16日，离开战还有整整四个月，空军参谋长杜根上将[2]未经请示上级（空防部长和国防部长）就对《华盛顿邮报》记者表示："空中力量是我们国家现有的唯一解决问题的手段。"[3]

美国前空军参谋长杜根

[1]
GAO. *Joint Military Operations: Weaknesses in DOD's Process for Certifying C4I Systems' Interoperability*, Mar 1998, p.1.

[2]
迈克尔·杜根：1937年生，1990年7月1日出任空军参谋长，1990年9月16日大放厥词，第二天就被解职了，离上任不到三个月，成为1951年麦克阿瑟以来第一个被免职的高级将领。

[3]
[美]科林·鲍威尔著，王振西主译：《我的美国之路》，北京：昆仑出版社，1996年，第531页。

作战-训练篇　133

这场战争中，美军建立了联合部队空中司令部，想把空中力量统起来。可陆海空三军有各自的算盘，如果联合部队空中司令部的打击目标与本军种的攻击目标一致，那好说，坚决执行命令；如果不一致，对不起，找各种借口不出动飞机。海湾战争亲历者、后来连续指挥阿富汗战争和伊拉克战争的弗兰克斯表示，中央司令部司令施瓦茨科普夫既是联军司令，又兼地面部队司令，空战则由中央司令部空军司令豪纳中将负责，"如此一来，整个战役就一分为二，分成空战和陆战两个部分，导致'泾渭分明'的战略格局（首先是持续数周的空中轰炸，其后地面部队才介入），而不是真正的联合战斗。"

弗兰克斯在回忆录中进一步剖析道："前35年，我一直和狭隘的军种部门主义打交道，现在成为中央司令部司令后，我发现偏狭的观念甚至羁绊了最高层的军事规划。解决中央司令部所需的兵力时，明显感觉到各个军种都集中于单独地获得战争胜利，他们作为独立实体获取财政支持，并不真正倾向于作为整体的一分子来'联合'作战。"[1]由于各军种一把手只是负责提供训练好的部队，并无权指挥战争，这些军种大佬不甘心，千方百计想让自己的军种在战争中出风头。

如果战争计划不利于自己的军种出彩，就想方设法进行破坏。中央司令部召开秘密会议商讨伊拉克战争的行动计划时，司令弗兰克斯再三强调"我们今天讨论的内容决不能让这间屋子之外的人知道"，但不久作战计划就被《洛杉矶时报》全部曝光，该报道还特别强调："正在制订中的计划从来没有提交给所有军种的最高负责人讨论。"[2]

最不给联合部队空中司令部面子的是海军陆战队，干脆无视其计划攻击目标，只按自己的想法进行空中打击。地面进攻开始后，海军陆战队干脆把自己所有的F/A-18战机全部撤回——你们自个儿嗨吧，老子不陪你们玩儿了。美国有明白人看得很清楚："美国陆军在它们有其他军种和不同部队参加的行动中高唱'联合'的颂歌，但事实上根本没有这么一回事。非但没有'联合'，作战和后勤补给也都是临时拼凑……"[3]

另一块石头叫"通信不兼容"。海湾战争中，通信联络的老毛病又犯了。空军

---

[1] [2]
[美]弗兰克斯著，沈君安等译：《美国士兵》，北京：中国青年出版社，2006年，第114、140、258页。

[3]
[美]温斯洛·T.惠勒等著，陈学惠等译：《美国军事改革反思》，北京：军事科学出版社，2013年，第140页。

海湾战争中的施瓦茨科普夫（左）与多国部队空军司令豪纳

每天都需要把"空中任务指令"送给陆军和海军兄弟，但由于和海军的通信软件不兼容，不得不采取最原始的方式——人工送达，派 S-3 舰载飞机送到海军航母上。这种方式必然导致效率降低或贻误战机。比如，当空军预警机发现伊拉克的飞机要逃往伊朗，欲通知海军的 F-14 战机拦截，竟在海军兄弟的通信系统面前吃了闭门羹。空军与陆军的通信联络也不顺畅，干脆使用了部分商用通信网络。

不就是通信不兼容这样的小事儿吗，美军咋就搞不定呢？

说来话长，既有历史的原因，也有技术的原因（标准不统一、编码不统一、通信联络格式不统一），还有利益的原因。冰冻三尺非一日之寒，联合作战面前大大小小的"拦路石"，不是短时间内就能轻易搬走的。

伊拉克战争前一年，国防部长拉姆斯菲尔德对美军实施联合作战中的一个重要环节不放心，要求提供一份报告。哪个环节呢？互联互通。[1] 战前，美军临阵磨枪，就联合作战之近距离空中支援提出 15 个行动项目，最后只落实了其中 3 项。很明显，各军种对这样的合练不热心。从伊拉克战争的实战看，通信联络的顽疾仍然顽强地生长在美军身上。部长大人亲自关注的环节都得不到解决，可见美军联合作战也是任重道远。

联合作战搞得好不好，有一个很直观的评价标准——近距离空中支援做得怎样。以伊拉克战争为例，陆军第 7 骑兵团空中支援中队的终端攻击控制员米奇中士是这样评价的："机组人员和控制人员使用识别程序进行识别，而各军种飞行员在识别时使用不同的术语。在与空军、海军和陆战队飞行员合作，召唤火力支

---

[1]
贺玉寅等：《美国防部长要求美军解决联合作战互联互通问题》，载《外军电信动态》，2002 年第 6 期。

援地面部队时，往往是直到识别他们的飞机后才知道他们的军种。"[1] 陆军与海军陆战队尽管都在地面作战，但互相之间的通信并不顺畅——陆军使用无线电台通信，海军陆战队使用微软聊天工具通信。

美军实行"嵌入式"作战（如陆军中有海军陆战队的人，海军陆战队也有陆军的人），由嵌入者与自己的军种联系，不应该顺畅吗？

只能说局部顺畅。嵌入海军陆战队的陆军联络官，可以和营一级的战术行动中心通信，但要联系旅部和其他单位，则要通过位于德国的交换机接入线路才行。无疑，这造成了麻烦。

下面，通过两位当事人的话，进一步了解美军通信不兼容到底是咋回事，又造成了什么后果。

第一位当事人是陆军第 63 装甲团 2 营 A 连连长福勒，他评价第二次费卢杰战斗 [2] 时说 [3]：

陆战队使用的是完全不同的通信系统。他们并不把无线电台作为主要通信平台，因此我们无法通过电台与他们联系，这给友邻部队之间协同和跨战斗分界线协同带来极大困难。

第二位当事人是陆军第 2 步兵团 2 营战术行动中心代理作战执行官科里夫达，他表示 [4]：

陆战队的各营、团和师之间使用微软聊天工具处理大量即时信息，而且能够无线上网，可以带走连接互联网的笔记本电脑进行战术指挥所转移。我们却不具备这种能力，我们主要使用无线电台。然而，陆战队基本不用电台，他们的电台常处于静默状态，即便我们更换了波段也无法与陆战队取得联系。

海军陆战队与陆军之间的通信本来就不畅通，"四等人"还干了一件雪上加霜的事儿——更改通信密钥却未通知陆军。海军陆战队这样做是遵循本军种的标

[1]
徐立东、吴波：《美军近距离空中支援的"软肋"》，载《现代军事》，2003 年 11 月，第 49 页。

[2]
第二次费卢杰战斗（第一次发生在 2016 年 4 月）：发生在 2016 年 11 月 7 日至 12 月 23 日，地点是位于巴格达西部安巴尔杰省的费卢杰市，被认为是美军自 1968 年以来最大规模的巷战，以美军大胜结束。

[3] [4]
刘鹏：《突袭巴格达：美军任务式指挥经典战例》，载《外国军事学术》，2018 年，第 1153 期。

准作业程序，估计压根儿没想起来要通知陆军兄弟一声。说白了，联合作战思想在海军陆战队那儿就没落地生根，更不用说开枝散叶。

联合作战在部队末端的落实情况究竟如何？基层主官最有发言权。美军陆战队8团3营C连连长格拉斯对第二次费卢杰之战是这样回忆的："由于陆军与陆战队缺少通用作战态势图，导致战场上几次发生误伤事件。如果今后要继续采取此类行动，就要让每名官兵使用相同的装备、拥有相同的作战态势图、旅及旅以下战斗指挥系统和蓝军跟踪系统。"[1]

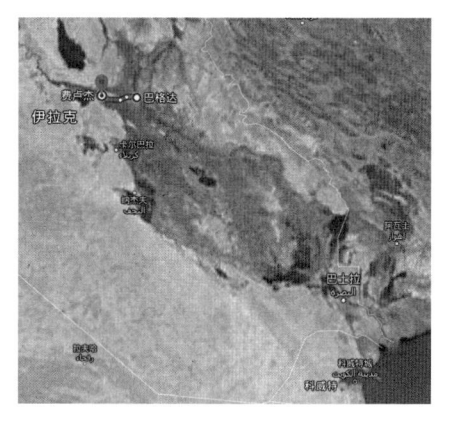

费卢杰地理位置

联合作战不仅是一种作战样式，也是一种文化。美军尽管在联合作战上一马当先，但还未形成真正的联合文化。他们制定了不少联合条令，也创造了不少联合作战的术语，但各军种理解不尽相同。第二次费卢杰之战结束后，各级指挥官纷纷吐槽：虽然各军种都使用一样的术语，可由于理解不一样，结果在打开突破口或开辟通道等任务中，大家伙儿步调不一致，没能实现无缝连接的联合作战。

在一些美国人看来，联合作战没啥难的，解决起来很简单：不要玩六大军种那么复杂，只搞一个联合军种不就得了吗！真要那么颠覆性改革，估计美军各大军种要揭竿起义了。

不分家吃大锅饭已经被证明既吃不饱也吃不好，先分工再协作，联合作战才是务实之举。只是由合入分易，由分入联难，要各军种尿到一个壶里，一点不洒更不能尿到对方鞋子上，还得费点事。

联合尚未成功，美军仍需努力。

---

[1] 刘鹏：《突袭巴格达：美军任务式指挥经典战例》，载《外国军事学术》，2018年，第1153期。

24
美军机械照搬经验，铸成史上最大败笔

经验，是褒义词、贬义词，还是中性词？

至少在创新面前，经验是个贬义词。有太多例子证明经验主义害死人，马其诺防线是人所共知的经典案例。不过，人不可能彻底告别经验，相反，如果灵活应用经验，会少走不少弯路。经验之所以被贴上陈旧保守的标签，往往不是经验本身的错，而是经验在运用时出了问题，导致经验变成教训。

在很多人印象里，美军是创新的化身，全身贴满了革新的标签，绝不照搬经验——不要说别人的经验，连自己的经验都不用。

其实，这是个误会。即使浑身充满创新细胞的美军，也并非完全无视经验，甚至在西点军校成立了"经验总结中心"。当然了，美军也曾因为机械照搬经验，铸成史上最大败笔——越南战争。

经验主义在越南战争中的具体表现之一，就是把"数字化管理"从公司企业和官僚机构机械移植到战场。说到这里，有一个人是绕不过去的——时任国防部长麦克纳马拉。

1939年，麦克纳马拉在哈佛大学读完MBA，次年留校执教，成为哈佛商学院最年轻的助理教授，其授课内容正是"量化分析在管理上的运用"。1946年二战结束后，29岁的麦氏（上校）和几个战友"集体转业"[1]到福特汽车公司。当时，该公司业绩正在下滑，但麦克纳马拉视危机为挑战，利用数字化管理等办法，迅速扭亏为盈。1960年，他因功升任福特汽车公司总裁。注意，该职位之前一直由福特家族的人把持，从不对"外人"开放。14年时间就从一个"军转干部"混到"公司总裁"，这是麦氏人生的高光时刻，他非常感谢数字化管理给自己带来的成功。

1961年初，麦克纳马拉"商而优则仕"，换了个更高大上的地方当老板——美国国防部，成为五角大楼有史以来最年轻的部长。当时，总统肯尼迪给了他两个选项——财政部长和国防部长。财政部长似乎更适合麦氏，但他挑了后者。可

[1]
罗伯特·麦克纳马拉于1943年参军，主要在数字化管理办公室工作，利用自己的数字化知识为部队提供服务。

见，麦氏喜欢挑战陌生领域，在他看来，在财政部获得成功不算成功，在国防部获得成功才是成功。

就像麦氏当初去福特汽车公司时得知该公司业绩正不断下滑，他到国防部前也很清楚五角大楼的头儿不好当。国防部成立14年来（1947~1961），部长走马灯似的换了7个（平均两年一换），甚至首任防长福莱斯特因压力过大住进精神病院而自杀身亡。

管理美国国防部比管理福特汽车公司难度大多了，麦克纳马拉能行吗？

在这个岗位上，麦氏一干就是7年，总统从肯尼迪换成了约翰逊，他这个国防部长还在，成为两朝元老。更重要的是，麦氏彻底改变了国防部长在军队和老百姓眼中软弱无能的刻板印象。他把福特汽车公司的数字化管理经验带过来，对国防部进行了一场管理革命，使这个重复建设严重、效率低下的官僚机构面貌焕然一新，威震全军，把军队整治得服服帖帖。

在商界和军界都大获全胜，这充分证明了麦氏的领导能力和数字化管理的威力，他一时间风头无两。然而，当麦氏把屡试不爽的"数字化管理经验"搬到越南战场，却屡屡碰壁。

先来看麦克纳马拉是怎样对越南战场进行"数字化管理"的。

一个很有代表性的管理办法是"数尸体"（body count）。看起来这很科学：敌人被打死一个少一个，越南有生力量会越来越少，一步步走向失败。执行起来也很简单，不就是数数嘛。麦克纳马拉信心满怀："各种定量分析的结果都表明我们正在赢得这场战争。"[1]

可惜，结果证明万灵丹"数字化管理"在越南战场上不灵了。

第一，打死敌军的数量不好衡量。一般来说，战场伤亡数据以赢家的统计为准比较靠谱，因为胜者清扫战场。但在越南情况不同，很少有正规战，基本是游击战。在游击战中，越南人中弹后不管是伤是死，战友会尽量以最快速度带走，美军追过去常常只能看到血迹或丢弃的武器。那么，这个算不算打死了呢，算几个呢？

第二，部队倾向于谎报战果以邀功请赏。衡量企业某部长能力的标准是业绩，衡量军官的标准是战绩，都需要拿出具体数据作为升迁的依据。越战亲历者、后来担任参联会主席的鲍威尔回忆道："数尸体由此成了死亡人数统计竞赛，连与连比，营与营比，旅与旅比。好的指挥官报上来的尸体数量高，他们

---

[1]
Stanley Karnow. *Vietnam: A History*, Viking, 1983, p.254.

因之得以晋升。假如你的竞争对手夸大尸体数字，你能不夸大吗？"[1]

美军在越南战场搞数字化管理，表面上很现代，实际上是新瓶装旧酒，因为这招老早就被古代中国的军队用过了。想必大伙儿从历史课本里都知道商鞅变法中著名的"军功爵制"，斩敌一首升爵一级，"首级"一词就是这么来的。到后来，秦军这招被发扬光大，而且计量办法得到改进——敌军人头不便携带，那就割敌人的鼻子或耳朵。那些没割掉敌军头颅（鼻子或耳朵）的官兵怎么办呢？老百姓便遭了殃……

美军也许不了解古代中国军队的招儿，但在越南战场无师自通，也打起了普通老百姓的主意，理由还杠杠滴——越军很多时候不穿军装。"美莱村大屠杀"被归因于美军压力大有些片面了，美国大兵滥杀无辜，一定程度上是为了杀人领功。这不是笔者抹黑美军，而是越战亲历者鲍威尔自己承认的："类似美莱那种丑恶的事件之所以发生，部分原因在于美军热衷于另一种虚构的神话，即越南战争中创造出来的令人厌恶的衡量标准——'数尸体'。"[2]

麦克纳马拉在公司企业和官僚机构进行数字化管理很成功，但把这一经验搬到战场却败了，原因在于他至少忽视了两个问题。

第一，美军在越南进行数字化管理不具"可控性"。麦氏之前取得两次巨大成功有一个前提——可控性，无论是福特汽车公司还是国防部，都是自家人的机构，管理起来既方便又容易。但在越南，要对敌军伤亡数据进行准确的数字化管理，没有全面客观的情报支持几乎不可能。退一步说，就算美军关于打死越军的统计数据准确，又如何知晓越南补充了多少兵力？

第二，战场上不是所有要素都适用于数字化管理。不可否认，数字化是个很好的科学工具，但也有边界，并非所有领域都能通吃。价值观、传统、文化、意志、民心、士气，这类因素用数字如何统计？鲍威尔有个评价一针见血："麦克纳马拉的计算尺精英们算出的精确指数不过是在衡量不可衡量的东西而已。"[3]

麦克纳马拉上任之初，民主党曾讥讽他是"一台长着腿的 IBM 电脑"。这本是反对党恶意攻击，不必在意，只要麦氏干得好，类似攻击自会随风而去。可是，麦氏在越南失败了，民主党这个评价就显得很有先见之明，令人印象深刻。

越南战争，美军死亡 5.8 万人，越南死亡 110 万人。[4]一条命换对方近 20 条

[1] [2] [3]
[美] 科林·鲍威尔著，王振西主译：《我的美国之路》，北京：昆仑出版社，1996 年，第 162 页。

[4]
两个阵亡数据都是双方各自统计。

命，看起来美军的代价很值当。越南近20个人才换美军一个人，居然还能坚持，美国人无法理解。麦克纳马拉看到的数据比例应该更高，作为一个商人，他非常注重"性价比"，如果实现目标付出的代价太大，可能会选择放弃。因此，麦氏很难理解越南人为什么死扛，又凭什么能死扛。从军事维度看，美军在越南是成功的，但从政治和战略维度看，美军是失败的。战争结束后，美国痛苦地发现：只要对手不承认失败并坚持打下去，美军就不能说成功。

麦克纳马拉黯然离开国防部后，并未就此退出江湖，而是在新的山头再任掌门——在世界银行担任总裁长达13年（1968~1981），也许这才是适合他的舞台。不过，时间并未驱散麦氏心中的越战阴影，他于1995年出版了一本长达400多页的回忆录《回顾：越战的悲剧与教训》，总结出11条教训。[1]

---

[1] [美]麦克纳马拉著，陈丕西译：《回顾：越战的悲剧与教训》，北京：作家出版社，1996年，第193、194页。这11条教训是：
（1）正如我们一向所做的那样，我们对敌人（在这里指越南和中国）的地缘政治意图进行了错误的估计，夸大了他们的行动对美国构成的威胁；（2）我们用自己的经验模式来看待南越的人民和领袖，认为他们渴望并决心为自由和民主而战斗。我们对这个国家的政治力量做出了完全错误的判断；（3）我们低估了民族主义的力量（这里是指越南），对方可以鼓动人民为它们的信仰和价值去战斗，并付出牺牲。今天，在世界上的许多地方，我们仍在重复着类似的错误；（4）我们对敌友分析上的失误，反映出我们完全忽视了该地区的历史、文化、人民的政治信仰及其领导人的个性特征与习惯。在我们与苏联不断发生的对抗中也经常出现这种失误——如在柏林、古巴、中东等问题上——我们好像从未听到过汤米·汤普森、奇普·波伦和乔治·凯南的告诫，这些高级外交人员曾花费了数十年的时间来研究苏联，它的人民和领导人，为什么他们会这样做，他们对我们的行动会有何种反应。然而，事实证明，他们的建议在形成我们的判断和决策时毫无作用。高级官员在做出关于越南事务的决策时，也缺乏精通东南亚问题的专家来提供咨询；（5）正如我们一贯所表现的那样，我们没有充分认识到现代化、高科技的军事装备、军队和理论在与非正规的、被高度激发起来的人民运动的对抗中，其作用是极有限度的。同样，我们也没能把我们的军事策略与赢得一个文化完全不同的人民的心灵与思想的任务结合起来；（6）在我们决定行动之前，对于美国是否应当大规模卷入东南亚的军事冲突，没有能与国会和美国人民进行深入和坦诚的讨论；（7）当行动已付诸实施，意外事件迫使我们背离既定方向时，没能一直征得公众的支持。其部分原因在于，我们没有充分解释发生了什么事情，以及为什么我们要这样做。在让公众理解我们面对的复杂局面以及他们会如何对必要的改变做出积极的反应上，我们缺乏应有的准备。而此时，我们的国家正面对一片未知的领域和一个远在天边的陌生国度。一个国家最强大的力量并不是其军事的强大威力，而是其民众的同心协力，而我们却恰恰失去了此点；（8）我们没有意识到，无论是我们的人民，还是我们的领袖，都不是万能的。在不涉及我们自身存亡的事务中，要判断什么是另一个国家和人民的最大利益，应由国际社会进行公开辩论来决定。我们并不拥有天赋的权力，用我们自己的理想或选择去塑造任何其他国家；（9）我们没能坚持这样一个原则：美国的军事行动——除了对我们自身安全受到威胁时所做的反应外——应该在得到国际社会全力支持（而非只是做个姿态）的情况下与多国部队共同进行；（10）我们没有认识到，国际事务也同生活的某些方面一样，可能会有一些问题一时无法解决。对于将解决问题作为其生活的信仰与实践的人们来讲，这的确是很难接受的现实。然而有时，我们也不得不生活在一个并不完美、并不整洁的世界里；（11）在所有这些错误中最基本的错误是，我们没能组织一个高层的行政领导班子，有效地处理一系列异常复杂的政治和军事问题。为此我们承受了极大的风险，付出了生命损失和沉重代价，长期处于动用军队的紧张压力下。假如这类军事和政治问题是总统和其顾问们面临的唯一问题，那么这种组织上的缺陷将会使我们付出高昂代价。好在，情况并非如此。当时，我们还面对一系列其他的国内和国际问题。因此我们没能深入和全面地分析、讨论我们在东南亚的行动、我们的目标，用其他方式处理它的风险和代价，以及在失败已很明显时改变战略的必要性——就像古巴导弹危机时我们所做的那样。

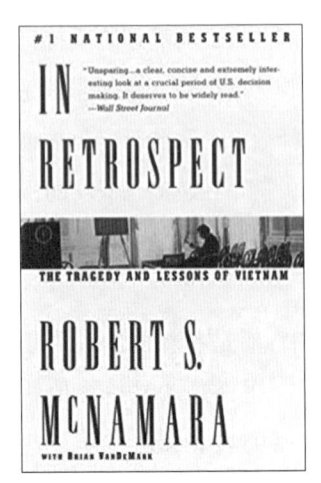

麦克纳马拉的越战回忆录

大概是 1991 年海湾战争治好了越战的伤痛，加上美军在之后的多次军事行动中屡战屡胜，便把越战的 11 条教训抛诸脑后，轻率发动了师出无名的伊拉克战争，随后长期陷入泥潭……看到美国重蹈越南覆辙，麦克纳马拉忍不住出来公开表示："我们（在伊拉克）所做的一切都错了，无论是从道德、政治还是经济上。"[1]

机械照搬数字化管理模式只是美军在越南犯下的经验主义错误之一，还不是最严重的错误。更令人难以置信的是，美军把对苏作战的办法机械照搬到越南。知情人表示："我们以为去越南打仗，好像在中欧平原与苏联人作战一样。我们接受的是这样的训练，武器装备也是这样配置的。但在越南，我们无法使用这样的方式取胜，还耗费了大量的资金和耐心。"[2] 无独有偶，驻越南的美国陆军情报官科恩也披露："军官队伍受到的教训是针对苏联人的，他们预想的是大规模坦克战和机械化步兵战——力量与力量之战。但在越南，每个军官都梦想着有一天那些乞丐一样的越南人会跑到大路上来开枪，但他们从不这样做。"[3]

1991 年海湾战争是个漂亮的翻身仗，使美军走出了越战阴影，憋屈了 20 多年总算扬眉吐气。所谓"一俊遮百丑"，这场胜仗其实遮蔽了美军存在的一些问题，比如错误的经验主义。战前，美军通过计算机模拟技术预测伤亡，最高数据是 1.8 万人，并准备了相应数量的装尸袋。美方是如何得出这个数字的呢？他们用了一个公式，而这个公式是基于美国在欧洲打垮苏军的军事演习。[4]

到了伊拉克战争，情况变好了吗？

很遗憾，没有。

[1]
李晔：《美前国防部长麦克纳马拉：越战主将到反战演员》，载《国际先驱导报》，2004 年 2 月 12 日。

[2] [3]
[美] 托马斯·E. 里克斯著，吴亦俊等译：《大国与将军：从马歇尔到彼得雷乌斯，美国军事领袖是怎样炼成的》，广州：广东人民出版社，2013 年，第 219 页。

[4]
[美] 科林·鲍威尔著，王振西主译：《我的美国之路》，北京：昆仑出版社，1996 年，第 657 页。

时任国防部长拉姆斯菲尔德要求中央司令部拿出作战方案，发现报上来的计划不过是把当年海湾战争的计划简单改了一下而已。拉氏十分不满，要求推倒重来："这是一项陈腐、缓慢而且过时的计划……海湾战争来去匆匆，已经过去了10年，而作战计划似乎停留在了那个时间。"[1] 作为中央司令部司令，弗兰克斯只好不断调整作战计划，"向国家安全委员会不知道做了多少次简报。"[2] 由此可见，军方摆脱海湾战争成功经验的桎梏有多难。

谁都不想被贴上经验主义的标签，经验（尤其是成功的经验）却往往不离不弃，顽固植根于脑子里，或多或少影响判断和决策，即使美军也是如此。

---

[1] [2]
[美] 拉姆斯菲尔德著，魏骅译：《已知与未知：美前国防部长拉姆斯菲尔德回忆录》，北京：华文出版社，2013年，第306页。

25
美国军士长爆料：美军训练唯上不唯实

年轻士官在战场上的定位能力很差，指挥官也不知道如何准备建立进攻基地，以肃清房屋内的敌人和安置受保护的人。[1]

上面这段说的居然是美军，你能想象吗？

美军退役少将、国防部"近战杀伤特遣队"顾问斯格尔斯爆料，即使是在第82空降师这类赫赫有名的部队，营以上单位的训练还可以，但营以下单位的训练时间不足、方法陈旧、效果不佳，而且这个问题长期存在。[2]注意，他是在2019年说的这话。

美军在训练中有不少好的做法值得借鉴，但这并不意味着美军的训练十全十美。相反，美军在训练中也存在弄虚作假、形式主义、唯上不唯实等问题。

2003年伊拉克战争，美军打得非常漂亮，但有一个败笔闹得尽人皆知——第507维修保障连被伊军捡漏截击，女兵林奇等人被俘。外行一般关注"女英雄林奇"是否造假，内行才会深挖一锹，追问这样一个问题：她所在的维修保障连何以成为美军最薄弱的一环？

有个细节很少有人注意：第507维修保障连的任务本是保障爱国者导弹营，却被用于保障机动部队。原来，上级看过该连的训练简报后认为：该连训练水平高，达到了参加伊拉克战争的要求，保障什么部队都没问题。

在美军，军官负责指挥，士官负责训练管理。下面，就来看看美国陆军防空炮兵军士长科塔怎么评论此事：第507维修保障连平时训练不够扎实，甚至纸上谈兵，而呈送给上级的训练简报却充满令人眼花缭乱的统计数据，很扎实的样子，误导了上级……[3] 能不配位，力不符实，发生悲剧是必然的——如果没发生，只能说运气好。

下级为什么夸大训练数据？这位了解内情的军士长指出：

[1] [2]
Matthew Cox. Most Army Squads Falling Short on Infantry Skills, *Military.com*, Apr 22, 2019. https://www.military.com/daily-news/2019/04/22/most-army-squads-falling-short-infan-try-skills-reports-find.html

[3]
龙梦廷译：《美军防空炮兵军士长：部队训练存在仿造报告现象》，知远战略与防务研究所，2010年11月7日。

一些指挥官谎报数据的可能原因有：来自上级机关的压力，对超过其他单位的期望，对上级指挥官的惧怕以及担心报告坏情况的结果。糟糕的评估报告也会对他们产生威胁。

下级谎报数据，上级知情吗？

如果不知道，那是失察，被下级忽悠了，说明上级没水平。更多是另一种可能：上级领导明知下级谎报数据，却睁一只眼闭一只眼，揣着明白装糊涂。

上级领导为啥看穿不说穿？

科塔亲耳听到上司这样训话："老家伙现在不喜欢现在的武器技术指标，所以你们现在必须做的事就是让这个技术指标反映出老家伙的意思。"[1] 说白了，就是要部队造假，迎合上级领导的喜好和要求，两个字——唯上。科塔进一步分析：

难道他们（指高级领导者——笔者注）就不知道也许某个连队的战备工作做得并没有他们报告中的那么好吗？我相信很多情况下他们是知道，只不过他们怕追查到底而选择了视而不见。

上有所好，下必甚焉，重要的不是你实际干了多少活儿，而是上级看到你干了多少事儿，是不是上级想要看到的事儿。美军的晋升由临时组建的晋升委员会共同拍板，摆在晋升委员会面前的评估材料中有一份很重要——单位一把手为候选晋升军官写的鉴定。大名鼎鼎的参联会主席鲍威尔在副师长任上要进一步晋升时，因为师长把自己鉴定为"中等"，险些把仕途给葬送了。

上级通过什么了解下级？一是视察，二是材料。领导常常很忙，视察部队一般待不了多长时间，入眼的多是直观形象的东西，如军容如何，纪律怎样。对此，军士长科塔进行了炮轰[2]：

由于在领导能力的形成期他们完成的不是训练士兵基本专业领域的任务，而是军容风纪之类的极易完成、关于审美方面的事情，因此他们将重点放在容易看到的事情上，而不是发展战斗力所需的技能。

聊美军训练存在的问题，当然不能只用一个兵种的案例和一个人的证词。上面那位军士长是防空炮兵，再来看特种兵。据匿名的美军特种部队军官爆料，一

[1] [2]
龙梦廷译：《美军防空炮兵军士长：部队训练存在仿造报告现象》，知远战略与防务研究所，2010年11月7日。

个士兵训练总是过不了关，最后表格上却显示"合格"。为这个士兵开绿灯的是训练主官，因为漂亮的成绩单有助于其晋升。

现代战争中，电子战越来越重要，而美军在电子战训练上也存在敷衍和走过场的问题。一个了解内情的美军中校莱克用"garbage"（垃圾）一词来形容美军的电子战训练。他并非私下发牢骚，而是在2019年10月28日~30日的"老乌鸦协会"[1]第56届国际研讨会上公开吐槽。按照莱克中校的说法：重大演习训练中的电子战演训环节，设置的战场背景过于简单，达不到实战化标准。在这种情况下进行电子战演训只有一个作用：计划了、参加了、实施了，至于效果，没人关心。

"老乌鸦协会"主页

除了莱克中校，其他与会专家们也纷纷指出美军电子战训练存在诸多问题[2]：

（1）电子战的演训时间安排不足。演习持续数日，但安排给电子战演训的时间严重不足——最多1~2个小时，少则只有10分钟；

（2）美军在训练中手机处于开机状态，这意味着可能被敌人定位；

（3）EC-130H电子战飞机专门提供干扰，尴尬的是，陆军和空军部队（如步兵、炮兵、坦克兵和飞行员）都讨厌他们，要求其停止干扰，理由是干扰太厉害，不仅影响自己完成演训任务，甚至会"粉碎整个战斗"。

[1]
老乌鸦协会（Association of Old Crows）：一个聚焦电子战的民间组织，起源于一战（"老乌鸦"一词由一战中该组织的代号"渡鸦"演变而来），1964年9月9日在华盛顿正式成立，会员组成广泛，既有政府和军方有关部门的领导和将领，也有军工企业总裁和民营信息技术研究机构负责人，还有民间学术机构的专家学者。该协会有几十个分会，分布在全球数十个国家，影响很大，还有自己的刊物《电子防御月刊》（前身为《鸦鸣》和《电子战》）。

[2]
Sydney J. Freedberg Jr.. US Forces Untrained, Unready For Russian, Chinese Jamming, BreakingDefense.com, Oct 30, 2019. https://breakingdefense.com/2019/10/usforces-untrained-not-ready-for-russian-jamming

美军显然是没长记性，因为他们吃过电磁干扰的亏。2018年6月1日，10名美军海豹突击队特种兵在叙利亚执行任务时遭到恐怖分子袭击，全部阵亡。人单势孤之下，这些特种兵未能及时发出求救信号，因为他们遭到了强电子干扰，无线电台全部失灵。

美军训练素以从实从严著称，但话又说回来，对手太差劲，训练不用那么实那么严也能打赢，何必认真？枕戈待旦是应该的，可弦也不能一直绷那么紧，难免会有松懈的时候。所以，美军训练有时也玩虚的，也走过场。

如果说美军在"训练软件"上有时候"软"可以理解，那么不差钱的美军在"训练硬件"上不够"硬"又如何解释？

据美国国防部2019年发布的一份报告，在内华达州的美军训练基地，F-22和F-35战机在一次训练时，连标靶都识别不出来！究其原因，不是美军战机不够先进，恰恰是过于先进，而标靶过于老旧——用的是50年前（20世纪70年代）苏联地空导弹模拟器。结果，F-22和F-35战机在寻找"实力接近的对手"时找不着北。[1] 而且，美军训练场的一些靶标是静止目标（非移动目标），现代实战中，哪个敌人会傻乎乎杵在那儿不动让你海扁？难怪一个参加过伊拉克战争的海军陆战队飞行员表示："对于静止目标，只需进行定点射击或轰炸，根本用不上激光指示，也不用锁定，除积累训练时数外，类似训练没有任何其他作用。"[2]

内华达法伦海军航空站是美国海军的重要训练场

上述情况不只出现在内华达州的训练基地，在不少地方都存在，如夏威夷、阿拉斯加、亚利桑那以及驻日、驻韩美军的靶场。

讽刺的是，美军训练的硬件不行，一定程度上竟是实战太多所致。近20年

---

[1] [2] DODIG-2019~081. Audit of Training Ranges Supporting Aviation Units in the U.S. Indo-Pacific Command, Apr 17, 2019.

来，美军反恐任务频繁，各大训练基地需及时提供支持。根据迫切作战需要进行修补是柄双刃剑：一方面，训练场建设满足了实战要求；另一方面，训练基地缺乏远期规划，问题越积越多。

实战比训练重要，但也不能因此过多牺牲训练资源。

其一，当美军变换战略对手（如由恐怖分子调整为传统大国），依据之前对手投资的训练硬件设施往往不再适用，且不说会造成极大浪费，训练设施要根据新对手迅速"转型"并非易事。

其二，实战过多挤压训练资源，会导致训战失衡。以海军陆战队的两栖登陆为例，有关训练资源本就不够，还得为实战让路，主要用于保障有远征任务的分队，留给训练的可用资源严重不足。结果，不是需要训练什么就能提供相应的训练资源，而是剩什么训练资源就凑合着用。[1] 无奈之下，训练资源不足的美军部队只好退而求其次，改实场训练为模拟训练。这当然不过瘾，所以美军抱怨说，模拟训练就像玩电子游戏，毫无真实感可言。

上面说了美国陆军、空军、海军陆战队的训练问题，但美国海军也别幸灾乐祸，因为海军也好不到哪儿去，舰载机女飞行员哈尔特格林训练事故就是一个典型案例。1994年10月25日，她驾驶F-14"雄猫"战斗机在林肯号航母降落时飞机出现故障，操作失误导致飞机更加失衡。后座的同事见势不妙，启动弹射，幸免于难，但哈尔特格林被弹射入海中当场死亡。[2] 由于性别和身体的原因，女飞行员通常开运输机而不是战斗机（后者要求极高），而哈尔特格林是海军推出的一个典型，她的

飞行员哈尔特格林

[1]
U.S. Government Accountability Office. Navy and Marine Corps Training: Further Planning Needed for Amphibious Operations Training, Sept 2017.

[2]
事故具体过程如下：哈尔特格林发现战机偏离着陆中线，于是踩下左舵踏板，试图纠正方向。不料机头偏离，阻挡左侧进气道气流，引发左侧发动机空中停车。慌乱之下，哈尔特格林作出第二个选择——放弃降落，加大油门想飞起来，结果又造成机头大幅上昂，整个飞机向左失控。这时，她作出第三个也是最后一个选择——弹射。可惜，此时机身已偏转90度，哈尔特格林未能弹向空中，而是弹入大海，当场死亡。从事后监控录像看，整个事故过程不到20秒。

标签是"海军第一个女舰载机飞行员"。[1] 然而，她获得这一资格才几个月就出事了。

值得注意的有四点：

（1）她当年曾被提名为海军军官学院学员，但最终没有被录取；

（2）海军规定，舰载机飞行员训练时如果出现3次差错就淘汰，但哈尔特格林出了3次以上错误仍未出局，显然享受了破例优待；

（3）哈尔特格林身体很好，也很聪明，但1993年才开始接受舰载机起降训练，理论上短时间内速成不了，而作为全海军的典型不能和普通人一样，于是"被速成"了；

（4）美国海军训练手册白纸黑字写着"蹬舵动作过大会导致发动机失速"，而哈尔特格林恰恰是左蹬动作过大。[2]

总之，事故的主要原因是哈尔特格林慌乱之下处置失当所致。

另据美国自己的监督机构2019年出台的报告显示，海军之所以撞船事故频发，重要原因之一是水面舰艇军官训练不足，驾船技能不够熟练。[3]

最后，有必要温故一下朝鲜战争。二战中，美军面对德军和日军这样强大的军队表现亮眼，为什么仅仅5年后面对新中国的"洗衣匠部队"，反而被打得丢盔弃甲？

原因很多，训练不足是非常重要的因素之一。下面是美军在朝鲜战争之前的训练情况：炮兵，缺乏实弹进行训练；装甲兵，因缺少汽油坦克开不动，只能原地模拟训练驾驶；驻日美军，几乎没有进行过野战训练，大家都享受温柔乡去也……

---

[1]
女性开战斗机有着特殊的背景。20世纪90年代初，美国发生了三件大事，一是美军打了一场翻身仗——海湾战争，走出了越战阴影；二是苏联解体，美国人天下无敌了；三是女权主义盛行。在这种情况下，美国在1993年宣布女性可以开战斗机。美国海军为了摆脱"尾钩丑闻"的影响（1991年，希尔顿酒店4000人举行年会时，一群醉酒男对26名女官兵动手动脚，甚至殴打她们或者强行剥去她们的衣服），在推出女兵典型上最为积极和卖力。哈尔特格林是从4名女飞行员中优中选优挑出来的。

[2]
Sally Spears. *Call Sign Revlon: The Life and Death of Navy Fighter Pilot Kara Hultgreen*, Naval Inst Pr., 1998. 该书作者是哈尔特格林的女儿。

[3]
U.S. Government Accountability Office. Navy Readiness: Actions Needed to Evaluate the Effectiveness of Changes to Surface Warfare Officer Training, Nov 2019.

二战海军陆战队老兵、《芝加哥每日新闻》记者比奇在朝鲜采访了美军第一批战斗部队中的第24师，他这样描述该师士兵：大多数娇生惯养，生活自理能力不足，只受过和平时期的简单训练，在日本的生活养尊处优……[1]

最可笑的是第24师师长迪安，他发现部队不敌，不是下达撤退令，而是像普通士兵一样用手枪对敌军坦克进行射击，打不过躲入深山还是被俘。很难想象，一个受过良好训练的师长会是这种表现。1953年9月，迪安居然获得组织颁发的荣誉勋章，连他自己都不好意思："若是让我来决定，我连一枚木质勋章都不会颁发给自己。"[2]

1950年7月7日，朝鲜大田附近机场迪安（右）与第8集团军司令沃克交谈

[1]
闫滨：《朝鲜战争初期美军为何连吃败仗》，澎湃新闻，2016年2月16日。
https://www.thepaper.cn/newsDetail_forward_1429008

[2]
Major General William F. Dean, Medal of Honor Recipient, http://www.militarymuseum.org/DeanCMH.html

管理 - 装备篇

在很多人印象里，美军相当于一家效率高的公司，武器装备更是顶呱呱。其实，美军在管理和装备方面存在一些不易被外人察觉的软肋。遇到弱敌，这些软肋不容易暴露，但遇到强敌就另当别论了。

26
向美军学管理？那是因为你不知道其糟糕的一面

"向美军学管理"，国内经常看到这种说法。言下之意，美军的管理非常高效，世界上最好的公司就是美军。这种看法不能说错误，但至少不全面。美军上至国防部，下到基层连队，都有管理漏洞，有的问题甚至严重到军方明明知道却改不掉。

吸毒、自杀、性丑闻，这是美军在管理上一直解决不了的三个老大难问题，多少年了都搞不定。此为老生常谈，笔者不炒冷饭，说点儿新鲜的，让大伙儿开开眼，见识见识美军管理薄弱甚至混乱的一面。

先说说武器装备管理问题。

在中国军队，这方面的管理非常严格，极少发生枪支弹药丢失事件，否则属于重大事故，当事单位一定紧张得不行。在美军，这种事时有发生，就算丢失的武器找不回来，单位也不会多紧张。2018年5月16日，美国北达科他州米诺特空军基地清查库存武器时，发现1挺M240机枪不见了！[1] 估计有人该说了：这有啥，美国又不禁枪。这里得敲黑板：美国不禁的是普通枪支（半自动武器[2]），不许民间持有军用武器。[3]M240班用轻机枪是全自动军用武器，也是美军现役主力班排级支援

M240是美军大量装备的班排用支援武器

火力，使用7.62毫米口径子弹，威力大、射程远。试想，这玩意儿要是落到恐怖分子或犯罪分子手里，会是什么后果？至于这挺机枪什么时候丢的，怎么丢的，

---

[1]
Stephen Losey. Minot Air Force Base loses machine gun-two weeks after losing grenade launcher ammo," *AirForceTimes.com*, May 18, 2018. https://www.airforcetimes.com/news/your-air-force/2018/05/18/minot-air-force-base-loses-machine-gun-two-weeks-after-losing-grenade-launcher-ammo

[2]
仅少数州允许私人农场持自动化武器。

[3]
一直以来，美国虽不禁枪，但绝对禁止私人拥有军用武器。在美国枪店里出售的，大都是经过改装的民用版枪支。

管理 - 装备篇　　153

当事单位完全没头绪。

下面这个案子更有意思。

2017 年感恩节，33 岁的波尔斯顿翻过南卡罗来纳州兰卡斯特陆军国民警卫队基地的围墙，在里面瞎晃悠，发现一个武器库大门敞开且无人看管。于是，他像逛超市一样随意挑选武器，还不用付账。[1] 随后，他多次如法炮制，并与两个同伙一块儿，形成偷、存、卖一条龙。

案件的三名犯人，从左到右依次为波尔斯顿、里特、坎农

"不幸"的是，这几个盗贼最后被捉住了，但把美军的管理问题暴露得一览无余[2]：

第一，抓住他们的不是丢枪的美军，而是地方警察；

第二，他们不是在倒卖枪支的时候被抓，而是因为在车上乱丢垃圾被警察拦住，发现车上居然有一堆民间枪支市场买不到的军品，包括 1 支 M249 轻机枪、2 支 M16 步枪、1 具 M203 榴弹发射器、2 支 M9 手枪，以及夜视仪等；

第三，美军丢了武器很长时间竟毫不知情，接到警察通报才知道家里来过贼。

武器库乃是重地，不配个凶猛的活犬，起码也装个死的摄像头，但美军啥都没做，真叫一个"无为而治"。

[1]
Andrew Dys, The Herald(ROCK HILL, S.C.). Felon Stole Army Grenade Launcher Through Unlocked Door In Thanksgiving Day Heist, *TASK&PURPOSE.com*, Dec 18, 2018. https://taskandpurpose.com/news/felon-stole-army-grenade-launcher

[2]
2 sentenced for stealing machines, grenade launcher from SC National Guard, *WLTX.com*, Nov 30, 2018. https://www.wltx.com/article/news/local/two-sentenced-in-theft-of-firearms-from-national-guard-armory/101~619049623

上面两个案例只是暴露出美军管理问题的冰山一角，与下面这事儿比起来，简直就是小巫见大巫——2017年6月17日的"菲茨杰拉德号导弹驱逐舰撞船事件"[1]，它可谓是美军日常管理混乱的典型。

撞船的直接原因是作战指挥中心没有接到撞船预警，未发出改航命令。难道没人值班或值班员在睡觉？

当时，舰桥值更官是克伯克，她承认的确没有向作战值班中心报告险情，原因有二：其一，指挥中心那帮军爷总是对她讲黄段子，她很生气，干脆不理这帮人（这得到该舰无线电通话记录的证实）；第二，她认为不会撞船。

指挥中心就算没得到舰桥的报告，还有一个渠道发现撞船预警——AN/SPS-67平面搜索雷达。这可是个好东西，可自动跟踪约50个目标。可惜，破屋偏遭连夜雨，漏船又遇打头风，该舰雷达也"瞎"了。原来，雷达的遥控按钮坏了，本来是按钮的地方用一块胶布贴住。对此，大家都视若无睹，没有报告也没有修理。事故发生前，雷达就这么以"残缺之躯"坚持在岗在位整整194天！

不过，把责任推给舰桥值更官和雷达并不公平，因为作战指挥中心也是一团糟，居然有装着尿液的瓶子从大屏幕后方飞出。这里又要敲黑板——指挥中心的头儿库姆斯是女性，她显然看到了这里的乱象，也听到了身边的男人们对一个女舰员说荤段子，可她啥都没做……事后，军事法庭打算以"玩忽职守"的罪名对其进行指控。美军对这种事儿一向较真，库姆斯似乎要完蛋了。不料，她逃过了审判，因为上头（美国海军高层）有人罩着她。

菲茨杰拉德号导弹驱逐舰上负责管理的是指挥军士长布莱斯·鲍德温，然而，没有几个人买他账听他招呼……

美军除了在基层管理上比较松懈，在管理体制上也有难以克服的软肋。大伙儿都知道，美国喜欢分权和制衡，即使在军队也是如此。但搞分权在军队难免造成效率降低——诸位不妨想象一下只有"民主"没有"集中"的会议场面。美军尽管知道自己哪里有问题，却因为各单位地位平等，谁也不服谁，意见分歧难以达成一致，导致拖延难决。

为解决这个问题，美军提出一个看起来很有创意，实际上更加拖延的办法——交给"蓝带委员会"（blue-ribbon committee）。美国遇到问题面临公众

---

[1] 菲茨杰拉德号撞船事件：2017年6月17日凌晨1:30左右，在日本横须贺西南与悬挂菲律宾国旗的货柜轮ACX CRYSTAL相撞，造成菲茨杰拉德号右舷侧面大面积损坏，舰上7人死亡、3人受伤，而货柜轮上则无伤亡。

压力不知如何是好时，常常委托第三方组成委员会即"蓝带委员会"（蓝带象征"高品质"），进行独立调查研究并提出意见建议，一般要耗时一两年。这是典型的美国式办法，外人看上去觉得挺好，但知情者深知实为懒政。曾在美国国会和政府问责局工作过的惠勒毫不客气地指出："这种招数对拖延事情是非常有效的：任何反对改革的人都可以说这件事情还不成熟，因为权威的'蓝带委员会'还正在对事情的利弊进行研究，大家都得等它来推荐最佳方案。"[1] 美国人往往喜新厌旧，对一件事情的关注度往往不会持续多久。一两年之后，当蓝带委员会的调研结果和建议出来，大家已经把前事儿忘得差不多了，军方就不必承受公众压力。

为解决决策效率低下的问题，美军曾设想对管理体制进行"集权式"改革——把一些权力赋予某一个机构甚至某一个人，从而理顺组织关系。这一招看上去很美，但打出去却常常没用。知情者指出："这样做的目的很简单，就是不让决策者们了解实际情况，把他们'架空'起来，让他们愈发不了解士兵们需要什么和他们认为他们应该得到什么。这种理顺忽略了甚至取消了能够带来真正改进的机制，即一个由寻求解决方案并提出不同建议的多个机构形成的核查和均衡体制，而不是得出一个'学派'结论的一言堂的集权体制。"[2]

美军在管理上再不济都不是事儿——只要军事科技保持世界第一就好。可惜，美军在科技管理上也有漏洞。一是投资周期过长。[3]2020 年 8 月上任的国防部高级研究计划局局长科尔曼曾表示，美军的一些科技项目因为投资周期过长而中途夭折。[4] 二是在"渐进性"和"颠覆性"创新投资的选择上不够明确。20 世纪 90 年代末，国防部高级研究计划局认为对语音和自然语言的识别和处理技术

[1] [2]
[美]温斯洛·惠勒等著，陈学惠等译：《美国军事改革反思》，北京：军事科学出版社，2013 年，第 84 页。

[3]
U.S. Government Accountability Office. Defense Science and Technology: Adopting Best Practices Can Improve Innovation Investments and Management. Jun 29, 2017.

[4]
Victoria Coleman, PhD, and Lieutenant General Thomas Spoehr, U.S. Army(ret.). Reclaiming U.S. Defense Leadership on Innovation: Three Priorities for the New USD(R&E), Apr 28, 2017. https://www.heritage.org/sites/default/files/2017~05/BG3210.pdf

的研究（70年代初启动）已走到尽头，不再投资该项研究。[1]"9·11"恐怖袭击事件后，急需对外语通信情况进行监控，高级研究计划局不得不匆忙重启该项研究，但短时间内无法拿出成熟的应用成果。换句话说，美军本来再挖一锹就可以冒出井水，却换个地方重新挖井。

美军平时管理松懈一点就算了，但战时也马虎应付，结果付出了血的代价。2017年10月4日，一个美军小队（12名美军和30名尼日尔士兵）遭到ISIS突袭，4名美军当场阵亡。事后，美军内部对此事的说法互相矛盾：该小队队长及其上司表示，他们是在巡逻[2]；而美军官方于半年后公布的调查报告却说该小队是在追捕大撒哈拉地区ISIS头目谢富（Doundoun Cheffou）的路上遇袭。

到底谁在说谎？

谁都没说谎！

原来，该小队执行的任务是追捕ISIS头目谢富，而提交的申请报告上写的则是外出巡逻并与当地部落首领会面。之所以出现这种乌龙事件，是因为小队提交申请时为了图省事儿，照抄了上一次训练任务的报告……[3]

话说，美国的外部监督非常有效，媒体更是被捧为"第四权力"，对美军管理的问题就不敢说不敢批吗？

曝光了也批评了，但溅起一阵水花之后，美军该咋样还咋样。

美军出现问题后，常常采取"家丑不可外扬"的态度，对外部监督较为抗拒。以美国一贯的政治气候，老百姓对军人较为宽容，公众人物要公开批评美军出现的问题会面临较大压力，故多持谨慎态度。换句话说，美军的管理问题在一定程度上是被惯出来的。

---

[1]
当时，工业界已经设计了出色的语音识别系统，但并没有发展迅速语音识别和翻译外来语言的技术。

[2]
这类简单任务风险低，不需要高级军官批准。需要高级军官批准的是反恐之类的任务。

[3]
(1) DOD, *Oct 2017 Niger Ambush Summary of Investigation*, May 10, 2018. https://dod.defense.gov/portals/1/features/2018/0418_niger/img/Oct-2017-Niger-Ambush-Summary-of-Investigation.pdf
(2) Kyle Rempfer. *Africom 4-star faces questions on US troops killed in Niger ambush,* Mar 6, 2018. https://panetta.house.gov/media/in-the-news/africom-4-star-faces-questions-us-troops-killed-niger-ambush
(3) *DOD's Report on the Investigation into the 2017 Ambush in Niger*, May 15, 2018. https://www.csis.org/analysis/dods-report-investigation-2017-ambush-niger

27
美军官僚主义的四大表现

关于美国的官僚主义，罗斯福总统有一个形象的比方："联邦政府像一只巨大的怪兽：你朝它尾巴上踢一脚，两年后它脑子里才会感觉到。"当时美国正面临严重的经济危机，官僚主义尚且如此严重，后面就更不用说了。据鲍威尔（时任白宫行政管理与预算局研究员）回忆，到了尼克松时期，"总统

罗斯福在办公室

下达过不少指令，可是谁也不晓得这些指令离开椭圆形办公室后的下文。"[1]

官僚主义的典型表现之一，衙门多。

建国初期，美国是典型的"小政府、大社会"，整个政府就三个部门（财政部、国务院、战争部），总共不到 1000 人，但国家运转正常而高效。现在，瞅瞅白宫的政府机构，特别是花样繁多的委员会、董事会、专题小组等，令人目不暇接、眼花缭乱、晕头转向。国防部作为军事系统的"首脑机关"和美国政府最重要的部门之一，其官僚主义几乎到了积重难返的地步，以至于有国会议员和研究者建议，消灭军队官僚主义的唯一办法就是裁掉国防部："五角大楼关闭后，国防官僚体制将大幅精简，这必将提高国防管理的质量"，同时，"美军内部的官场政治斗争将会急剧减少。"[2]

1947 年国防部创建时，被认为是美军统一号令的革命性举措，如今却成为官僚主义的代表，令人唏嘘。国防部是怎么从精干小牛变成臃肿怪兽的呢？

很长一段时期内，美国奉行开国总统华盛顿定下的"中立政策"，很少发动对外战争，战争部是一个清水衙门，几乎没人愿意去当差。后来，由于二战和冷战的需要，战争部演化而来的国防部越来越重要，机构和人员越来越多，而今已尾大不

[1]
[美] 科林·鲍威尔著，王振西主译：《我的美国之路》，北京：昆仑出版社，1996 年，第 182 页。

[2]
[美] 约翰·阿尔奎拉著，董浩云等译：《顽敌：阻力重重的美军转型》，北京：解放军出版社，2013 年，第 190~191 页。

掉。想当年，整个美国政府也就1000人，如今仅国防部就有2万多工作人员！

随着国防部新增衙门越来越多，从国防部长发出命令经过的程序也随之增加，效率则不断降低。国防部长与普通员工之间有多达30个层级，前国防部长盖茨感慨道："国防部的规模和结构必然导致其反应迟缓（如果不用瘫痪这个词的话），因为即便是某些非常细微的决策，也要将许多不同部门牵涉其中。对这个庞大机构来讲，目前正在进行的军事行动（指2007年初向伊拉克增兵——笔者注）所要求的速度与灵敏度是他们闻所未闻的概念。"[1] 国防部如此，美军部队也是如此。美国军事战略问题专家阿拉奎尔爆料："即使是最简单的心理战传单分发行动，也需要经过12~16项审查和批准。"[2]

2011年盖茨访华时游览中国长城

效率高，意味着执行力快而强。大明首辅张居正并未进行革命性改革，只是采取措施提高了国家行政系统的效率就青史留名，可见效率之重要。

回到美国国防部，命令仅仅在国防部机关流转都这么费劲儿，到了部队系统，类似过程还要再重复一遍，不仅效率进一步降低，而且命令还可能走样。当指令离开高层指挥所后，开始在指挥链上各个层级流动时，只会变得越来越混乱。如果从上级发来的指令就是混乱的，地面上可怜的士兵就会更加混乱。官僚主义特别讲究程序，认为它能让系统有序运行，但按部就班的程序也意味着难以适应变化的情况，不能及时做出调整。

罗斯福说白宫是一头反应迟钝的巨大怪兽，这个比喻用来形容国防部同样贴切。按说，军事部门的效率应该比其他行政机构更高，五角大楼为何如此低效？

美国国防部的官僚主义和低效，一定程度上是分权所致——办成同一件事，需要多个衙门点头。不要说国防部长，连三军总司令罗斯福对分权也很恼火。他

---

[1]
[美] 罗伯特·盖茨著，陈逾前等译：《责任》，广州：广东人民出版社，2016年，第115页。

[2]
[美] 约翰·阿尔奎拉著，董浩云等译：《顽敌：阻力重重的美军转型·绪论》，北京：解放军出版社，2013年，第118页。

实施新政和领导二战，威望极高，国会言听计从很少唱反调，他几乎把行政权和立法权都攥在手里了。只有最高法院作为"第三权力"，屡屡否定总统提议的法案。罗斯福心说：我这都是为了国家，你们最高法院为啥处处阻挠。为了把司法权也拿过来，他提议增加最高大法官的人数：旧的大法官非自己任命就算了，新增大法官也是他罗斯福总统说了算。[1]

官僚主义的典型表现之二，会议多。

以国防部为例，连部长都带头吐槽。国防部前部长盖茨回忆："我在华盛顿的每一天，几乎都是从早晨6点45分与哈德利和赖斯（分别是国家安全事务助理和国务卿——笔者注）的电话会议开始的，然后是没完没了地开会。在白宫，我要与哈德利和赖斯开会，或者再加上切尼、国家情报总监、中情局局长和参联会主席；在兴师动众的'负责人'会议上，人人都在埋头做笔记，我通常也保持安静。此外，还要与总统开会。"[2]

上面这些只是"例行会议"，还有一种会议数量更多——"紧急会议"，遇到紧急情况就要开。盖茨继续抱怨："真的很让人沮丧，因为大家总是在同一个问题上重复同样的内容，耗费大量的时间就是为了达成一个共识，很多会议简直就是在浪费时间。即使达成共识，我们也常常未能向总统明示：一致的表象下隐藏着严重的分歧。"面对无穷无尽的会议，盖茨的总体感觉是："不免感到无聊和枯燥。"[3]

像盖茨这类高官，虽然会多，但只需要带上耳朵和嘴巴去就行了，真正苦的是那些"材料公"。既然会上一直都有人讲话，必然有无数的讲话稿，背后就是加班熬夜的笔杆子们。美国这种现象不是现在才有的，而是长期存在。里根总统时期，时任国家安全事务助理的鲍威尔曾这样描述笔杆子们加班的情景[4]：

男人们挽着袖子，领带结拉下一半，女人头发散乱，人们俯身在涂改得乱七八糟的文稿上，桌子上到处是咖啡喝剩一半的泡沫杯和塑料匙，秘书们坐在文字处理机前噼噼啪啪地打字，打印机吐出最新的修改稿。

[1]
最后，最高法院做了妥协：部分最高大法官主动退休。这样，算是维护了三权分立的体制。

[2] [3]
[美]罗伯特·盖茨著，陈逾前等译：《责任》，广州：广东人民出版社，2016年，第80页。

[4]
[美]科林·鲍威尔著，王振西主译：《我的美国之路》，北京：昆仑出版社，1996年，第405页。

和平时期会多，这很正常。打仗了，要求效率，会总该少了吧？伊拉克战争总指挥弗兰克斯可不这么看。他退休后写回忆录，为弥补记忆不准的缺点，专门去中央司令部档案馆查阅资料，这才发现自己在伊拉克战争期间参加的会议有"数百次"，至于和参谋、分部司令、五角大楼和白宫之间的商谈，更是"数千次"！[1]

官僚主义的典型表现之三，委屈多。

2007年2月18、19日，《华盛顿邮报》连续刊登两篇文章曝光了美军一个大丑闻：伤兵们住在垃圾堆里。位于首都华盛顿的陆军医院（建立于两次世界大战期间），不少伤兵被安排在比贫民窟条件还差的18号楼——到处是霉斑和污垢，很多地方漏水，地毯很脏，老鼠和蟑螂肆无忌惮横行，旁若无人。[2] 讽刺的是，到这种破地方治病居然很不容易，需要冲破官僚主义的层层阻挠，办理大量难以理解的书面手续；伤病军人想寻求进一步治疗或是否带伤服役，还要面对冗繁的行政审批程序。

2007年，沃尔特·里德陆军医院18号楼，工人正在剥下墙壁上发霉的墙纸并进行维修　　因丑闻解职的陆军医院院长韦特曼

在前线，美国大兵要面对敌人的路边炸弹和火箭弹，负伤回国治疗，还要面对另一个敌人——官僚主义。此时此刻，他们一定十分委屈：我太难了。这些伤病军人作为弱势群体，成为官僚主义的牺牲品，其权益遭到漠视。

[1]
[美]弗兰克斯著，沈君安等译：《美国士兵》，北京：中国青年出版社，2006年，第318页。

[2]
Dana Priest, Anne Hull. Soldiers Face Neglect, Frustration At Army's Top Medical Facility, *WashingtonPost.com*, Feb 18, 2007. https://www.washingtonpost.com/wp-dyn/content/article/2007/02/17/AR2007021701172.html

管理 - 装备篇　　161

陆军医院的丑闻被媒体曝光后，军方的反应如何呢？

陆军部长哈维[1]甩锅给医院的少数人："有些军士没有做好他们的工作，仅此而已。"[2]陆军军医长基利中将则表示：媒体的报道是"一面之词"。就是这样一个人，在医院院长韦特曼少将引咎辞职后，居然被陆军部长派去接任院长。

这事儿越闹越大，陆军部已经摆不平，惊动了国防部长盖茨。他指出："最容易解决的问题是硬件设施问题，最大的问题是官僚主义和资源问题"，而且"解决官僚主义的问题远比获得足够的资源困难。"[3]

官僚主义的典型表现之四，斗争多。

衙门多意味着官员多，官儿多意味着争斗多。对此，美军上将弗兰克斯发表了所见所感："每个部门都是庞大的官僚机构，拥有数百各色人等，许多人心慕高位，挤破脑袋希望相关决定按照自己的意愿发展。"他特别强调了国务院和国防部之间的矛盾："许多情形中，国务院视国防部为一群鹰派——鼓吹军事行动无视区域或国际后果。国防部视国务院为一帮子官僚，沾沾自喜于开会写文件，但在重大问题上慢慢腾腾。事实真相可能源于两者所担当的角色，但有一件事是可以确定的：两个部门缺乏信任。"他还打了一个十分形象的比方："华盛顿机构像一个口袋里的老鼠互相咬斗，这种现象屡见不鲜。"[4]

国防部长与国务卿斗得最厉害的是拉姆斯菲尔德与鲍威尔，不仅连总统小布什都没办法调解，而且闹得满城风雨。小布什在回忆录中写道："成功解放阿富汗之后，国务院和国防部之间的权力之争还是可以忍受的。但是关于伊拉克的争论变得激烈时，两个部门的高级官员开始相互恶意中伤。我在场的时候，鲍威尔和唐（指拉姆斯菲尔德——笔者注）都很尊重对方。一段时间后，我发现他们俩

---

[1]
弗兰·哈维：1943年生，毕业于宾夕法尼亚大学，长期在军火商公司工作，为美国国防部提供产品和服务。2004年，他被小布什提名担任陆军部长（之前曾在陆军部担任过文职雇员），2007年因陆军医院丑闻事件被国防部长盖茨炒了鱿鱼。

[2] [3]
［美］罗伯特·盖茨著，陈逾前等译：《责任》，广州：广东人民出版社，2016年，第109页。

[4]
［美］弗兰克斯著，沈君安等译：《美国士兵》，北京：中国青年出版社，2006年，第252页。

其实是两个老角斗士，都把枪藏在枪套里，让自己的二把手、三把手开火。"[1]连续指挥阿富汗战争和伊拉克战争的司令部司令弗兰克斯本来不擅政治，也明显感觉到拉姆斯菲尔德与鲍威尔之间关系紧张。[2]

国防部有一个职务被很多人忽略——助理，他们既不是部长也不是副部长，却能架空各军种参谋长的上将们。这里举个例子让大伙儿看看卡特总统时期的国防部长和第一副部长特别助理、38岁的凯斯特是怎么做到的。

在美国混到将军太难，将军们要进一步朝金字塔顶端爬也很难。升迁人选在提交晋升委员会讨论之前，推荐哪些候选人进入讨论程序是非常关键的一个环节。各军种部长没有决定权，但有推荐权，而国防部长一般不会否决其推荐。凯斯特玩伎俩，卡在国防部长和军种部长之间，巧妙剥夺了后者的权力。他的办法是：以前军种部长只推荐一个人，现在必须推荐两个人。有一次，陆军参谋长罗杰斯推荐某人出任部队司令部司令（统管美国本土的陆军），凯斯特要他再推荐一个人，最后胜出者不是罗杰斯推荐的那个人。要知道，罗杰斯早已答应把某人提拔为四星将军，这下尴尬了。[3]

官僚主义的表现形式多种多样，上面提到的只是冰山一角。只要有人的地方就有江湖，只要有官场的地方就有官僚主义，只要有官僚主义的地方就有丑闻。

---

[1]
[美]小布什著，东西网译：《决策时刻》，北京：中信出版社，2011年，第84页。

[2]
[美]弗兰克斯著，沈君安等译：《美国士兵》，北京：中国青年出版社，2006年，第114、251页。

[3]
[美]科林·鲍威尔著，王振西主译：《我的美国之路》，北京：昆仑出版社，1996年，第258页。

28
既要学习美军的轮换制，也要知悉其弊端

金一南将军讲过一个故事很出名[1]：

一次，国防大学防务学院组织外军学员去上海参观见学，上海警备区接待得非常好，大家都很感激。特别是上海警备区的外事处长十分干练，协调能力很强，给大家留下深刻印象。告别晚宴上，有外军军官问这位处长："你在这里工作多少年了？"处长回答："30年。"周围"轰"的一声，外军军官不由自主惊呼起来。对他们来说简直难以想象，一个军官可以在一个单位干30年。可是对我们来说这算什么？反而显得他们大惊小怪。我们在一个单位一干数十年，从公务员干到部长、从战士干到军长，都不乏先例。

这个故事从侧面说明：外军的轮换制很普遍。

一个人在某个地区或某个位置待太久有两个弊端：一是视野见识有限，能力素质单一，"一专不多能"；二是容易形成利益圈子，导致腐败。反之，多地多岗位轮换不仅能让军官丰富阅历，增长见识，还能通过"流水不腐，户枢不蠹"的方式，防止小山头小集团小九九，预防腐败。

美军的交流力度和范围都很大，有指挥军官的晋升性轮换交流，有指挥军官和技术军官的换岗性轮换交流，有不同地区之间的适应性轮换交流。[2]，甚至还有军队和地方之间的开阔视野性轮换交流。[3] 据美军统计，从少尉到将军常常至少要经历17个岗位。[4]

[1]
金一南：《心胜2——灵魂与血性 关乎命运》，武汉：长江文艺出版社，2016年，第31页。

[2]
地区轮换层面，既有部队成建制轮换交流，也有军官个人的轮换交流。

[3]
美军为使军官们了解政府工作，熟悉其内部运作，甚至参与政府决策，每年都会指派一定数量的现役军官到政府各部门（包括白宫、国会、国防部、国务院、能源部、预算局等与国防有关的部门）工作，时间1~3年不等（如鲍威尔就在白宫当过一年实习生）。此外，现役军官还被派到民间著名的学术研究机构工作1~2年，增长知识，提高理论思维能力。

[4]
陈吉林、吕冬梅：《美军军官轮换交流的基本模式》，载《军队政工理论研究》，2009年2月，第116页。

军队轮换制是从企业学来的，好处很多，网上相关文章一搜一大把。不过，轮换制也有其弊端，甚至还可能造成严重后果。如果说轮换制的好处是麦穗，轮换制的弊端就是麦秆，不能只要麦穗不要麦秆。平时，大家一般只关注"麦穗"，今儿个一起来仔细瞅瞅被忽视的"麦秆"。

关于轮换，美国人通过研究发现："人事调动频繁和监管过度彼此加剧了各自的弊端。士兵和军官调动越频繁，彼此就越陌生，以至于更多的高级军官大小事务都会过问，因为他们不确定这些事务谁才能胜任。人事调动频繁也会让军官难以成为好领导。在一些部队里，即使调任时留下的部队士气低落，疲惫不堪，但军官仍可获得升迁。高级军官通常因其演技而获得赞赏，虽然军队存在严重问题，但他们却不必为此负责。"[1] 这段话可以用 8 个字概括：兵不识将，将不知兵。

关于轮换制的弊端，驻阿富汗美军司令麦克里斯特尔看得最清楚不过："轮值时间太短，即使是优秀的专业人员也难以发挥效用。当我后来在伊拉克，我看到了其带来的负面影响。"[2] 美军曾试图解决这个问题，如延长服役期，但这又引起了士兵及其家属的不满。被延长服役期限的第 3 步兵师（最早入侵伊拉克的部队）轮换回国时本来计划在纽约搞庆祝大游行，因为担心士兵家属的负面情绪而取消。

美军平时轮换频繁，战时更频繁，特别是如果战事陷入持久，往往会采取轮换政策。朝鲜战争和越南战争中，美军轮换制还处于"初级阶段"——单兵轮换：一支部队投入作战区域后一段时间需留在那里，士兵执勤期结束后换地方（各人时间不一），其位置由新人补充上去。朝鲜战争和越南战争试行轮换制（如越战时期一年一轮换），其依据是 1947 年颁布的《军官人事法》[3]，但被实践证明失败了。战争中，美军由于伤亡较大，新人不断补充进来，结果"老不识新、新不识老、新不识新"。在朝鲜和越南战场，情况虽然不至于那么糟糕，但也好不到哪儿去。1955 年，陆军上尉利特尔感叹："成员在不断调动，很多人在不同的基地辗转，或升或降，而他们并不了解彼此。军队就像一群乌合之众，谁也不知道谁的名字，军队的成员还没有

---

[1]
[美]托马斯·E.里克斯著，吴亦俊等译：《大国与将军：从马歇尔到彼得雷乌斯，美国军事领袖是怎样炼成的》，广州：广东人民出版社，2013 年，第 175 页。

[2]
[美]斯坦利·麦克里斯特尔著，蔡健仪译：《重任在肩》，北京：中信出版社，2014 年，第 77 页。

[3]
美军真正实行轮换制是 1899 年。在这之前，美军机关和基层之间流动很少，机关待遇少钱多，人满为患；基层待遇低还辛苦，人员空虚。直到 1899 年伊莱休·鲁特出任陆军部长，才开始推行轮换制（包括岗位轮换和地区轮换）。

形成共同的标准，还没有获得共同战斗或扎营的记忆，就已经被调往另一处了。"[1]

轮换制还带来一个不容忽视的副作用——那些不称职的军官没有时间充分暴露问题，继续充斥在领导岗位（只是挪了个窝换了座庙）。退一步说，就算军官们被发现不称职，往往也不会遭到撤换。在人事部门看来：频繁轮换已经让单调重复的人事工作累死个人，军官们即使不称职，但马上要轮换走了，只要没有导致严重损失，何必多此一举（将其撤职）？既毁了人家前程，还给自己找事儿，不如你好我好大家好。

越战结束后，美军吸取教训，对轮换制进行改造升级，改单兵轮换为整建制轮换，以解决"兵不识将，将不知兵"的问题。从单兵轮换到集体轮换是与时俱进的调整，适应了美军自身变化发展的特点。之前之所以搞单兵轮换，主要是因为官兵伤亡大，必须补充以保持部队建制完整。海湾战争之后，美军凭借高技术武器装备打不对称战争，伤亡很小，具备了集体轮换的条件。

不过，集体轮换要运转流畅有一个前提——部队足够多。在阿富汗和伊拉克战争中，集体轮换制[2]接受了实战检验。在阿富汗"或"伊拉克无论哪一个战场单独轮换，没问题；但在阿富汗"和"伊拉克两个战场同时轮换，不够用。

何以解忧？唯有拆分，一支部队拆成两支部用。2004年之前，美军在阿富汗是师、旅级单位为主，但之后就变成以旅战斗队和支援旅为主，再后来干脆进一步缩小编制，变成了安全部队援助旅。

一支部队掰成两支，还是不够用。美军海外轮换，理论上半年一轮换，特殊情况下（如恐怖势力复苏需要清剿[3]）一年一轮换。但实际上，就算没有特殊情况，美国大兵熬满半年常常还是走不掉。于是，美军想出了新招——延长轮换期。以倒霉的第173空降旅为例，2007年2月部署到阿富汗，2008年7月才回到欧洲，轮换时间长达15个月。[4] 这么整，大兵们自然怨声载道。

[1]
[美]托马斯·E. 里克斯著，吴亦俊等译：《大国与将军：从马歇尔到彼得雷乌斯，美国军事领袖是怎样炼成的》，广州：广东人民出版社，2013年，第175页。

[2]
美国陆军采取"三分之一轮换制"：三分之一战斗值勤，三分之一在国内进行训练，三分之一处于轮换、休整或其他保障工作状态。

[3]
根据美军反叛乱手册，镇反兵力与当地民众的比例应为1:50，换句话说，如果某地有100万老百姓，就需要2万部队。阿富汗和伊拉克战场的变数比较大，反美武装的人数和活动时少时多，这给美军轮换造成很大困扰和麻烦。

[4]
战时美军的轮换一般在战区和美国本土之间进行，但遇到特殊情况，就要从其他海外战区抽调人马。刚才说的第173空降旅就属于这种情况，是从驻欧美军抽调到阿富汗的。

集体轮换基本治好了"兵不识将，将不知兵"的毛病，但新办法又产生了新问题——如何让不同的轮换部队执行同一项长期任务。以清剿某地反美武装为例，美军一支部队在轮换期内常常无法完成，只能交给下一支友军"接力"。新部队上来后，十之八九不会沿用"前任"的作战方案，而是另起炉灶出台新办法。

2006年，美军第10山地师士兵在阿富汗某地山间巡逻

这看起来一点大局观都没有，其实并不难理解：沿用人家的方案多没面子，使用自己的新办法才显得有水平。无论哪一支部队轮换上来，都想证明自己的能耐，采取的方案都想在轮换期内看到效果——否则不是为人作嫁衣，让下一支部队摘桃子吗？这就决定了各轮换部队往往只着眼短期效应，至于战略总目标，那是上头的事儿，和我就没多大关系了。

从2003年开始，驻阿富汗美军司令几乎一年一换，其中一位司令巴诺[1]忍不住吐槽："10年，10位司令，7位驻伊拉克大使。无论你做什么，结果都只会是一团糟。"[2]

对手已经看清美军轮换制的软肋，而且利用得非常巧妙。一个伊拉克将领这样总结与美军轮换部队的头儿打交道的经验[3]：首先你要拒绝与他会面，或者不露面。然后，你进行一系列的会议，拒绝他推荐的变革。第三，你要开始赞同他的建议，但就执行问题进行争论。最终，在进入谈判的第8个月，你要开始慢慢让他看到你在执行变革……到第10个月，美军指挥官的注意力就转移到了即将到来的重新部署，压力也就消失了。到第13个月，一位新任美军指挥官会请你来一杯，于是循环又开始了。

战场上最忌"临阵换将"，美军偏偏把地区指挥官的任期甚至所有官兵的轮换期定为1年，这是什么道理？很简单，阿富汗和伊拉克那种地方，既艰苦又危险，总不

---

[1]
戴维·巴诺：1954年生，西点军校毕业，曾在第25师和第82空降师任职，参加过入侵格林纳达行动，2003年2月晋升中将军衔，成为1976届西点毕业生中第一个升中将的学员。2003年10月担任驻阿富汗美军司令，任期19个月，2006年退役。

[2] [3]
[美]托马斯·E.里克斯著，吴亦俊等译：《大国与将军：从马歇尔到彼得雷乌斯，美国军事领袖是怎样炼成的》，广州：广东人民出版社，2013年，第363页。

能把一拨人一直摁在那儿，其他人在旁边无聊拔腿毛。这种"轮流奉献"的安排源自美军建军以来的传统。美国独立战争时期，服役期限就几个月，时间一到，大家绝不"加班"：俺们到点儿了，该其他人上了。240多年过去了，这一传统保持至今。

轮换制在有的国家之所以难以普遍实行，原因之一是观念问题。被交流轮换出去的人往往被认为有问题，属于组织不想要的歪瓜裂枣——如果干得好，为啥放你走？除非是提拔性交流任职（如到基层部队补主官经历或到院校参加晋升前的短期培训），否则很少人愿意轮岗。

美军不同，要想升职，履历越丰富越好看，晋升概率就越大。因此，军官们想方设法增加轮换岗位。但是，这意味着他们在每个岗位上的时间会被压缩。进一步说，这可能导致其履历华而不实：看起来在不少国家不少部队不少岗位干过，但由于岗位沉淀时间过短，综合素质并没有那么高——至少没有履历显示的那么高。

轮换制还让另一个问题雪上加霜。美军全球部署，又喜欢动不动就通过实战练兵，为此不得不组建足够数量的作战部队，结果许多美军军官和士官不能按所学的军事专业任职，被迫按照部队的需求去填补自己不擅长的军事岗位。为了能够使轮换和流动顺畅，美军又不得不减少训练科目、缩短训练周期。轮换制加剧了专业与岗位不符的问题，每个岗位历练时间不足又造成了履历华而不实的问题。表面上看，美军战备水平挺高，其实不然。

关于美军搞轮换制带来的问题，还有一个群体有话要说——军属。她们有一肚子苦水：老公频繁搬家，我工作丢了，孩子学校也换来换去。美国记者卡普兰随美军满世界转悠，近距离观察到轮换制给美军带来的弊端："军人和军属的生活圈子与邻近的普通居民社群间存在鸿沟，而短期轮换驻防更加剧了军人家庭与普通民众间的割裂感。与美军部队朝夕相处数月的经历，让我感受到了一种横亘在部队编制、种族界限间的'军民鸿沟'。在美国士兵看来，所谓'后方'，更多是指其所在的军营而非美国本身。"[1]

又调动了，拖家带口去赴职

---

[1]
[美]卡普兰著，鲁创创译：《大国威慑》，成都：四川人民出版社，2015年，第382页。

29
美军如何迎检

如果在百度输入"美军如何迎检",基本上看不到啥有关信息。百科不理你,笔者来代劳。

作为被视察对象,部队不会主动承认自己在迎检中弄虚作假,所以需要"领导视角"。下面是某"领导"的回忆:"在我走访军事设施时,通常会有一名校级军官陪同,为了预定食宿,安排在不是那么简朴的城市短暂停留,如拉斯维加斯,在基地留出车位并标上我的名字,通常还要保证不要发生不愉快的事情。"[1]

美国政府问责局工作人员惠勒

上文中的"我"叫惠勒,在美国政府问责局(类似中国的审计部门)工作。顾名思义,这个部门专门给政府各部门"找茬儿"。这种人来部队,军方当然要好生接待,不然给你找一堆麻烦,让你吃不完兜着走。

除了政府问责局的人,军方对国会的人往往不敢怠慢。如果你觉得国会议员不算领导,带"长"的(如国防部长和州长)才是官儿,就有点儿没见过世面了。在美国,立法与行政互相制约,特别是国会负责看管军队的钱袋子,军方要是得罪了议员老爷,军费就给你砍砍砍。所以,尽管美军背后吐槽"最大的敌人在国会山",但面儿上还得把议员当爷伺候好。

如果议员大人去视察部队,军方是什么阵仗呢?惠勒写道:"动用军方要员运输机(不是民用飞机),住豪华宾馆,与当地所有军政要员共进晚餐,在像巴黎这样的城市做更长的中转停留,为多辆豪华轿车预留多个车位。妻子有时陪同,而随员几乎要跟随前往。"[2] 鲍威尔在国防部当差的时候,仗着自己是国防部长的高级军事助理,想抵制参议员威尔逊类似行为。对方马上威胁道:你晋升三星中将的时候,我还是有发言权的。鲍威尔一听,赶紧认怂,表示马上安排。议员对军方的制约,除了管着批准军费,还能影响将军个人的职务晋

[1] [2]
[美]温斯洛·惠勒等著,陈学惠等译:《美国军事改革反思》,北京:军事科学出版社,2013年,第15页。

管理 - 装备篇　169

升。国会属于立法系统，国防部属于行政系统，本来国会不是军队的上级，但因为国会捏着军方两个命门，军方不得不把议员老爷好生伺候。

现在的腐败，总是让人怀念过去的清廉。搁以前，美军可谓"风清气正"。下面这个二战时期的故事一定会让你印象深刻。当时，杜鲁门还不是总统而是国会议员，他走访部队的情景是这样的[1]：

1. 没有随员陪同；
2. 自己开私家车前往；
3. 没有大堆军方人员迎接，也没有人为他安排食宿。

然而，这种"清正之风"很快随着"革命战争年代"的远去而散去。

一般来说，战争年代迎接领导视察没那么讲究。但进入和平时期，道道就多了起来。这不，二战结束不到20年，美军基层部队迎检已经开始搞形式主义[2]：

形式变得重于内容，注重外表整洁甚至超过了注重战备。我们用淀粉把作战服装浆得像硬板，为的是裤线笔挺。当地有句成语叫"打浆粉"，就是用答带把拍打裤子，把裤腿拍开，这样把腿伸进裤子时，才不至于擦伤皮肤。校阅时我们要等到最后一刻才穿裤子，扣上裤扣，拉上拉锁，最后穿上靴子。这一切都是为了保持军服笔挺，不起皱。

爆料者是马萨诸塞州德文斯堡步兵第2旅A连连长鲍威尔，后来当上了美军参联会主席和国务卿。他还说，自己作为连长带头践行形式主义，"干得比谁都强"[3]。

越战毕竟已经比较久远了，现在的美军又是如何迎接领导视察的呢？

盖茨当国防部长的时候（2006.12.18~2011.7.1），多次到海外部队基层调研，他这样总结自己的"视察经验"[4]：

我在首访行程中养成了一个习惯——与军队一起用餐。后来继续以国防部长身份访问伊拉克、阿富汗及各处军事设施和部队的时候，我都保持了这一习惯。用餐通常是与十几个士兵一起，其中包括年轻军官（中尉和上尉）、新入伍士兵

---

[1]
David McCullough. *Truman*, New York: Simon&Schuster, 1992, p.256.

[2] [3]
[美] 科林·鲍威尔著，王振西主译：《我的美国之路》，北京：昆仑出版社，1996年，第63页。

[4]
[美] 罗伯特·盖茨著，陈逾前等译：《责任》，广州：广东人民出版社，2016年，第42页。

或中级士官。他们对我惊人的坦诚（部分原因在于我把他们的指挥官请出了房间），而我也因此收获良多。

国防部长盖茨与驻伊美军一起吃饭（左），与驻阿美军官兵座谈交流

上面这段话的亮点是最后一句。军方安排高级军官跟随首长，一方面是重视，另一方面也想震慑士兵，让其不敢曝部队的黑幕。如果是这样，国防部长就了解不到部队的真实情况，看到的往往是部队想让他看到的。

盖茨当过兵，还当过中央情报局局长，对部队那些花招门儿清，知道怎么对付。所以，他把指挥官们撵走了，这样士兵们就可以敞开了说。

那么，盖茨听到了哪些真话[1]？

在内华达州的克里奇空军基地，他与无人驾驶操作员聊天，对方说工作和吃饭环境都不咋的；在彭德尔顿海军陆战队基地，他看到指挥官在模拟器上学习如何使用无人机，对方表示没有真的无人机可用；从一个美军士兵女儿的信中，他知道大兵们的亲人对长达15个月的轮换期非常失望和不满。尤其是这封信让国防部长盖茨感到羞愧，其中一部分是这样写的[2]：

第一，15个月是一段很长的时间。它长到当家庭成员回到家里时会觉得很尴尬，不是有点，是真的很尴尬。他们错过了许多事情，还有更多的事情没有去做。第二，他们并没有真正'在家'待上一年。当然，他们是回国了，但并没有回家。我父亲回国后整个夏天都在参加训练，所以我并没有经常见到他。这还不算太糟糕，最糟糕的是，当他以为可以回家的时候，却在最后一分钟再次被叫去执行任务……

领导视察基层部队以示重视和关怀，但基层官兵其实不太欢迎——尤其是周末或节假日这种日子。

[1] [2]
[美] 罗伯特·盖茨著，陈逾前等译：《责任》，广州：广东人民出版社，2016年，第103、104页，第58页。

管理-装备篇　171

驻阿富汗美军司令麦克里斯特尔（右）

2009年12月24日平安夜，刚履新半年的驻阿富汗美军司令麦克里斯特尔搭乘UH-60黑鹰直升机，对6个哨所（属于小散远单位）进行不打招呼的探访。他觉得，当地最高司令官那么晚不辞辛劳去看望基层官兵，大家会感动得一塌糊涂。但司令大人有点儿受伤："军官和高级士官都是彬彬有礼而友好的，年轻的士兵一开始总是表现得冷淡和沉默寡言，仿佛他们只是因为服从命令才出现在这个场合的。"[1]

领导这么大岁数了，不在家过圣诞节，而是深更半夜冒着严寒去看望基层官兵，大兵们为啥没有表现出应有的感动？

两个原因。第一，玩得正嗨或睡得正香，突然被叫去参加集体谈心，搁谁心里恐怕都不爽；第二，司令大人这么做，的确有关心官兵的情怀，但也有宣传的需要。

麦克里斯特尔在回忆录中写道："在每一个站点，我们都会停留，跟士兵进行一段简短的交谈，地点通常会在他们的食堂。"重点是下面这句——"我们借此机会跟他们交流、合影，让他们把照片寄回家。"[2]

领导当然应该去基层看看，基层官兵也想得到领导关心，但视察的"度"要把握好（一概不去或去得太多都不合适），视察的时机也要选好（不能想去就去，要考虑基层官兵需不需要）。大兵们心里也许是这样想的：我们需要的时候，你能及时出现多好；但我们不需要的时候，你来其实是添麻烦……华裔美军刘翔熙对迎检工作吐槽道："最讨厌的就是啥领导下基层视察，那叫一个折腾。后来去了旅部就发现，纯粹是底下军官想讨好上级而已。"[3]

美军领导下基层，有的时候来真的，有的时候走过场，还有的时候干脆懒得

---

[1]
[美]斯坦利·麦克里斯特尔著，蔡健仪译：《重任在肩》，北京：中信出版社，2014年，第6页。

[2]
[美]斯坦利·麦克里斯特尔著，蔡健仪译：《重任在肩》，北京：中信出版社，2014年，第4页。

[3]
刘翔熙：曾在美军当战地工兵，参加过伊拉克战争，现为美国劳工部探员。
https://www.zhi-hu.com/question/263601757

去，就看看材料。部队应付这样的"隔空检查"，糊弄起来就更好办了。

在加利福尼亚州勒穆尔海军航空兵基地，F/A-18大黄蜂战斗机和超级大黄蜂战斗机[1]飞行队本来是分开的，合并后出现一个问题：维修一种战斗机的人不够用，而维修另一种战斗机的人却闲得慌。

华裔美军刘翔熙　　　　　　　　勒穆尔海军航空兵基地

对此，上级想出了两全其美的办法：给你们三个月，两个维修组互相学习，修大黄蜂的要学习修超级大黄蜂，反之亦然。

看起来很完美，做起来就是另一回事了。由于三个月内根本不可能把对方的本事全部学会，所以互相都只学了一点皮毛，但递上去的材料却说这事儿落实了，大部分人学会了"两能"。亲历者华裔美军郑一鸣回忆道："上级从表格上一看，很多都能修两种飞机了，太好了。实际上我们还是只会修理自己的发动机，对方的根本不会。想让我去代替他，或者让他来代替我，都是不可能的。这种事就是自己骗自己吧，长官看着开心就行了，我们自己该忙不过来还是忙不过来。这些长官其实就是被糊弄了。"[2]

别忘了，军队在美国是一个特殊集体，军官不是选举产生，而是上级任命。在这样的体制下，想要升官必须得到上级领导认可。领导去部队视察，是军官们展示自己的机会，当然要使劲儿表现，甚至做一些过头的准备。

[1]
F/A-18大黄蜂战斗机（单座的F/A-18E）和超级大黄蜂战斗机（双座的F/A-18F）的主要区别：前者"出道早"，体形较小，后者个头儿更大，速度也更快。

[2]
海攀、一鸣著：《我在美军航母上的8年》，北京：世界图书出版公司，2013年，第288页。

30
杀死美军最多的敌人居然是它，国防部长表示无解

美军误杀自己人已经不新鲜，为避免尴尬，发明了一个专业术语叫"友好之火"（friendly fire）。那么，美军如果是故意杀掉自己的战友，又该用什么词？

2011年11月某天半夜，美国一个军营传来几声巨响：两个帐篷被扔进3颗手雷，4人被炸死（包括一名排长），8人受伤。制造手雷袭击事件的不是潜入军营的恐怖分子，而是本来就在军营服役的21岁美国大兵库里尔。在被抓住之前，他用手枪自行了断……库里尔的战友托里克斯表示："这样的事情，友邻部队也发生过，只不过，美军是压住的，不为人知，这些人只算是——因为事故遇难。"[1]

《全金属外壳》电影海报

库里尔为什么对战友痛下杀手？

因为被欺负。

他反应较慢，被战友嘲笑侮辱不说，还经常遭拳打脚踢。事后有人透露，"恐怕整个排没有打过他的不超过5个。"压垮库里尔的最后一根稻草是一件小事：在执行一次巡逻任务时，他没有及时把一个机枪子弹箱搬上车，遭到排长毒打。据托里克斯回忆："库里尔鼻青脸肿，躲在一个角落哀嚎起来——他只敢躲着哭，只有我看到了。"[2]

美军为什么杀美军？

"库里尔事件"是最具代表性的案例，而美国电影《全金属外壳》对这类事件做了生动呈现。

美军残杀战友事件发生次数最多的时期，当属越南战争。据美军士兵克尔诺回忆，1969年3月，他所在的第1排和友邻部队第2排到越南东南部执行清剿任务。在一个村庄休整时，惨剧突然发生：第2排一个叫卡斯伦特的机枪手对着密密麻麻的队友猛烈扫射！这事儿毫无征兆，很多人没反应过来就中弹倒下。卡斯

[1] [2]
军事家：《美军新兵曾被排长战友殴打 扔3枚手雷炸死炸伤12人》，新浪军事，2018年3月31日。http://mil.news.sina.com.cn/world/2018-03-30/doc-ifyssmmc6934330.shtml

伦特不停扫射，直到把两条弹链——总计 200 发子弹全部打光。两分钟内，60 多名美军有 40 人在弹雨中倒下，其中 20 多人死亡。卡斯伦特打完机枪子弹后，把机枪扔地上还想拔手枪打，被幸存者打翻在地控制起来……

卡斯伦特为什么杀人？由于他彻底精神失常，无从知晓。

美军杀害战友事件有个基本特点：凶手年轻，一般是士兵，且多少有心理问题。然而，如果凶手是 39 岁的少校军官，还是心理医生，是不是很怪异？

2009 年 11 月 5 日，美国德克萨斯州胡德堡陆军基地[1]心理健康中心的执业医师哈桑少校赴海外执行任务前，突然大开杀戒。他身边的人可就倒了霉（包括从海外归来和即将出发的美军），13 人被打死，30 人受伤。[2] 他不是在自己工作的心理健康中心杀人，而是跑到负责军人调配和体检的办公室开枪。[3]

哈桑

哈桑的杀人动机是什么？

第一，作为心理医生，他接触的对象多是有战争创伤心理症的官兵，这让他还没到战场就深知去了前线有多恐怖，担心自己也成为战争创伤心理症患者，所以比一般人更排斥上前线。第二，哈桑是穆斯林移民的后代，到了前线就得与有同样信仰的人作战，这让他十分纠结。压力之下，他选择用极端的方式来解决。

美军杀害战友，多是因为遭到歧视、排斥、体罚，精神和肉体遭受双重伤害，但也有其他特殊原因。2017 年 6 月发生了一次著名的特种兵杀人事件：海豹六队（没错，就是击毙拉登的特种部队）两名特种兵在西非内陆国

---

[1]
胡德堡陆军基地：成立于 1942 年 9 月，是美国本土也是全世界最大的现役装甲兵驻地。美军第 1 轻装甲师和第 4 机械化步兵师都在这里驻扎，现在当地驻有约 5 万人。

[2]
Fort Hood Witness, Gunman Shot Pregnant Soldier, *CBSNews.com*, Oct 18, 2010. https://www.cbsnews.com/news/fort-hood-witness-gunman-shot-pregnant-soldier; Soldier Opens Fire at Ft. Hood; 13 Dead, *CBSNews.com*, Nov 5, 2009. https://www.cbsnews.com/news/soldier-opens-fire-at-ft-hood-13-dead.

[3]
值得注意的是，哈桑没有枪杀身边的平民只杀军人，他最后因脊椎被击中而瘫痪，并于 2013 年 8 月被判处死刑。

管理 - 装备篇　　175

家马里执行任务[1]期间，勒死了陆军绿色贝雷帽特种兵梅尔加！[2]原来，这名陆军特种兵发现海军特种兵贪污，还在营区召妓，打算举报。不料，这事儿泄露出去，被对方灭口。

除了杀人，自杀问题也颇为凸显。有一份很有分量的纵向研究报告《对美军自杀问题的历史考察1819~2017》[3]，刊载于《美国医学会杂志》[4]，其主要结论有以下8点：

死于海军特种兵之手的陆军特种兵梅尔加

（1）1843年之后，美军年度自杀率（每10万人中的自杀人数）总体呈上升趋势；

（2）1883年自杀率最高；

（3）有三次战争结束后自杀率降低，分别是美西战争（1898年）、第一次世界大战（1914~1918）、第二次世界大战（1939~1945），其中1944~1945年美军自杀率创造了历史最低点；

（4）越战期间的1975年，美军自杀率达到二战之后的高点，此后逐渐下降；

（5）自2004年开始（阿富汗战争和伊拉克战争"结束"不久），自杀率再次大幅上升；

（6）2008~2017年，自杀率比较稳定；

（7）2012年，美军自杀率达到进入21世纪以来的最高点；

（8）美军自杀率和战争持续时间长短成正比（这在越南战争、阿富汗战争、

[1]
美军在马里首都巴马科协助该国训练部队，执行反恐任务。

[2]
Dan Lamothe and Brad Wolverton. Sex, alcohol and violence collided in murder case ensnaring SEALs and Marines, *WashingtonPost. com*, Apr 17, 2019. https://www.washingtonpost.com/world/national-security/sex-alcohol-and-violence-collid-ed-in-murder-case-ensnaring-seals-and-marines/2019/04/16/201404d4~57dd-11e9~8ef3-fbd41a2ce4d5_story.html

[3]
Jeffrey Allen Smith, Michael Doidge, Ryan Hanoa, B. Christopher Frueh. A Historical Examination of Military Records of US Army Suicide, 1819 to 2017, *Jamanetwork.com*, Dec 13, 2019. https://jamanetwork.com/journals/jamanetworkopen/fullarticle/2757484

[4]
《美国医学会杂志》（*Journal of the American Medical Association*）：1883年创刊，每周一出版。2016年1月11日，该杂志因发表总统奥巴马授权的文章《美国的医疗改革：取得的成果与下一步措施》而名噪一时。

伊拉克战争中表现得非常明显），应该成为未来研究的主要课题。

该报告还纠正了两个流传甚广的认识误区：并不是军人自杀率就更高，也不是打仗时自杀率就更高，自杀率高的因素有以下三个：种族歧视、性别偏见、包容性不够。

30 比 10 万的自杀率不管是相对值还是绝对值，似乎都不值一提，但对军心士气的打击很大，影响很坏。因此，美国国防部不得不重视这个问题，于 2019 年 1 月 1 日成立了"年度自杀报告工作组"，并于同年 9 月 13 日出台了第一份报告。[1] 别看这份报告不到 50 页，成本却高达 130 多万美元！报告显示，2018 年有 541 人自杀，2013~2018 年自杀指数从 18.5 增加到 24.8。报告给出了自杀的三大原因——孤单、压力、讳疾。

有一个对比令人印象深刻：2019 年美军自杀人数比海湾战争阵亡总数还多！[2] 难怪美国空军参谋长戈德费恩上将警告说："自杀是一个敌人，这个敌人杀害我们的空军比其他敌人都要多。"[3]

在很多人印象里，美军自杀现象多发生在战场，但令人意外的是，他们返回故土后仍有不少人选择了结束自己的生命，甚至伤及亲属。2019 年 9 月 28 日，内布拉斯加州奥福特空军基地的中士弗里克和妻子被发现在基地附近的家中双双死亡，可怜两人的三个娃一下子成了孤儿。[4]

自杀的美军以基层年轻士兵居多，他们处在金字塔最底层，受欺负最多，压力最大。自杀很少发生在军官身上，所以当美军将领自杀的事曝光，往往举世震惊。近 20 年来，至少有 3 名美国将军自杀，覆盖少将、中将、上将。

[1]
Department of Defens. Annual Suicide Report, *Usni.org*, Sept 13, 2019. https://news.usni.org/2019/09/26/pentagon-annual-suicide-report

[2]
美军在 2019 年的自杀人数为 344 人，而海湾战争中美军阵亡人数为 148 人。据美国国防部公布的美军自杀报告，2017~2019 年，美军自杀人数依次为：287、326 和 344。

[3]
Justin Rohrlich. The U.S. Air Force has ordered a one-day stand down to address a growing suicide problem, *Quartz.com*, Aug 2, 2019. https://qz.com/1680322/the-us-air-force-has-ordered-a-one-day-stand-down-to-address-a-growing-suicide-problem

[4]
据美国国防部最近的一项调查显示：处于"待业"状态的军人配偶约占总数的 25%，这一比例是 2017 年全美平均待业水平（4%）的 6 倍。军属工作不稳定，加上军人换岗让孩子不得不转校，要不断适应新环境，会带来诸多烦恼。这也令军人家庭的矛盾和问题频发。

自杀的陆军少将叫罗西，时任驻俄克拉何马州的美国陆军火力卓越指挥中心司令。2016年7月31日，他在家中自杀，情况吊诡：第一，还有两天他就要晋升中将，升职为陆军太空和导弹防御司令部司令；第二，自杀几个月前，他还在会上讨论过美军自杀问题，说自己部下有10人死亡，其中4人死于自杀。他自杀的原因，调查结果是压力过大。[1]

　　自杀的海军中将叫斯蒂尔尼，是第5舰队[2]司令。2018年12月1日，他被发现在办公室自杀身亡。[3]具体死亡原因不明，有人说他压力过大，有人说他卷入了贪腐案件。

　　自杀的海军上将叫布尔达[4]，是美国海军作战部长，他于1996年5月16日自杀，这次自杀事件非常有名。他被媒体记者翻出了"不当佩戴"两枚海军与海军陆战队成就勋章的历史照片，而且揪住不放，说他没资格佩戴。[5]杰里米·布尔达自杀前留下遗书，表示不愿因自己让海军蒙羞。[6]

　　面对自杀问题，美军有什么办法吗？

　　2019年9月25日，美国国防部长埃斯珀表示："（军人自杀）是个很严峻的问题，我们必须要直面它。我希望我们有办法阻止在军队中再次发生自杀，不过

---

[1]
Michelle Tan. Army: Two-star's death ruled a suicide, *ArmyTimes.com*, Oct 28, 2016. https://www.armytimes.com/news/your-army/2016/10/28/army-two-star-s-death-ruled-a-suicide

[2]
美国海军第5舰队：美国海军六大舰队之一，主要负责中东地区，司令部设在巴林。该舰队成立于二战期间的1944年，二战结束后的1947年曾遣散，1955年又重编。

[3]
Gina Harkins. Navy Vice Admiral, Former Head of 5th Fleet, Died by Suicide in Bahrain, *Military.com*, Jun 12, 2019. https://www.military.com/daily-news/2019/06/12/navy-vice-admiral-former-head-5th-fleet-died-suicide-bahrain.html

[4]
杰里米·布尔达：1939年生，乌克兰移民的后代，高中没毕业就参军，参加过越南战争，曾任第6舰队司令、海军总部人事部部长、美国驻欧洲海军司令，1994年出任海军作战部长，成为第一个从士兵成长起来而不是海军军官学院出身的海军作战部长。

[5]
布尔达在一张照片上佩戴了两枚"V"字战斗铜质勋带徽章，记者表示根据该勋章的授予条件，只授予在战斗中表现英勇的人，而杰里米·布尔达不符合这个规则。

[6]
Admiral, in Suicide Note, Apologized to "My Sailors", *NewYorkTimes.com*, May 18, 1996. https://www.nytimes.com/1996/05/18/us/admiral-in-suicide-note-apologized-to-my-sailors.html

罗西（少将） 　　　　　斯蒂尔尼（中将） 　　　　　布尔达（上将）

目前我们还没找到解决办法。"[1]

话说，预防自杀怎么就那么难？

一方面，自杀往往很突然，没有征兆。一个天天嚷嚷着不想活了的人，反而轻生的可能性较低。而真正将自杀付诸行动的人，通常并不会把自杀挂在嘴上。

另一方面，自杀根源于美军文化，根深蒂固，难以消除。美国老兵肆意辱骂甚至体罚新兵，这在美军文化里被美化为"锻炼"，是帮助新人成长进步，是在军队发展的必修课——如果这都受不了就没资格留在部队，还是趁早回家吧。就连大名鼎鼎的马歇尔和麦克阿瑟都被虐待过。马歇尔在弗吉尼亚军事学院的时候，被老兵要求蹲10分钟马步，屁股下面尖刀伺候。马歇尔撑不住坐到刀尖上，屁股鲜血直流，事后还不敢向组织举报是谁欺负自己。[2]麦克阿瑟则在回忆录中写道："这些行为的目的无可厚非。"[3]

需要提醒的是，美军残杀战友和自杀问题在一定程度上被放大了，不宜过度解读。第一，军人的自杀率与美国全民的自杀率差不多；第二，其他国家也有军人自杀现象。

美军自杀问题之所以更引人关注，主要是因为美军是世界上最强大的军队，

---

[1]
Hugh Lessig. Defense Secretary Esper: No easy answer on Navy suicides, *amuedge.com,* Sept 26, 2019. https://amuedge.com/defense-secretary-esper-no-easy-answer-on-navy-suicides

[2]
[英]伦纳德·莫斯利著，徐海洋等译：《诚实将军——马歇尔传》，长春：时代文艺出版社，2001年，第8、9页。

[3]
[美]麦克阿瑟著，梁颂宇译：《老兵不死：麦克阿瑟回忆录》（电子书），南京：江苏文艺出版社，2017年。http://yuedu.163.com/book_reader/903aa8a0fd0f4ddab887e6acc1f4f94d_4

青年时代的马歇尔（左）和麦克阿瑟

总是打胜仗，待遇又好，还有这么多自杀现象，让人难以理解。

　　解铃还须系铃人，美军近 20 年自杀率攀升和战争陷入持久有直接关系。要解决这个问题，"药方"很简单，6 个字——别撑了，回家吧！

31
五角大楼高官：想当"吹哨人"，辉煌15秒，受难40年

任何国家都可能有黑幕，任何国家也都会有举报黑幕的人，应该怎么对待举报者？

肯定和鼓励，会暴露国家的阴暗面，令人失望。否定加打击，会导致黑幕越来越多越来越厚，对国家长远发展进步不利。

进退两难之下，来看看美国是怎么做的。

关于这个话题，一部著名法案绕不过去——《举报者保护法》。该法案有一个非常具有诱惑力的规定：举报成功，直接给钱。具体给多少呢？如果举报为国家挽回了损失，按挽回损失总额的一定比例回馈给举报者！[1] 具体奖励比例分三种情况：举报人如果只是提供线索，奖励多少就看组织心情了；举报者如果作为原告与司法部一起参与起诉，胜诉后可获赔偿金的 15%~25%；如果举报者单独出面起诉（包括自行调查和起诉等），胜诉后可获赔偿金的 25%~30%。

你可知举报奖励金的最高纪录是多少？

1.04 亿美元！

2005 年，世界知名金融机构瑞银集团[2] 的高级雇员比肯费尔德[3] 向美国政府举报，称该集团帮客户逃税。不料，他遭到报复，坐了两年半的牢。出狱后，他总算得到国税局的补偿——1.04 亿美元巨额奖金。追回逃税总额 4 亿美元的 26%！[4]

---

[1]
《举报者保护法》（Whistleblower Protection Act）于 1989 年颁布。https://www.employmentlawgroup.com/wp-content/uploads/whistleblower-protection-act-of-1989.pdf

[2]
瑞银集团：成立于瑞士的跨国投资银行和金融机构，在世界各金融中心都有分部，以对客户资料的严格保密著称于世。该集团管理着全球最大的私人财富，一直是美国进行避税调查的主要目标。该集团的全球业务，美国居第二位（瑞士第一），其在美国的总部位于纽约。

[3]
布莱德雷·比肯费尔德（Bradley Charles Birkenfeld）：2001 年进入瑞银集团工作，5 年后成为举报人。他之所以入狱，罪名是向 FBI 隐瞒了关键信息——欺诈罪。他用两年半蹲牢房的代价换得 1.04 亿美元的奖励，却认为太少，因为他的期待是几十亿美元！

[4]
Laura Saunders, Robin Sidel. Whistleblower Gets $104 Million, *wsj.com*, Sept 11, 2012. https://www.wsj.com/articles/SB10000872396390444017504577645412614237708

2009年，前瑞银集团银行家比肯费尔德在宣判后离开佛罗里达州法庭

别以为就美国人高明，这一招中国古人早用过了，而且效果更好。这得要提到大名鼎鼎的汉武大帝，汉匈大战几十年，把祖宗积累下来的家底打光了。为了创收，他鼓励民间揭发不法商人，所得财产一半归举报者，另一半充公。[1] 看到没，汉武帝对举报者的奖励比例高达 50%，比现在的美国大方多了！西汉全国中产阶级以上商人家庭，其财富基本被汉武帝以"全民运动"的方式给夺走了。[2]

美国于 1989 年出台了法案以保护举报者，军队系统行动得更早，1988 年就通过了《军队举报者保护法》[3]。看起来，美国作为"灯塔国"，果然不负法治国家的美名。然而，规定是规定，执行是执行，美国也存在"有法可依，有法不依"的情况。据某人权组织的一项调查称，该法案迄今尚未对任何一名职业生涯受损的军职人员提供帮助。这是隐晦的说法，潜台词是——举报者遭到了打击报复。

在美国，举报者被称为"吹哨人"（whistleblower），有本书值得一读——《吹哨人自传》，作者是知名智库兰德公司的员工埃尔斯伯格[4]。越战期间，国防部委托兰德公司对越战进行研判，埃尔斯伯格参与了这一课题。课题成果长达 7000 页，结论是"美国不可能在越南获胜"。然而，这与决策层的定调背道而驰——白宫正不断向民众宣称胜利在望。越南战事的发展不断印证着兰德公司的预判，埃尔斯伯

[1]
[东汉] 班固：《汉书》（卷 6·武帝纪），北京：中华书局，1999 年，第 130 页。原文为："令民告缗者以其半与之。"

[2]
[东汉] 班固：《汉书》（卷 24 下·食货志下），北京：中华书局，1999 年，第 979 页。原文为："商贾中家以上大氏破。"

[3]
《军队举报者保护法》：1988 年在国会通过生效，2013 年进行了最近一次修订。

[4]
丹尼尔·埃尔斯伯格：1931 年生，哈佛大学毕业，1954 年加入美国海军陆战队，1958 年加入兰德公司，1964 年出任助理国防部长约翰·麦克诺顿的特别助理。他之所以将兰德公司的研究报告复印后泄露给媒体，源于小时候的一件事：1946 年，全家一起开车去丹佛，结果父亲打瞌睡把车开到路沟，导致母亲和妹妹丧命。这件事让埃尔斯伯格意识到：父亲当然没有恶意不是故意把车开到沟里，但他毕竟"把握方向"，不能疏忽大意，需要有人提醒。对于国家决策层来说，也相当于掌握方向盘的司机，需要提醒，不能大意。

格认为白宫不能向民众隐瞒实情，于是将报告内容泄露给《纽约时报》。之后，他遭到指控，罪名吓人——间谍罪、盗窃罪、阴谋罪，如果败诉，刑期长达 115 年！白宫不断搜集他的黑材料，打算秋后算账，于 1973 年对其进行公审。

即使在美国，个人再强大，在组织面前也只是砧板上的肉。埃尔斯伯格原本难逃牢狱之灾，但他运气好，遇到"水门事件"爆发导致尼克松下台，要整他的人自身难保，这才侥幸逃过一劫。

1973 年 4 月 28 日，兰德公司雇员埃尔斯伯格在洛杉矶联邦大楼外接受媒体采访

相比之下，举报阿布莱格虐囚[1]的陆军调查专员、中士约瑟夫·达比就没那么走运了。在向有关部门递交举报材料后的头几周，他非常担心暴露并遭到报复，连睡觉时枕头底下都放着枪。关于阿布莱格虐囚的听证会向全国现场直播时，国防部长拉姆斯菲尔德突然说：感谢陆军调查专员达比，是他向相关机构举报虐囚的有关情况。[2] 这招够狠，达比的"叛徒"形象瞬间尽人皆知。[3] 连国防部官员都无法为自己的老板拉姆斯菲尔德开脱："（他）实际上将达比钉在了'十字架'上，举报人信息已经完全公开，他的一生就这么毁了。"[4] 拉氏这招杀人不见血，目的是敲山震虎，震慑其他对军方不利的潜在举报者。

很快，达比从伊拉克被调回国，刚踏入国门就被警告不要回老家，因为他在家乡已经是叛国者形象。于是，他只好悄悄隐居在一个秘密的地方。这件事的后果是总统小布什公开道歉，11 名美军被审判，其中一人要蹲 10 年牢房。达比对媒体表示："我非常害怕那些人向我报复。"

如今，几乎已经无人敢实名举报军方丑闻。五角大楼的高官说了一句名言：

---

[1]
阿布莱格虐囚：2003 年，美军占领伊拉克后，在巴格达省阿布莱格监狱中虐待伊拉克战俘，此事于 2004 年被曝光，激起全世界声讨。

[2]
Dawn Bryan. Abu Ghraib whistleblower's ordeal, *BBC.co.uk*, Aug 5, 2007. http://news.bbc.co.uk/2/hi/middle_east/6930197.stm

[3]
达比曾公开质疑：既然我是匿名举报，拉姆斯菲尔德又是如何知道是我举报的？后来他收到拉姆斯菲尔德的私信，要他不要再拿这个说事儿了。

[4]
余娉：《保护举报人，美国也挠头》，载《世界博览》，2010 年第 14 期，第 22、23 页。

管理 - 装备篇　183

陆军调查员、中士约瑟夫·达比（右）
于2005年获得约翰·肯尼迪人物勇气奖

"今天的办法是暗地里举报。举报人需要完全匿名，才能得到有效保护。如果堂而皇之地站出来，等待他的只能是15秒的辉煌和40年的苦难。"[1]这是什么？这是赤裸裸的威胁……

尽管匿名举报更安全，但也有勇敢的实名举报者，而且揭发对象是美军现役高官——当时即将升任参联会副主席的战略司令部司令约翰·海腾（空军上将）。

2019年4月，海腾被提名为参谋长联席会议副主席，7月被前女助理、空军上校斯布莱茨托泽举报，称海腾在两年前对其进行性骚扰。很快，她被组织找碴儿：你领导能力不行，必须换岗。战略司令部是海腾的地盘，她知道不能待了，于是申请调离。然而，申请遭到拒绝，她被调整到战略司令部其他岗位，在新的岗位得到的仍是差评。

此事曝光后，国内不少媒体预测海腾的仕途可能会受到影响。11月21日，尘埃落定：海腾正式就任参联会副主席（参议院的议员75票赞成，22人投反对票）。换句话说，举报人败北。

斯布莱茨托泽举报失败事件只是冰山一角。美军性侵问题一直很严重，尽管受害人从未停止举报，却往往屡战屡败，很少有施害者受到惩处，反倒是举报者遭到打击报复。有报告指出，62%的举报者遭到报复，概率是施害者被惩处概率的12倍！报复的形式包括但不限于：（1）威胁；（2）破坏私人财物；（3）骚扰；（4）发配到差单位；(4)阻挠升职；(5)直接解职；(6)安插其他罪名（包括刑事指控）。

美军女上校斯布莱茨托泽 　　　　海腾于2019年11月出任参联会主席（现已离任）

[1] 余娉：《保护举报人，美国也挠头》，载《世界博览》，2010年第14期，第22、23页。

别说普通人，就连有一定职权的人举报美军黑幕也常常遭到打击报复。1969年，美国空军副审计长菲茨杰拉德举报军方挥霍浪费军费遭到报复，三军总司令尼克松亲自下令要解雇他。知情人揭露了其中玄机[1]：

那些勤俭廉洁，坚持对武器高标准要求的人往往无法获得升迁，因为国防部认为，具有这样品质的人并非财富，而是麻烦。他们威胁到了武器的推出，揭露了五角大楼高官们的决策失误，影响到了那些"军官官僚们"的升迁，因为这些人是要靠武器投入生产来扩大知名度，爬上升迁的阶梯的。

美国制定了保护举报人的法案，但也出台了对举报者不利的法案，如《国家秘密优先条款》，只要举报人揭发的内容属于"保密信息"，那就等于违法，要吃官司，不是赔钱就是坐牢。

那么，哪些内容属于秘密，哪些不属于秘密呢？

有个说法叫"法无禁止即可为"，只要是法律没规定不许做的事情就可以做。为减少被举报的风险，美国政府不断扩大保密信息的外延。1995 年，保密信息是 360 万种，多吗？不多，因为到 2005 年，保密信息就增加到了 1420 万种！

如果你想举报，首先得查清楚检举内容是否在这 1420 万种保密信息之内。如果在，你有可能成为被告；即使不在，你的身份也存在暴露的风险。无论哪种情况，举报者都会有危险。试想，如果举报军方丑闻不能带来好处却会导致风险，你还会出于良心或为了国家利益去冒险举报吗？

不管举报者动机如何（有的也是为了名和利），匿名举报本来是个好事，既维护了国家利益，也保护了自身安全，有时还能带来真金白银的好处。但"9·11"事件之后，匿名举报者身份暴露的概率增加了。小布什借寻找潜在恐怖分子的名义，为 FBI 等特务机构窥探个人隐私排除了法律障碍，导致举报人的信息更容易泄露。

15 秒的辉煌加 40 年的苦难，这个霸王套餐，你敢吃吗？

---

[1]
[美] 温斯洛·惠勒等著，陈学惠等译：《美国军事改革反思》，北京：军事科学出版社，2013 年，第 74、75 页。

32
海湾战争美军总指挥被撸是因为一泡尿？

海湾战争让美军扬眉吐气，走出了越战阴影。作为这场战争的总司令、美国的民族英雄，施瓦茨科普夫（下文简称"施氏"）的前途看起来十分光明。他作为大区正职（中央司令部司令），又有指挥海湾战争的光环，按理肯定得升官。陆军部长斯通有意让施氏出任陆军参谋长[1]，不料让人大跌眼镜的是，施氏不仅没升官，反而在当年就退役了，而且是"提前"走人。[2]

施瓦茨科普夫于1988年就任（左图右一）、
1991年卸任（右图左二）中央司令部司令

美国人就这样对待自己的战争英雄？

陆军部是国防部的二级部，部长的话很有分量，但还得上报国防部长，施氏何去何从，时任国防部长切尼有很大的话语权。关于施氏为什么没有高升而是脱军装走人，有一种说法非常流行——因为一泡尿[3]：

在飞往沙特首都历时15小时的航班上，乘客们排队上洗手间，切尼看见一位少校替施瓦茨科普夫排队，快到时喊一声："将军！"施瓦茨科普夫才大腹便便

[1]
[美] 科林·鲍威尔著，王振西主译：《我的美国之路》，北京：昆仑出版社，1996年，第629页。

[2]
美军上将的法定退役条件是：(1) 服役满40年；(2) 年龄满64岁；(3) 现军衔满5年。施瓦茨科普夫生于1934年8月22日，1956年从西点军校毕业，1988年11月晋升上将。对比来看，1991年8月时，他服役35年（军校的几年不算），年龄57岁，上将军衔满3年，没有一条符合上将的法定退役条件。

[3]
金一南：《心胜2——灵魂与血性 关乎命运》，武汉：长江文艺出版社，2016年，第25页。这件事最早记录在鲍威尔的自传《我的美国之路》第550页中。

地站起来，插到队伍里面。不止如此，切尼在飞机上还注意到，一名上校双膝跪在施瓦茨科普夫面前，帮他整理制服。

这两件事，在很多人看来可能不足挂齿，但切尼认为他人品不行，不能出任陆军参谋长。所以，尽管施瓦茨科普夫海湾战争打得不错，打完却很快退役，失去了出任陆军参谋长的机会。可以说，这是他们对权力的监督、规范和制约。

上述结论给人印象很深，笔者也引用过，但后来发现这个解读简单甚至天真了。

切尼认为施氏人品不行所以不能出任陆军参谋长，这说法有问题。美国历任陆军参谋长也有人品差的，人品问题并非出任参谋长的障碍。实际上，美军不少高官去职的真正原因常常不是因为官方公开的小事（比如贪污或性丑闻），而是另有隐情。

到底是什么深层原因导致施瓦茨科普夫的仕途戛然而止？

西点军校一年级时的施瓦茨科普夫

5个字——政治幼稚病。仅在海湾战争前后，至少有三件事暴露了其政治智商低下。

第一宗罪：不会筹划，让上司的上司即国防部长切尼难堪。

1991年2月8~10日，切尼在参联会主席鲍威尔陪同下到战区视察。施氏见两位首长来了，自然要表决心：我们将于2月21日前做好地面战争的准备！切尼很高兴，回到华盛顿后马上告诉了总统老布什——后者已经"等得不耐烦"[1]。

施氏突然报告说海军陆战队没准备好，21日来不及，得推迟到24日。切尼深知老布什"希望尽快展开行动"[2]，接到报告十分无奈，本来坚持按原计划于21日发动地面进攻，在鲍威尔劝说下才勉强接受施氏的建议，"违心地前去总统那

---

[1]
[美]科林·鲍威尔著，王振西主译：《我的美国之路》，北京：昆仑出版社，1996年，第574页。

[2]
[美]施瓦茨科普夫著，谭天译：《身先士卒：施瓦茨科普夫自传》（前言），上海：上海译文出版社，1995年，第559页。

里（报告）"。[1]

2月18日，美国国家安全委员会[2]通过鲍威尔（参联会主席是国家安全委员会的常规成员之一）发令，要求施氏于2月22日发动地面进攻。然而，施氏说那样会造成不必要的伤亡，不赞同。鲍威尔急了，一天之内打了四次电话，就问同一个问题——为啥不能马上展开全面或局部的地面攻势？切尼也急了，召开三人视频会议，催促施氏抓紧。

2月20日，施氏不仅不愿按照国家最高决策机构的指示准备好（2月22日发动地面进攻），甚至他自己保证的24日也做不到，而建议进一步推迟到26日。其理由是"天气状况的问题（气象预报说24日那天会有风暴）"。鲍威尔忍无可忍，怒道："我已经告诉总统24日发动进攻。现在你要我怎么又回去找总统推延到26日？总统要求尽快动手，部长（指切尼——笔者注）要求尽快动手……"[3] 两人大吵了一架，施氏作为下级嗓门儿比鲍威尔还大。最后，鲍威尔总算同意再次推迟地面进攻。

半小时后，施氏又打来电话。鲍威尔还以为要进一步推迟，小心脏快受不了，还好这次是好消息：地面进攻可以在24日开始，因为最新预报显示那天天气不错。

1991年2月21日发动地面进攻是施氏承诺的，24日进攻也是他承诺的，结果他在七天内三次要求推迟。试想，如果你是一级领导，下级对交办的事一拖再拖，让你无法向大老板交差，你还会重用这个办事不力的下级吗？

第二宗罪：不懂政治，执行上级命令讲价钱打折扣。

施氏指挥多国部队（包括阿拉伯国家的军队）打响海湾战争的第二天（1991年1月18日）凌晨，萨达姆下令对未参战的以色列发射导弹。他这么干是想激怒以色列参战，把海湾战争变成"阿拉伯-以色列战争"，让参加多国部队的阿

---

[1]
[美]科林·鲍威尔著，王振西主译：《我的美国之路》，北京：昆仑出版社，1996年，第575页。

[2]
美国国家安全委员会：一般由14人组成，依次是：总统、副总统、国务卿、国防部长、能源部长、财政部长（以上6人为"法定成员"）、参联会主席、国家情报总监、国家安全事务助理、国家安全事务副助理、国土安全顾问、白宫幕僚长（亦译为白宫办公厅主任）、中央情报局局长、国土安全部长（以上8人为"常规成员"）。

[3]
[美]施瓦茨科普夫著，谭天译：《身先士卒：施瓦茨科普夫自传》（前言），上海：上海译文出版社，1995年，第569页。

拉伯国家退出美国领导的多国部队。然而，施氏完全没意识到这一点，觉得萨达姆打以色列和自己没啥关系。

切尼要施氏安排空军对伊拉克境内的飞毛腿导弹基地进行轰炸，从源头上清除其对以色列的威胁。施氏居然拒绝落实部长大人的指示，理由是：（1）伊拉克的飞毛腿导弹数量少威力小，没啥威胁，"在战争大结构上，它就像蚊子咬人一口一样不能算回事"[1]；（2）保护以色列是欧洲司令部的事儿，我这个中央司令部司令（主管中东、东非、中亚地区）管不着[2]；（3）F-15E 燃料不够。[3]

施瓦茨科普夫（右二）与切尼（右三）、鲍威尔（左二）

海湾战争中，切尼不懂军事，一般通过鲍威尔指挥，但这一次他直接打电话给施氏表达愤怒："（你）干得糟透了。"[4] 值得玩味的是，施氏的回忆录没提到这个细节。

关于这件事，切尼在回忆录中对施氏有两段评价：（1）"施瓦茨科普夫将军似乎也没有充分理解找出资源来打击飞毛腿导弹的重要性。"[5]（2）"施瓦茨科普夫不愿意抽调轰炸巴格达的空中资源，将它们转用于在他看来没有多大军事价值的使命。这是他基于自己立场做出的误判。"克劳塞维茨早就说过，战争是政治的继续，军事服从和服务于政治。但施氏只懂军事不懂政治，还不听上级命令，这为他仕途受挫埋下了伏笔。[6]

第三宗罪：不会谈判，导致美国倒萨计划功亏一篑。

---

[1]
[美]施瓦茨科普夫著，谭天译：《身先士卒：施瓦茨科普夫自传》（前言），上海：上海译文出版社，1995 年，第 536 页。

[2]
类似的矛盾和问题不只发生在中央司令部和欧洲司令部，也发生在其他司令部之间，如中央司令部和印太司令部。例言之，巴基斯坦属于中央司令部辖区，印度属于印太司令部辖区，阿富汗战争期间，印巴发生严重冲突，到了要兵戎相见的地步，都向各自的美军司令部请求支持。美国当然不希望在阿富汗战争之外分身去处理印巴冲突，但由于印巴分别属于美国两个司令部管辖，难以由其中一个司令部统一调解，这事儿还闹到了白宫。

[3] [4] [5] [6]
[美]迪克·切尼著，任东来等译：《我的岁月：切尼回忆录》，南京：译林出版社，2015 年，第 174 页。

管理 - 装备篇　　189

1991年3月3日，施氏与伊拉克代表进行和谈。对方提出一个请求——允许伊拉克直升机在自己国土上空飞行，理由是大部分桥梁和道路被炸毁造成了交通堵塞。施氏表示："只要直升机不在我们部队所在地区的上空飞，那绝无问题。我们会让直升机飞，这是非常重要的一点，我要确使这一点记录下来：军用直升机可以在伊拉克上空飞，不过战斗机不行，轰炸机不行。"[1]

注意，伊拉克方面并未提出"军用直升机"，施氏主动给对方提供了这一选项。美国的如意算盘本来是：萨达姆受到美军重击之后，遭到伊拉克境内反对力量围攻而倒台。如今，萨达姆虽然不敢对美军怎么样，却使用军用直升机大肆打击境内的叛乱者。很显然，施氏只是从军事角度而没有从全局出发考虑问题。

打赢了还谈成这个样子，华盛顿的政客怎么看施氏？切尼的评价是："施瓦茨科普夫坐下来与对手谈停火条件时，他过于迁就伊拉克人。"[2]

再回到1990年8月从美国飞往沙特的那架飞机上的"一泡尿事件"。当时飞机上除了施氏和切尼，还有不少高级官员，包括国家安全事务副助理、五角大楼公共事务主任、中央情报局的人等。施氏当着这么多人的面坦然接受校官的奴仆式服务，也真是过于无法无天了。后来，这事儿在华盛顿官场传开，假设切尼还要升施氏的官，其他人怎么看？

鲍威尔从切尼口中知道"一泡尿事件"后，极力维护施氏。如果不是鲍威尔一直护着施氏，切尼有可能换帅指挥海湾战争。战前，切尼多次向鲍威尔了解施氏的情况，特别强调："你是否绝对信任施瓦茨科普夫？"鲍威尔知道切尼依赖自己的判断，于是回答道："我对施瓦茨科普夫绝对信任。"[3]注意，鲍威尔向切尼做出这样的保证不是一次，而是多次。这说明什么？说明施氏不是切尼挑的人[4]，切尼对其不够了解，缺乏信心。

[1]
［美］施瓦茨科普夫著，谭天译：《身先士卒：施瓦茨科普夫自传》（前言），上海：上海译文出版社，1995年，第623页。

[2]
［美］迪克·切尼著，任东来等译：《我的岁月：切尼回忆录》，南京：译林出版社，2015年，第181页。

[3]
［美］科林·鲍威尔著，王振西主译：《我的美国之路》，北京：昆仑出版社，1996年，第550页。

[4]
施瓦茨科普夫是在切尼的前任即卢卡奇任国防部长时当上中央司令部司令，但实际起作用的并非卢卡奇（施氏在回忆录中说："我永远无法知道卢卡奇为什么决定选我"），而是鲍威尔，这也是鲍威尔极力维护施氏的重要原因。

鲍威尔有一段话不是为施氏总结的，看上去却简直是为施氏抵制切尼"搞定萨达姆的飞毛腿导弹"一事量身定做[1]：

有些军官的能力显然很强，但他们的军旅生涯却并不顺利，前进的航船经常触礁。我发现他们的工作有一个共同点：那就是对待上面要做的事情过于固执己见。他们抵制那些他们认为是愚蠢的和自己不相干的事，结果他们自己也未能生存下来，去完成他们认为至关重要的事。

那么，这个问题就无解吗？

那倒不是，鲍威尔想出了解决之道："把国王要求做的事给他做好，别让他再找你的麻烦，然后你就可以抓你认为重要的工作了。"他还很得意地补充道："很久以前我就学会了应付陆军的管理方式。"[2]

可惜，施氏是个武夫，不懂这个道理。看鲍威尔的回忆录，类似上述总结随处可见，反观施氏的回忆录，这样的反思几乎没有。所以，施氏最高只能做到大区司令，而鲍威尔则能做到军头，而且在军政两界都吃得开。

再能打的将军，如果不听话，仗打完了都可能是解甲归田的命运，巴顿是，施瓦茨科普夫也是。美国军官好不容易才能当上将军，他们肩膀上每增加一颗星星，政治上就得成熟一分，否则很难走得更远。

颇为讽刺的是，当初那个跪在施瓦茨科普夫面前为其整理制服的上校[3]，后来怎么样了呢？他不仅没有被处分，还混到了驻韩美军司令，四星上将，这结局不由得令人唏嘘。

---

[1] [2]
[美]科林·鲍威尔著，王振西主译：《我的美国之路》，北京：昆仑出版社，1996年，第244页。

[3]
伯韦尔·贝尔：1947年生，是个"军二代"（父亲毕业于西点军校），"国防生"出身，1969年入伍，曾在驻德美军服役。海湾战争后，他转任驻欧美军前线司令部（驻匈牙利）参谋长，1995年晋升准将，步入将军行列，2006年调任驻韩美军司令。

管理 - 装备篇　191

33
装备是美军的命根子，居然弄虚作假

二战中的美军、苏军、德军有什么不同，谁最厉害？

有一个段子是这样说的：

德军打仗，好比仔细寻找敌人盔甲的缝隙，找准最大的缝隙后一剑刺入；

苏军打仗，好比大致圈定敌人盔甲最薄的地方，然后钻一个小孔并不断扩大突破口；

美军打仗，好比自己穿一身更结实的盔甲，把敌人逼到墙角硬生生挤死在盔甲里。

很显然，德军是准确寻找敌人的弱点，寻求一招致命；苏军的办法和德军类似，但要糙一些；至于美军，纯粹靠实力碾压。

从二战至今，美军给人印象最深刻的不是指挥艺术，而是武器装备。横向看，美军的武器装备一骑绝尘，遥遥领先。纵向看，美军的武器装备本来还可以更强，却没有达到最大值。

什么情况？

第一个提出"装备合同竞标"的美国开国元勋莫里斯

答案让人意外：美军在武器装备上玩虚的，而且这种毛病从娘胎里就有，240多岁一把年纪了也没改掉。

武器装备是美军的命根子，自然非常重视，有不少好做法，其中最被人称道的是"竞标"，引入市场竞争机制，这是美军采购武器装备的常规操作。说起来，"装备合同竞标"的提出者要追溯到美国独立战争时期的财政主管莫里斯[1]。但讽刺的是，他一边鼓吹合同竞标多么公平公正公开，大家都必须严格遵守，一边却把这一规定抛诸脑后，将订单交给自己的熟人。[2] 上梁不正下梁歪，其他人虽然没有财政主

[1]
罗伯特·莫里斯（1734~1806）：美国开国元勋，美国独立战争时期曾主管美国财政部（1781~1784），在其任期内建立了北美银行，是由国家运营的第一个银行，后推荐汉密尔顿担任财政部长。

[2]
[美]戴维·C.莫里森：《国防改革的旋转木马》，载《国家》杂志，1986年3月22日，第718页。

管这么大权力，但手里多少分管一摊子事儿，利用职权之便照顾一下熟人还是可以的。

美国人不是活雷锋，做事情讲究"等价交换"，装备订单不是白给的，需要通过种种方式得到回报。对接单的军火商来说，赚钱第一，为获利常常做一件事——压缩成本，为此甚至不惜损害武器装备的性能。

二战期间，美国为欧洲盟国提供了不少武器装备。著名的波音公司接了一个单子——加紧生产200架B-17"飞行堡垒"重型战斗轰炸机[1]，但在试飞降落时，一架战机轮胎突然爆裂！好在飞行员控制得不错，没出大事儿。不查不知道，一查吓一跳，200架战机使用的这批轮胎很多都有开裂现象，只是由于缝隙极小，不易被发现。

波音公司素以质量严格闻名，怎么会出这种事？

原来，波音把B-17轰炸机轮胎的制造分包给了一家轮胎橡胶厂，该厂为节约成本，在天然橡胶（制造飞机轮胎必用）里掺入了人工橡胶。[2]

这类问题怎么解？

军火商们对军方说：只有一个办法——你们得给够钱，我们有了足够的利润空间，才不会干为了压缩成本损害装备质量的事儿。于是，美军的武器装备陷入两难怪圈：要么造价高得离谱[3]，要么质量堪忧。

有人可能会说：二战是老皇历了，而且战时美军武器装备赶得急，可以理解。如今，主要靠武器装备吃饭的美军总不至于玩儿虚的吧？

续玩不辍。

二战后几十年，美军武器装备是"两条腿走路"：边生产，边测试，并认为好处是不浪费时间，花钱还更少。但实际情况恰恰相反：当测试发现问题，武器装备已经生产了一部分，要还是不要？要，是隐患；不要，是浪费。美军的选择常常是前者。

---

[1]
B-17"飞行堡垒"重型战斗轰炸机：二战中最著名的一款战略轰炸机，Model 299原型机于1935年进行试飞缓缓推出机棚时，其庞大的身躯给现场的西雅图时报记者理查德·威廉姆斯留下了深刻印象，在报道中将其形容为"飞行堡垒"。随后，市场嗅觉敏锐的波音将"飞行堡垒"注册为商标，成为B-17非常有名的绰号。B-17为了自保，有一个十分独特的设计——机鼻机枪，可向正前方任何角度进袭的敌机射击。更令人印象深刻的是，该型飞机在战场上受伤后，仍能返回其出发的机场。人们经常看到其弹痕累累、机翼与尾翼大部分都已损毁，仍能靠发动机飞返机场。

[2]
事后，连同波音公司质量负责人、进货验收人、这家工厂的老板、生产、质量责任人共30余人都被抓捕判刑，这家工厂也被封门停产，只能倒闭。

[3]
波音公司设计的这款B-17是同行道格拉斯造价的2倍。

布莱德雷 M-2 战车

以大名鼎鼎的布莱德雷 M-2 战车[1]为例，美国陆军向国防部拍胸脯，说这款战车可以有效保护车内乘员。不料，被一个叫伯顿[2]的空军校官打脸。此人负责测试布莱德雷战车时非常较真，发现陆军的测试方案简直是玩过家家游戏：（1）战车内的可燃物全部清理出来；（2）用水冲洗战车内被烧黑的假人；（3）用罗马尼亚的反坦克武器（威力较小）测试战车的防御性能。伯顿认为这是不负责任和弄虚作假，他进行新测试时做了三件事：第一，在战车内装上货真价实的油料和弹药；第二，车内的假人换成动物；第三，用苏联的 RPG-7 火箭筒（当时世界上最先进的反坦克武器）测试布莱德雷战车是否真的皮糙肉厚。结果发现，布莱德雷战车被击穿，里面的动物全死了。

既然发现了问题，解决就行了，但陆军不愿意。罗伯特·摩尔中将表示："我们不想测试布莱德雷，就是因为我们知道会有什么后果。"[3] 伯顿把与陆军的争吵诉诸媒体，陆军被逼得进行新的测试，但测试时再次作假：把靶圈下面的弹药箱换成水箱。伯顿发现之后怒不可遏，再次捅到媒体。陆军也"忍无可忍"，决心赶走伯顿，别让此人碍事。但伯顿是空军军官，陆军管不到。怎么办？陆军找空军公关，让伯顿退役走人。对此，曾在美国参议院和政府问责局工作、负责国防安全事务的惠勒感慨道："尽管五角大楼素来以各军种间难以合作而著称，但当出现了某个军种真正重要的事情时，比如，要搞掉某个执意反对其重要武器系统的人时，相关的其他军种还是会放下架子来与自己的宿敌合作的。政客们在处理国防事务时，确保武器的有效性并不一定总是最重要的。"[4]

[1]
布莱德雷 M-2 战车：以美国陆军上将布莱德雷命名的步战车。海湾战争中，布莱德雷 M-2 战车击毁的伊军坦克比 M1 艾布拉姆斯主战坦克要多。

[2]
詹姆斯·伯顿：1982 年调入国防部部长办公室，负责装备测评。他的著作《五角大楼的战争：改革派挑战老牌守成者》详细回顾了陆军抵制自己对布莱德雷战车进行改造升级的过程。有趣的是，一个"空军"上校测试"陆军"武器装备的故事，是由"海军"的出版社出版。

[3]
James G. Burton. *The Pentagon Wars, Reformers Challenge the Old Guard*, The U.S. Naval Institute, 1993.

[4]
［美］温斯洛·T. 惠勒等著，陈学惠等译：《美国军事改革反思》，北京：军事科学出版社，2013 年，第 71 页。

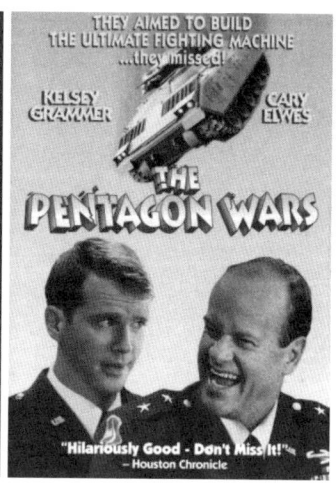

伯顿揭露五角大楼黑幕的著作被改编成
电影《五角大楼的战争》（左为书影，右为电影海报）

  伯顿被赶出部队之前，好歹为美军贡献了一批改进版布莱德雷战车。1991年海湾战争，美军之所以伤亡率极低，得感谢人家伯顿。当时，多国部队总司令施瓦茨科普夫得知送到沙特阿拉伯的布莱德雷战车是"老版"，坚持全部打回，换成了"伯顿升级版"。否则，部分美军有可能被苏制RPG火箭筒变成烤箱里的肉。

  需要提醒的是，伯顿揭露的丑闻[1]只是美军武器装备丑闻的冰山一角。毕竟，勇敢的揭发者是极少数，更多丑闻被淹没在冰山之下伸手不见五指的深海。

  给别人用的武器可以不用那么上心，给自己用的武器只要不那么重要也可以糙点儿，这都可以理解。但如果给自己用的现代化关键武器也来虚的，怎么说得过去？

  1999年科索沃战争中，美军一架F-117隐形战机[2]被击落，成为当年的大新闻，不仅全世界震惊，连美国人自己也十分意外。干掉F-117的是一组杀手——捷克人研制的维拉雷达和俄制萨姆-3型导弹。既然是隐身战机，是怎么被发现的？美国人赖到F-117涂料身上，说它对长波雷达不完全具备隐身能力。问题是，当初研制测试时咋没发现？

[1]
这件事在1998年还被改编成了电影《五角大楼的战争》，电影的结局是：伯顿被赶出部队，而陆军有关负责人不是升官就是发财（到接到订单的军火公司上班）。

[2]
F-117隐形轰炸机：世界上第一款完全以隐身技术设计的轰炸机，由洛克希德公司生产。F-117最后一次登台是伊拉克战争，而且表现不错，但由于其使用的是20世纪70年代末的技术，维护成本和人事成本太高，且其小平面隐身技术已被更先进的技术取代，故退出现役。

再来看美军最先进武器装备的代表F-35。2018年9月28日,一架F-35B[1]在美国南卡罗来纳州进行飞行训练时坠毁,事后查明"肇事者"是发动机燃油管线——燃油管线在制造时存在瑕疵,导致加油量不足,飞机失去动力而坠毁。[2]作为F-35的难兄难弟,F-22在2010年也出过类似事故,只是原因不同——机

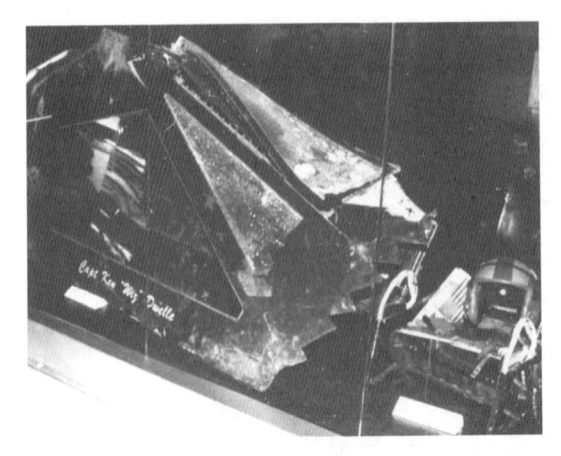

被击落的F-117残骸保存在贝尔格莱德尼古拉·特斯拉机场附近的航空博物馆

上氧气产生系统有设计瑕疵,在高空飞行时造成供氧不足,导致飞行员昏迷。这是在飞行训练中发现的部分问题,而潜伏的问题可能更多,只是还没暴露出来,毕竟训练环境和实战环境不一样。

美军经常打仗,深知手里的家伙有问题会丢性命的,怎么可能允许武器装备弄虚作假?

在美国,买什么武器不完全是使用武器的人说了算,参与决定的还有国会、国防部、军火商等。按照前国防部长盖茨的话说,每种势力"手中都握有一支桨,其中大部分人都朝不同方向使劲"[3]。如今,武器装备越来越复杂,配套的硬件和软件越来越多,供货商也越来越多。如果一个局部出问题,可能导致整个系统出事。换言之,越是复杂精密的现代化武器,反而越脆弱。

如果武器装备出现事故,大型军火商一般都会甩锅,把责任推给不知名的下游生产商。2018年F-35坠毁事件,表面上是洛克希德·马丁公司拿到了订单,

[1]
F-35战机主要分为A、B、C三型,分别属于传统型、短场起降型和舰载型三类,每架平均售价约1亿美元。

[2]
李靖棠:《美首架次F-35B战机坠毁调查报告出炉 华府:"因燃油管线破裂"导致》,上报(中国台湾网络新媒体),2019年5月21日。https://www.upmedia.mg/news_info.php?SerialNo=63081&fbclid=IwAR3NDigYRff_2N-QFIX4yfjfJQal5J2DbDKTPUUp-K0FwHr-rxtHa2tenHL0

[3]
[美]罗伯特·盖茨著,陈逾前等译:《责任》,广州:广东人民出版社,2016年,第564页。

但实际制造该飞机则涉及多家公司，比如发动机交给了联合技术公司[1]，而联合技术公司又将发动机燃油管线的生产分包给了普惠公司。[2]F-35零部件中的印刷电路板[3]（负责发动机、照明、燃料和导航系统等）甚至是由一家叫Exception PCB的外资公司生产。理论上，F-35全球生产的确存在隐患，所以时任总统特朗普表示将促成洛克希德·马丁公司把更多生产线放在美国国内："如果我们与某个国家产生矛盾，就不能造喷气式飞机了。从世界各地买零件，太冒险了。我们应该在美国生产一切。"[4]2019年，美国发现土耳其从俄罗斯购买了S-400防空系统时，就取消了土耳其为F-35制造零部件的资格（F-35有大约1000多个零部件由土耳其制造）。对土耳其都是如此，可以想见美国的国外生产线只开放给自己的盟国，想要拿美国的装备订单就不能买对手国家的武器。

2018年，一架F-35B坠毁在美国南卡罗来纳州

美国武器装备已经够好，却达不到最好，还因为美军面对的对手不够档次。

武器装备如有瑕疵，理论上投入战场使用时会暴露出来，但实际上很少露馅。究其原因，美军的对手太差，或者没发现美军武器装备的问题，或者发现了也没招。2003年伊拉克战争，美军赢得非常漂亮，成为世界各国研究的范例。但连美国陆军战争学院也承认："（这场战争）成败的主要因素并不是美军的技术，

---

[1]
联合技术公司（United Technologies）：美国第22大制造商，主要生产飞机发动机、直升机、空调系统、燃料电池、电梯、滚梯、防火与安全设备、建筑设备和其他工业设备。

[2]
普惠公司（Pratt&Whitney）：普拉特和惠特尼公司的简称，主要制造飞行器的发动机，是世界上三大航空发动机生产商之一（另外两家是通用电气和劳斯莱斯）。

[3]
印刷电路板：电子元件的支撑体，其中有金属导体作为连接电子元器件的线路。之所以称为"印刷电路板"，是因为传统的电路板采用印刷蚀刻阻剂的工法做出电路的线路及图面。如今，电子产品愈加微小化、精细化，所以大多数电路板都采用贴附蚀刻阻剂（压膜或涂布），经曝光显影后再以蚀刻做出电路板。

[4]
Valerie Insinna, Trump has questions about the F-35's supply chain, Here are some answers, *DefenseNews.com*, May 14, 2020. https://www.defensenews.com/air/2020/05/14/trump-has-questions-about-the-f-35s-supply-chain-here-are-some-answers

而是伊拉克人的无能。"[1]

面对每次只能考 60 分的差生，优生似乎没必要每次都拿 100 分，只要考到 80 分以上、拉对方 20 分便足够安全。然而，总和一个差生比，优生的能力值会下降，特别是习惯拿 80 分后再想拿 90 分甚至 100 分，一时半会儿怕也做不到。换句话说，当有一天美国面对的对手与自己实力接近甚至相当，那就危险了。

当年，美国得知苏联发射了世界上第一颗人造卫星，惊呼其为"科技上的珍珠港事件"，慌了。现在，美国看到华为 5G 技术超越自己，也慌了。军事上，如果解放军在关键武器装备上独步全球，想必美军也会惊呼。

这一天，还会远吗？

---

[1] [美] 比德尔等：《推翻萨达姆：伊拉克和美国的军事改革》，陆军战争学院战略研究所，2004 年 4 月，第 199 页。

34
美军航母的N种"死法"

有个现象值得玩味：二战期间，美军航母被击沉12艘[1]；二战之后，美军航母无一被击沉。怎么解释？

有一种说法是这样的：二战中美军航母损失多，是因为当时航母制造水平不行，有的还是货轮改装；现在的航母不仅皮糙肉厚[2]，而且设计科学，还有各种预警和保护；要击沉美军航母已经是不可能完成的任务了。

上述说法至少有两个漏洞。第一，当年美军航母制造水平和防护能力确实不行，但打击航母的能力也有限。第二，二战之后美军航母无一艘被击沉，那是因为美军的作战对象基本都很弱，没有击沉航母的能力。试想，如果冷战中美国和苏联大打出手，美军损失的航母恐怕不止12艘！

先来看看二战期间美军的12艘航母具体是怎么"死"的。

一、死于潜艇之手，这种死法最常见

潜艇在水下接近航母，比较隐蔽，而二战时期各国反潜能力有限，难以发现敌军潜艇。因此，潜艇成为航母的最大杀手，二战期间，美军有4艘航母成为其"弹下亡魂"。下面，具体了解下美军航母是怎么被日本潜艇弄死的。

约克城号航母（Yorktown）[3]，1942年6月4~6日。

约克城号航母被击沉

6月4日的中途岛海战中，约克城号航母击沉日本苍龙号航母，但自己也中

---

[1]
美军损失的12艘航母，11艘死于日军，1艘死于德军。

[2]
现在的航母1平方厘米可以承受8000~10000公斤的冲击力，抗打能力大为提升。

[3]
约克城号航母：约克城级航母的首舰，以纪念美国独立战争中的约克城战役，于1937年服役。

了3枚炸弹[1]、2枚鱼雷[2]。美军驱逐舰组成反潜防护圈，其他军舰则紧急修复约克城号。不料，日军I-168号潜艇成功避开美军反潜侦测，用2枚鱼雷击中约克城号右舷，使其沉没。

黄蜂号航母（Wasp）[3]，1942年9月15日。

黄蜂号航母被击中后瞬间起火

这艘航母死得很窝囊，还没来得及出拳就被对方打败了。瓜岛战役[4]中，该航母被日军I-19号潜艇发射的3枚鱼雷击中，引爆了船上的油库……护航的美军驱逐舰见黄蜂号没救了，为避免资敌，发出3枚鱼雷，给了它一个痛快。

利斯康湾号航母（Liscome Bay）[5]，1943年11月24日。

它被日军I-175号潜艇盯上，后机舱被潜艇发射的鱼雷击中，炸弹被引爆，整艘航母的后半部分几乎被切断，自然无药可救。仅仅23分钟后，这艘航母就沉没了。

布洛克岛号航母（Block Island）[6]，1944年5月29日。

这是唯一一艘死于德军潜艇（U-549）之手的美军航母，葬身大西洋。

潜艇在二战期间是航母最大杀手之一，现在仍然是。美国军事专家法利认为，潜艇发射的鱼雷当前仍然是美军航母面临的严重威胁之一："现代鱼雷通过

[1]
首枚炸弹击中约克城号舰岛后方飞行甲板，在一座2.794厘米防空炮旁边爆炸；第二枚炸弹击中舰体中央，穿过飞行甲板和机库，最后在烟囱下方爆炸，摧毁锅炉上方的烟道，同时炸毁两座锅炉，并使另外三座锅炉熄火；第三枚炸弹则击中舰艏升降台，然后在第三层甲板爆炸，在储藏库引发大火。这三枚炸弹导致约克城号失去大部分动力，瘫痪在海上；雷达暂时失灵，无法侦察日本飞机；全舰通信系统也一度中断。

[2]
两枚鱼雷击中约克城号左舷，爆炸及引发的火灾使其所有锅炉都无法使用，还将舰体左舷炸开，导致船体大量入水。同时，海水迅速淹没水线下的发电机房，舰只完全丧失电力；舵机也被鱼雷攻击卡死。不久，该舰逐步向左倾斜。

[3]
黄蜂号航母：黄蜂级航母唯一的一艘，比约克城级航母小一号，1940年服役。

[4]
瓜岛战役：发生在1942年8月7日至1943年2月9日，日军数次夺岛失败，是日军丧失太平洋制海权的开始。

[5]
利斯康湾号航母：卡萨布兰卡级航母，1942年底服役。

[6]
布洛克岛号航母：卡萨布兰卡级航母，1943年服役。

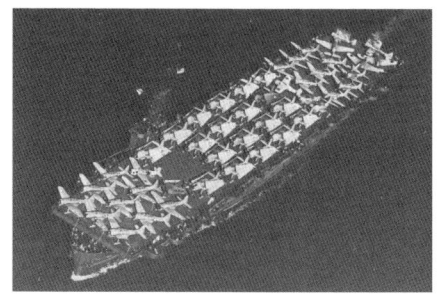

1943年9月的利斯康湾号航母　　　　　1943年的布洛克岛号航母

轰击舰艇水下部分造成损害，甚至可以毁伤舰艇龙骨。没有人知道多少枚现代鱼雷才能把一艘美国航母击沉，但可以确认的是，即使只有一枚鱼雷也能够造成严重损坏，阻碍航母正常运转，从而严重影响其作战运用。"[1]

二、死于自杀式攻击

俗话说，软的怕硬的，硬的怕横的，横的怕不要命的。面对不要命的神风敢死队，美军航母也得厌。

1944年10月25日，圣洛号航母（St. Lo）[2]在莱特湾海战中被1架零式日机攻击，30分钟后沉没，成为神风敢死队的第一个战果。

圣洛号航母被一架日机击中后形成一个巨大火球

1945年1月，奥曼尼湾号航母（Ommaney Bay）[3]在吕宋岛海域遭遇日军战机自杀式攻击，抢救无果，沉没。

---

[1]
Robert Farley. Russia or China Could Sink a U.S. Navy Aircraft Carrier, Here's How, *Nationalinterest.org*, Oct 16, 2019. https://nationalinterest.org/blog/buzz/yes-russia-or-china-could-sink-us-navy-aircraft-carrier-heres-how-88276

[2]
圣洛号航母：卡萨布兰卡级护航航母的一艘，1943年服役。莱特湾海战中，其驾驶舱被一架零式日机撞上，炸弹穿透飞行甲板，并在机库甲板的左舷爆炸。由于舰上正在向飞机加油，撞击导致大火，随后又六度发生二次爆炸。

[3]
奥曼尼湾号航母：卡萨布兰卡级护航航母的一艘，1943年服役。日军飞机用机翼横切舰桥，还丢下两枚炸弹。一枚穿透驾驶舱并在下方爆炸，一枚穿过机库甲板，导致第二甲板上的消防总管破裂，并在右舷附近爆炸。另外，还有一架鱼雷轰炸机被这架日军飞机残骸扫中，引发的大火烧毁了驾驶舱尾部，向前的水压、电力和桥梁通信中断。

日军神风敢死队战机掠过奥曼尼湾号航母　　被日军神风敢死队击中后的俾斯麦海号航母

1945年2月21日，俾斯麦海号航母（Bismark Sea）[1]在硫磺岛海域被2架日机攻击，沉没。

三、死于航母对战

大黄蜂号航母（Hornet）[2]，1942年10月26~27日。

注意，这只"大黄蜂"可不是前面那只被潜艇干掉的"黄蜂"，前者早就是江湖上响当当的角儿——轰炸东京任务中，大黄蜂就出名了。中途岛海战中，"大黄蜂"又"蜇死"日军三隈号重型巡洋舰，"蜇伤"最上号重型巡洋舰和朝潮号驱逐舰。1942年10月26日圣克鲁斯海战[3]中，它又"蜇伤"日军翔鹤号航母，险些将其致残。这次海战中，大黄蜂也受了重

大黄蜂号航母遭到日军攻击

[1]
俾斯麦海号航母：卡萨布兰卡级护航航母的一艘，1944年服役，是被日军击沉的最后一艘航母。日军两架飞机对该航母成功实施自杀式进攻，一架在第一个40毫米炮（船尾）下方犁入，撞毁了机库甲板，切断了正在运行的飞机电梯的电缆。同时，撞击还引爆了甲板上的弹药，并使航母转向失灵。另一架飞机从左舷方向来，撞到船尾电梯井，破坏了抢救航母的工作。而且，这架飞机还引爆了甲板下的四架战斗机，整个船尾燃起大火。

[2]
大黄蜂号舰队航母：约克城级航母的第3艘，1941年服役。

[3]
圣克鲁斯海战：发生在1942年10月26日，是太平洋战场上的第4场航母战役，战场位于所罗门群岛东南端的火山群岛。从战术上看，日军取得胜利（盟军2艘航母一沉一伤，日军2艘航母受伤），但由于损失了不少军舰和经验丰富的飞行员（日军损失飞行员148人，美军损失飞行员26名），在战略上更加不利。此战的日军指挥官南云忠一中将不久后被解职，分配到日本海岸防守。他表示："这场战役取得战术上的胜利，而在战略上却是失败。考虑到敌人的工业能力有巨大的优越性，我们必须在每一场战役取得绝大多数的胜利。不幸的是这一次没有取得压倒性的胜利。"

伤，身中 3 枚炸弹[1]和 2 枚鱼雷[2]，失去动力走不了路。只能被拖回。

然而，日军没打算放过重伤的对手。第二天，大黄蜂号遭到日军隼鹰和瑞鹤航母舰载机攻击，身中 1 颗鱼雷[3]和 2 颗炸弹[4]。美军只好放弃拖带，并予以击沉。没想到大黄蜂号太抗打了，在遭受 9 颗鱼雷和 430 多发炮弹后还不沉。日本军舰赶到后，本想作为战利品弄回去，但大黄蜂号火势太大没法拖带。最后，日本又对其发射 4 枚鱼雷才了结了它。

莱克星顿号航母（Lexington）[5]，1942 年 5 月 7~8 日。

该航母虽然"战死"，但够本了——击沉了日军祥凤号轻型航母，重创了翔鹤号航母，瑞鹤号航母舰载机部队严重减员，无法参加中途岛战役。

莱克星顿号"阵亡"细节如下：中前部左侧和中舰桥下方分别被一枚日军鱼雷击中，其他部位也挨了 3 枚炸弹，造成船体倾斜 7 度。真正的致命伤是航空汽油渗漏并蔓延，在密闭的舰体内产生大爆炸……护航的美军驱逐舰对其发射了 1 枚鱼雷，帮助其结束痛苦。

四、被轰炸机猎杀

兰利号航母（Langley）[6]，1942 年 2 月 27 日。

兰利号本来是一艘运煤船，改装后用来运飞机。其优点是一次可以运 56 架飞机，当年是世界第一。不过，其缺点和优点一样明显：航速慢，仅 15 节，且自身缺乏防御能力（仅有 4 门旧式高射炮）。

兰利号遭遇的是 9 架日本岸基一式轰炸机，只能被动挨打。护航的两艘驱逐舰为避免兰利号资敌，只好将其击沉。从遭到攻击到沉没，它只挣扎了不到 1 小时。

---

[1]
日军首枚炸弹贯穿大黄蜂号飞行甲板、下层甲板、机库甲板，一直到第四层甲板才爆炸，在储存库引发大火；第二枚炸弹则在舰岛后方的防空炮塔附近爆炸；第三枚炸弹飞越舰岛，穿过舰岛前方的飞行甲板，一直贯穿至第四层甲板，最后在左舷的水兵饭堂爆炸。

[2]
日军两枚鱼雷击中大黄蜂号舰体右舷，卡死舰艉舵机。

[3]
这枚鱼雷击中大黄蜂号右舷，使舰体的倾侧增加至 15 度。

[4]
日军这两枚炸弹的攻击加剧了大黄蜂号的火势。

[5]
莱克星顿号航母：埃塞克斯级航母的第 8 艘，1942 年服役。

[6]
兰利号航母：美军第一艘航母，本是运煤船，1936 年改装为水上飞机航母。

1927 年的兰利号航母　　　　　　美军友舰为普林斯顿号航母灭火

普林斯顿号轻型航母（Princeton）[1]，1944 年 10 月 24 日。

莱特湾海战中，这艘航母正在为舰载机加油换弹，突然遭到日军一架彗星轰炸机[2]袭击，引发大爆炸。最后，照例被美军发射 2 枚鱼雷击沉。

还有一种憋屈的死法——死于对方的战列舰。航母本来是用来淘汰战列舰的，但在 1944 年 10 月 25 日的萨马岛海域，美军甘比尔湾号航母（USS Gambier Bay）被日本联合舰队围攻，尤其是重巡洋舰羽黑号发出 170 多枚穿甲弹，将甘比尔号航母击沉。

总结一下，美军损失 12 艘航母有如下两个特点：

其一，12 艘被击沉的航母，航母和护航航母基本各占一半（航母 5 艘，护航航母 7 艘）。"护航航母"多由货船改装而来，身子骨儿弱，顶不住日军的鱼雷和炸弹。

中途岛海战纪念馆中的甘比尔湾模型

其二，美军损失的航母不到日军损失航母的一半。日军虽击沉美军 12 艘航母，但自己损失 25 艘航母，是对方的 2 倍还多！日本国力比美国差得远，这么拼消耗自然扛不住。而且，美军航母损失主要是因为前期海军实力还没上来[3]，后期航母损失就少了。

日本之后，最有能力大量击沉美军

[1]
普林斯顿号航母：埃塞克斯级航母的第 19 艘。

[2]
彗星轰炸机：日军九九式舰载轰炸机的后继机型。

[3]
珍珠港事件之后，美国在一线的航母只有 3 艘。

204　这也是美军：美军的 50 个弱点

航母的国家是苏联。苏联的海军实力（包括航母）比美军弱，会用什么办法对付美军航母呢？

饱和攻击。说白了就是以多打少的"狼群战术"，陆上导弹、海下潜艇、海面舰艇、海上飞机组团群殴一艘航母，看你怎么招架。

苏军这种操作比当年日本打美舰还残暴，美国很担心，被逼之下，搞出了宙斯盾反导系统。理论上，该系统装备的第一代相控阵雷达 AN/SPY-1 能够在半径 324 公里的地理范围内同时跟踪 800 个目标（如果是来袭的掠海导弹则跟踪范围缩短为半径 83 公里），并为远程防空导弹选出最有威胁的 100 多个目标，而这一切都在 1 秒内自动完成。而新一代 AN/SPY-6 就更厉害了，据美方提供的数据，理论上其灵敏度和跟踪数量与 AN/SPY-1 相比提高了 30 倍[1]，也就是说可以同时跟踪 24000 个目标！所以，饱和攻击要达到预期效果有个前提：必须有足够的实力并承受更多的损失。除了苏联这样的大国，恐怕很少有国家玩得起。

美军航母在二战后没有被敌人打沉的记录，却被自己击沉过。这不是乌龙事件，而是美军的试验——美军航母遭受怎样的攻击才会沉？

2005 年，40 岁高龄的美国号航母[2]成为试验的靶子，各种武器轮番上阵。你可知道用了多久将其击沉？

25 天！最后还是靠在其内部安装 4 吨高能炸药才将其送入海底。

这次试验表明，航母放弃抵抗任人宰割，也要花 25 天才死透。试想，如果航母拼死抗击，击沉它该要多长时间？这么做，值不值？

不过，这次试验有两个漏洞被很多人忽略了。

美国号航母舰首沉没图像解密

---

[1]
AN/SPY-1 Radar 本身有几个型号，每种型号的雷达性能不同，且对具体目标（如反舰导弹、战斗机、轰炸机等）的跟踪能力也不同，文章所引数据只是概略数据，具体准确数据需要根据雷达型号、跟踪目标等而定。

[2]
美国号航母：小鹰级航母的第三艘，也是最后一艘不以人名命名的航母，1965 年服役，参加过越南战争、海湾战争、伊拉克战争。作为试验标靶曾遭到不少人反对，理由之一是这艘军舰的名字意味着"美国沉没"，不吉利。2005 年 4 月 19 日开始测试，5 月 14 日沉没。

航母上的易燃易爆物被提前清空。这固然方便试验，却不符合实战要求。实际上，外力打击引爆航母内部炸药或油料，是航母常见死法之一。二战中，美军航母莱克星顿号就是这么死的。

更重要的是，这次试验的数据和说法均来自美方，重要信息至今保密，公开部分是否完全真实可信？毕竟，美军夸大自己航母的抗打击能力，可以让其他国家畏而却步。

命中敌人的腿，只能致其伤残，而对准其心脏，一枪就可毙命。击沉一艘航母在本质上差不多，可以用凌迟的办法，割上几千刀让其慢慢死去，也可以斩首一刀毙命。实战中打击美军航母，自然不会像美军自己做试验一样，各个部位都割上一刀，而是一上来就冲着头部或心脏这种要害地方去。尤其是本身拥有航母的国家，对航母的要害部位十分了然，打起航母来可"直奔主题"。要击沉之，不在于用多少炸弹，而在于击中其要害。2006年，欧里斯肯尼号航母（3.2万吨）寿数已到，被美军自己炸沉充当人工礁石。航母关键部位引爆炸药，仅仅37分钟后航母就沉了。

攻击美军航母，除了找对地方，选对时机也很重要。如前所述，日军搞定美军普林斯顿号航母，就是利用其加油换弹时机击沉之，用同样方式报了中途岛海战4艘航母被美军击沉的一箭之仇。航母再强也有脆弱的时候，如海况恶劣之时，就轮到潜艇大显身手了。此时，航母的预警机和反潜直升机无法起飞，水面舰艇的搜潜能力也会被削弱。

不少人认为，仅航母上七八十架舰载机就够袭击者喝一壶的，要对付航母，首先要对付保护航母的那群"保镖"。其实，不需要将这些保镖全部放倒，就能直面航母。

2021年，艾森豪威尔号航母战斗群与希腊军舰在地中海进行联合军演

来看看俄罗斯是怎么办到的。2018年地中海，俄海军出动水面舰艇对美国海军艾森豪威尔号航母战斗群（5艘军舰）实施电子干扰，之后以不规则航行伴动吸引其注意力，掩护核潜艇成功突防并接近艾森豪威尔号航母。

航母只是一个海上移动飞机场，其本身并没有攻击能力，主要靠舰载机冲锋陷阵。与击沉航母相比，更务实的做法是使其丧失战斗力。就好比战场上打死一个敌人，不如将其击成重伤，不仅其本人丧失战斗力，还会成为敌方的包袱。

那么，问题来了：击沉美军航母可能吗？

美国军事专家法利在2020年表示："虽然很困难，但还是有可能的。"[1]

---

[1] Robert Farley. What It Would Really Take To Sink A Modern Aircraft Carrier, *Jalopnik.com*, Apr 20, 2017. https://foxtrotalpha.jalopnik.com/what-it-would-really-take-to-sink-a-modern-aircraft-car-1794182843

35
美军最担心失去的镇军之宝

"谁控制了太空,谁就控制了地球。"

如果要问这话是谁讲的,估计不少人会以为是特朗普,毕竟由他创建了美国太空军。其实,这句话的"版权"归另一个总统——林登·约翰逊。[1]尽管美国太空军到 2019 年才独立成军,但早在 20 世纪五六十年代,美国就认识到了控制太空的战略意义。

如今,世界已全面进入太空时代,你可知道头顶上的美国卫星有多少颗?

4529 颗(其中军用卫星 247 颗),这是 UCS 卫星数据库截至 2022 年 12 月的公开数据。[2]2023 财年,美国的国防预算为 8579 亿美元,比上一年增加约 14%,其中用于太空能力建设达 245 亿美元,比上一财年增加约 40%。就增长率而言,撒在太空的钱是撒在整个军队的钱的近 3 倍!

现在,要在地球上整点儿动静不被美国发现,太难了。干什么事儿都觉得被一双眼睛盯着,太不自在了。美国的卫星看似遥不可及,实际上也有软肋。时任美国太空军参谋部主任尼娜·阿曼诺中将承认,美国的卫星至少有两个弱点:其一,目前没有任何防御能力;其二,大部分卫星都只与一个指挥控制系统联络,在遭遇网络攻击时防御能力较弱。[3]

美国太空军参谋部主任
尼娜·阿曼诺(2020.9~2023.7 在任)

[1]
Von Hardesty, Gene Eisman. "Epic Rivalry: The Inside Story of the Soviet and American Space Race," in *National Geographic Society*, 2008, p.121.

[2]
相比之下,同一时期俄罗斯只有 174 颗卫星,美国是其近 200 倍!需要说明的是,美军的卫星数量之所以在半年多猛增了 1000 多颗,主要是美国民间航天机构如马斯克的 SpaceX 等频繁发射卫星。见 https://www.ucsusa.org/resources/satellite-database

[3]
2020 年 9 月,刚刚就任太空军参谋部主任的尼娜·阿曼诺接受美国智库"芝加哥全球事务委员会"副主席布莱恩·汉森视频专访时谈到上述观点。

要对付卫星，办法不少。

一是"诈术骗"。

俗话说，兵不厌诈，在高科技时代，诈术依然没有过时。卫星站得高，但也离得远，要骗过它不是那么难。这不，俄罗斯已经有办法了——充气装备。

俄罗斯的充气坦克和飞机

伪装成上图中的坦克和飞机，每一件大约5分钟搞定，而且伪装成本也很低——防雨布而已。近看都知道是假的，但在万里之遥的卫星眼里，几乎分辨不出真假。古有死诸葛吓走活仲达，今有假飞机骗过真卫星。不过，红外识别等技术能够发现防雨布做的坦克和飞机是假装备，所以诈术还得与时俱进进行"加料"。

除了俄罗斯，印度也骗翻过美国卫星。1998年，印度官方准备试验一颗核弹，不想被美国人发现。于是，预估好美国卫星经过试验场上方的时刻[1]，把工作人员转移到室内，同时在几百公里外另建了一处相似场地，隐真示假。果然，印度搞核试验时，美国卫星失职，未能事先侦知。

用最原始的办法对付最先进的技术，就是这么调皮。

更重要的是，美军打掉假目标之后，很难评估这些装备是否彻底损毁。伊拉克战争中，美军打掉了隐藏在棕榈林中的6辆伊拉克坦克，却无法确认其是否完全丧失战斗力。总指挥弗兰克斯承认："虽然我们在技术上具有无法比拟的优势，但战况评估这个问题依然反复出现……在将来的日日夜夜里，这个问题将困扰我们。"[2]

[1]
侦察卫星必须沿固定轨道运行。卫星发射升空后，基本是沿着设计好的轨道运行。可通过一些测量手段对卫星进行跟踪，用轨道学的有关知识可以计算出轨道要素，并对其"过顶"时间进行预报。

[2]
[美]弗兰克斯著，沈君安等译：《美国士兵》，北京：中国青年出版社，2006年，第307页。

二是"导弹打"。

目前，卫星主要用于侦察，既不能直接打人，也不能有效自卫。

2007年1月11日，一件和美国没啥关系的事让美国很紧张——中国发射导弹，击落高度865公里的报废气象卫星风云1号。美国人觉得，中国是醉翁之意不在酒，在进行反卫星试验。山姆大叔记性不太好，20多年前（1985年），全世界第一次干导弹打卫星这种事儿的，主角正是美国自己。[1] 如今，看到中国也能用导弹打卫星，美国不爽，于是第二年初也用标准-3反导系统击落一颗退役卫星[2]。这摆明了是向中国隔空喊话：姜是老的辣，我比你强得多！俄罗斯不甘落后，于2015年11月18日成功进行了一次反卫星试验。一名美国空军少将忧心忡忡地表示："到2025年，俄罗斯和中国将使任何一条轨道上的卫星面临危险。"[3]

枪战片中常常有子弹打子弹的慢镜头，但与导弹打卫星相比，其难度系数是小儿科。大家在视频里看到的卫星飞得很慢，那完全是错觉。子弹最快的速度是1公里/秒，而卫星最慢的速度是7.5公里/秒！好在导弹速度够快（如2007年中国反卫星试验的导弹速度为8公里/秒），以快打慢容易一些。

在所有反卫星方式中，大伙儿最熟悉的可能就是导弹打卫星——不仅壮观，而且破坏彻底，打击效果也好评估。不过，卫星被击毁后的碎片会形成太空垃圾，对其他卫星造成潜在危险。[4] 因此，导弹打卫星的新闻一出，容易遭到国际社会集体声讨。

[1]
1985年9月12日，美国空军用F-15发射导弹，击落了一颗发射于6年前的伽马射线观测卫星Solwind P78-1。

[2]
2008年2月20日，美军利用宙斯盾伊利湖号巡洋舰发射标准-3反导拦截弹，击中发射于两年前的一颗间谍卫星USA193（高度247公里），并将载有453千克强毒性、不易挥发的联氨燃料箱击碎。对此，美国声称是防止卫星上的有害物质坠落地球危害人类，其实是导弹打卫星的一次实兵演练。

[3]
Cheryl Pellerin. Advanced Space Surveillance Telescope Has Critical Military Applications, *Defense.gov*, Oct 22, 2016. https://www.defense.gov/Explore/News/ArticleIArticle/983007/advanced-space-surveillance-telescope-has-critical-military-applications

[4]
美国于1985年进行导弹打卫星试验，伽马射线观测卫星Solwind P78-1被击成约250块碎片，而直到12年后的1997年，碎片才全部坠落回地球。

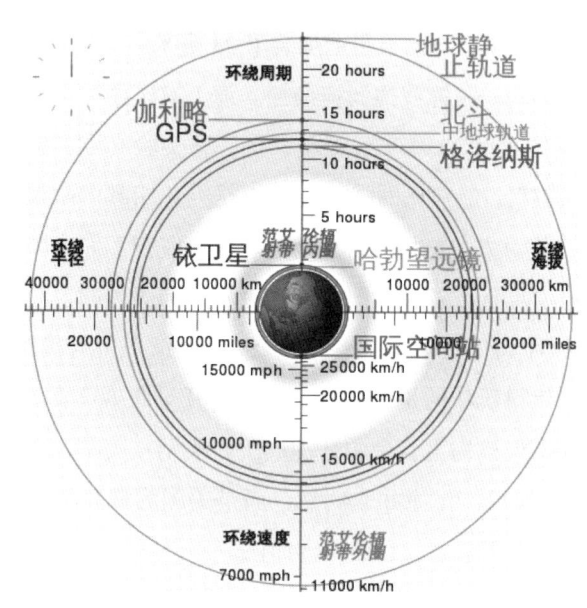

地球静止轨道、GPS、格洛纳斯、北斗导航系统、伽利略定位系统、
国际空间站、哈勃望远镜和铱卫星的环绕轨道之比较

三是"卫星对打"。

导弹打卫星的新闻闹得满"球"风雨，大家都知道用这个办法，不过很多人不知道，导弹打卫星试验打掉的主要是低轨道卫星。要搞定中、高轨道卫星[1]，其他招儿更合适。

正如打飞机不能仅靠地面力量，更多得靠飞机，打卫星也不能只靠地基导弹，更多得靠天基卫星。一战时期，飞机主要用来侦察，没有几个人想到会有大规模空战。现在，卫星也主要用于侦察，谁能保证将来某一天不会有星球大战？从空战过渡到太空战，也许只是时间问题。

前面说卫星一般不直接打人，但对付敌对卫星还是可以的，且至少有3招。

第一招简单粗暴，我炸我炸我炸炸炸。卫星引火自爆，与敌方卫星同归于尽。平时"死缠"[2]——持续跟踪目标卫星，战时"烂打"——变轨接近目标卫星，引火自爆一起灰飞烟灭。也有烈度更小的选项，杀死对方而自己不用死。比

---

[1]
根据卫星离地球的远近，分低地轨道卫星（300~2000公里），运行速度约每小时27400公里，绕地球一周约90分钟；中地轨道卫星（2000~35786公里），绕地球一周约12小时；高地轨道卫星（35786公里以上）。大多数对地观测卫星和空间站在低轨运行，导航卫星如GPS与北斗，在中轨运行，航天器、大多数气象卫星和通信卫星则在高轨道运行。

[2]
这类卫星由母星、寄生星及运载器、地面控制系统三部分组成，其中寄生星平时就寄附在目标卫星附近，简直是一颗"定时炸弹"。

管理-装备篇 211

如，美苏冷战期间，苏联在自己卫星上加装了23毫米炮（现升级为激光炮）……

第二招相对温柔——我撞我撞我撞撞撞。海上有军舰撞军舰，太空有卫星撞卫星。2012年，中国发射12号实践卫星，将一颗实验6号卫星撞出轨道。如果未来发生"星球大战"，最常见的战斗方式不是火花四溅，而很可能是你推我搡（即卫星撞卫星），将对方卫星挤出既定运行轨道，宣布：你出局了！

在中国用自家卫星玩"碰碰船"之前，俄罗斯和美国的卫星已经结结实实撞过一次。2009年2月11日，俄罗斯宇宙2251号通信卫星与美国铱22号通信卫星发生在轨碰撞。值得玩味的是，双方都没有公开对此事负责。同年3月3日，俄罗斯原军事空间情报机构主管舍尔什涅夫少将表示：美军这个卫星很可能是其"轨道快车"的研究项目，相撞并非偶然，而是美国为截获和摧毁卫星技术所做的试验。双方之所以不了了之，心照不宣而已。

卫星造价高，美国人舍不得用卫星撞卫星，专门弄出了"撞击器"。2005年7月4日，美国Deep Impact探测器（相当于天基平台）携带撞击器（相当于天基武器），准确无误地飞向距离地球1.3×10^8千米的坦普尔1号彗星的彗核（相当于空间目标）。[1]不仅如此，美国还打算建设天基武器平台，说白了，就是搞太空航母。

第三招更温柔——我抱我抱我抱抱抱。伸出两只长得离谱的胳膊（机械臂），将目标卫星"活捉"。

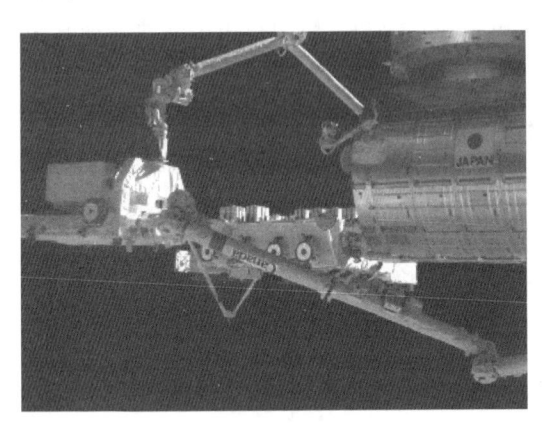

2013年8月6日，中国的实验7号卫星不断接近目标实验15号卫星，在3公里处突然变轨，靠近目标，然后用机械臂将其"抓获"。[2]2018年8月9日，美国副总统彭斯在五角大楼发表演讲称："中国和俄罗斯一直在进行高度复杂的飞行活动，这可能使它们能够操纵自己的卫星接近我们

日本的空间机械臂技术十分先进

[1]
王赵德等：《美军太空战演练趋向特征解析》，载《国防大学学报》，2010年第5期。

[2]
值得注意的是，美国实现"卫星抓卫星"技术比中国早20年。1993年，美国奋进号航天飞机变轨靠近欧洲尤里卡卫星，然后用机械臂将4.5吨重的尤里卡抓获。

的卫星，从而对我们的空间系统构成前所未有的新危险。"[1]

第四招最温柔但其实更狠。可以灭卫星于无形——软杀。

1977年，美国两颗侦察监视卫星飞经西伯利亚上空时突然罢工，时间长达4小时。原来，苏联发射强激光干扰，蒙住了美国卫星的"眼睛"（红外传感器）。1981年，这种事儿又重演了一遍。此外，还可以利用气溶胶等破坏目标卫星内部的元器件。表面上，对方好好的，实际上，其"经脉"已经被断，"武功"已经被废。当然了，这功夫美国也会。[2] 早在1996年，美国就练成了这招。

美国的卫星被虐成废人不算丢人，被人家横刀夺爱才丢人。美国侦察机曾不听自家卫星导航，反而被敌人牵着鼻子走，而且这个敌人不是与美国对等的大国，而是伊朗！ 2011年年底，美国一架RQ-170隐身无人侦察机跑去伊朗偷窥，不料成了对方俘虏。原来，这架侦察机降落时跑错了场子——不是降落在阿富汗美军基地，而是伊朗境内。伊朗的办法其实很简单：先对RQ-170进行通信压制，使其不受美方遥控[3]；然后，利用这架侦察机的GPS导航缺陷，重构其GPS坐标，使其认错家门……

美军依靠卫星数量建立了太空优势，在对阵时好比手握倚天剑，而敌人手里只有一把短匕首，美方无疑占尽便宜。因此，美国无论如何也不会放弃太空优势，同时非常担心丧失这一优势。看到有国家发展反卫星武器，美国急了，公开威胁：有谁敢动我家卫星，就是发动核战争！言下之意：你敢向我家卫星射导弹，我就朝你家扔核弹，要不要试试？

美国对强敌喜欢料敌从宽，故意夸大敌情。2015年，美中经济与安全审查委员会出台年度报告，专门列举了中国太空武器清单。该报告有所夸张，但不可否认的是，卫星的克星的确越来越多。2020年初，美国一颗间谍卫星被俄罗斯卫星跟踪监视，对此，美国太空军首任掌门人雷蒙德上将很是不爽："这让我们不

[1]
Remarks by Vice President Pence on the Future of the U.S. Military in Space, WhiteHouse, Aug 9, 2018. https://trumpwhitehouse.archives.gov/briefings-statements/remarks-vice-president-pence-future-u-s-military-space

[2]
1996年，美国开始一种新型反卫星武器的试验，从地面发射的导弹接近卫星时，以一张巨大的聚酯板拍打之，使其内部仪器失灵，而卫星仍保持完整的外形。这样做的好处之一，是可以减少空间碎片。

[3]
干扰或压制GPS信号为什么不难？ GPS卫星离地2万公里开外，无线电信号抵达地表时功率较小，而无线电的一个原理是：功率越小越容易干扰。正因如此，伊朗才可以误导美军侦察机并将其捕获。

2020 年初，俄罗斯卫星跟踪监视美国间谍卫星

美国无人驾驶且可重复使用的航天器 X-37B 空天战斗机 [2]

安，可能造成危险。"[1]

鉴于此，美国打算为自己的卫星配上保镖——计划于 2050 年前部署至少三艘空天航母、组建巡天舰队等。

很多文章说中国已经掌握了对付美国卫星的 N 种办法，美国胆战心惊云云。没错，中国是世界上已证实有反卫星能力的四个国家之一（其他三个国家分别是美国、俄罗斯、印度 [3]），但国人仍需继续努力。

第一，具有反卫星能力是一回事，能否将对方的军用卫星全部干掉是另一回事；第二，美国的民用卫星可以转军用；第三，反美国卫星有多种方法，但这种能力美国同样具备，而且更强。

[1]
W. J. Hennigan. Exclusive: Strange Russian Spacecraft Shadowing U.S. Spy Satellite, General Says, *Time.com*, Feb 10, 2020. https://time.com/5779315/russian-spacecraft-spy-satellite-space-force

[2]
该照片公布于 2012 年 9 月 27 日，场景是佛罗里达州泰特斯维尔航空实验场进入发射位置。X-37B 空天战斗机既能上天（在地球轨道飞行），又能回地（结束任务后自动返回地面），被认为是"未来太空战斗机"的雏形。

[3]
印度于 2019 年 3 月 27 日推出第一种反卫星导弹系统，击中了 300 公里高度的一颗卫星。

36
"宙斯盾系统"并非刀枪不入的铁布衫

在美军庞大的武器库中，如果要选出中国人熟悉的武器系统前三名，以"宙斯盾"的知名度，当可入列。宙斯盾能做到这一点，主要有两个原因：

第一，出道早。

众所周知，美国已经把战略重心从反恐战争逐渐转移到大国竞争，而且更重视与中国的长期竞争（与俄罗斯相比）。宙斯盾是美苏争霸的产物，约半个世纪前就出来行走江湖了，目的是防备苏联的饱和攻击。2019年底，著名军火商洛克希德·马丁还发布了宣传片，庆祝宙斯盾50周年生日。

今天，宙斯盾更为先进，且广泛装备。

当年美苏竞争，苏联为对付美军的航母打击群，祭出了"狼群战术+弹海战术"。美军通过电脑模拟发现，面对苏军不讲道理的粗暴战法，自己根本扛不住，只能被团灭。为了抵御饱和攻击之"矛"，得造出全方位防御之"盾"，给美国军舰穿上"铁布衫"，套上"金钟罩"。于是，美军研发装备了宙斯盾系统。

第二，武功高。

"宙斯盾系统"自20世纪60年代末出道以来，已经有好几十年功力，功夫出神入化，确实牛。[1]很迅速：从搜索目标到定位跟踪，不到1秒；很聪明：能在半径300多公里的范围内同时跟踪24000个目标，还能挑出其中威胁最大的10多个目标进行第一批次有效拦截（理论上）。[2]

该系统于1969年12月改名为空中预警与地面整合系统（Airborne Early-warning Ground Integrated System），英文缩写"Aegis"刚好是希腊神话中众神之王宙斯的盾牌，故名"宙斯盾"，寓意可以挡住一切攻击。不少网友讨论如何对付宙斯盾时，提出了"饱和攻击"的办法，大概忘了该系统就是为了应对饱和攻

---

[1]
宙斯盾系统包括5个部分：多功能相控阵雷达系统、指挥与决策系统、宙斯盾显示系统、武器控制系统（在部分舰上称为武器引导系统）以及导弹系统。目前，美国海军装备宙斯盾系统的军舰有27艘提康德罗加级导弹巡洋舰和37艘阿利·伯克级导弹驱逐舰。

[2]
每艘宙斯盾军舰一次只能发射24枚导弹，考虑到美军经常用两枚导弹拦截一个目标以求保险，因此宙斯盾军舰一次最多能同时打击12个目标。

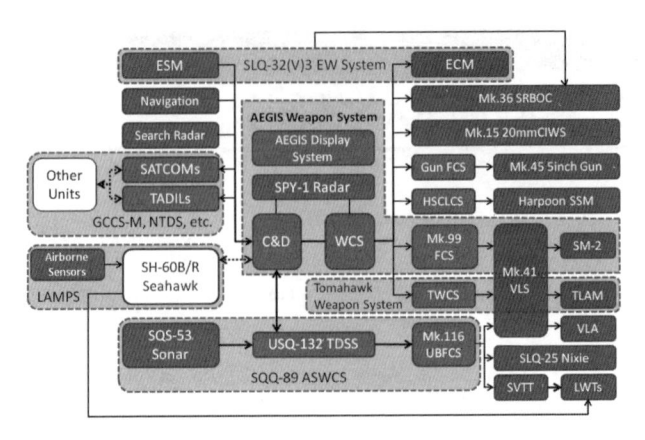

宙斯盾系统

击而生。[1]

　　宙斯盾军舰号称航母编队的"带刀护卫"，每个美军航母打击群至少配两名这样的护卫。如何在舰队群中认出这些"带刀护卫"？

　　很简单，奔着这样一个标志去就行——军舰上的四块大"板砖"（相控阵雷达）。在军事节目中，有时会看到雷达转来转去，挺有动感。其实，那是比较低级的雷达，因为不管怎么转，背面都是盲区。宙斯盾的4部雷达则是静止的，各负责90度范围，互相配合便形成了360度无死角。这好比一个人被包围，再怎么转圈圈，背部总是容易遭到袭击；如果是四个人被包围，背靠背形成环形防御圈，基本就没有盲区了。

配备宙斯盾系统的提康德罗加级导弹巡洋舰

　　宙斯盾既然这么厉害，有什么战果呢？

　　最大的战果是成功击毁"敌机"并干掉290人。补充一句，此乃大型客机，近300人全是无辜乘客。1988年7月3日两伊战争期间，一架A300伊朗客机被宙斯盾巡洋舰文森斯号当成敌机，于11海里之外发出2枚导弹进行拦截……据事后调查，

[1] 理论上，饱和攻击仍然可行，因为装备宙斯盾系统的军舰再厉害，携带的导弹数量也有限（96~122枚）。只要来袭导弹总数更多（或每一批次来袭导弹超过军舰一次性可发射拦截导弹的数量），军舰就扛不住。但在实战中，"饱和攻击"不太可行，因为"弹海战术"意味着袭击者必须有足够多的导弹，这是一种极大的消耗。

宙斯盾本身没出错，出错的是人。宙斯盾把目标识别为"不明敌人"（Unknown Assumed Enemy），操作人员整理报告时添油加醋，说敌机是F-14雄猫式战斗机。事后调查认为，当时美伊关系紧张，操作人员在整理宙斯盾上报的数据时，受敌对环境和紧张心理影响，做出了误判。[1]

伊朗客机误击事件，官方调查结论为宙斯盾洗白，已经意味着这块"盾牌"并非十全十美没有弱点。宙斯盾是个系统，由诸多环节组成，其中任何一个环节出了状况，都会成为该系统的"阿喀琉斯之踵"[2]。

所谓战争艺术，很大程度上是寻敌弱点的艺术，本书的出发点就是寻找美军的弱点。现实中，俄军曾痛击美军宙斯盾的"阿喀琉斯之踵"，废其武功，就差揪住头发割下首级了。

2014年4月12日，黑海。俄罗斯苏-24贴着美军阿利·伯克级宙斯盾舰唐纳德·库克号"战斗绕飞"12次，故意做出导弹攻击姿势，但又不放出导弹（故意未携带武器），调戏够了才扬长而去。整个过程持续90分钟，美军曾发出信号：你们想干什么？把我惹急了小心我揍你！然而，苏-24对美军的询问和警告根本置之不理，而美军也没敢做啥。[3]

位于希腊科符岛的阿喀琉斯雕像

美军的一贯作风是"只能我揍你，不能你惹我"，这回却忍气吞声蔫巴了。美军不是不想发作，而是不能，因为唐纳德·库克号的电子设备被俄罗斯

---

[1]
U.S. Department of Defense. Formal Investigation into the Circumstances Surrounding the Downing of Iran Air Flight 655 on 3 July 1988. https://web.archive.org/web/20060506205901/http://homepage.ntlworld.com/jksonc/docs/ir655-dod-report.html

[2]
阿喀琉斯之踵：阿喀琉斯是希腊神话中的著名人物，是色萨利国王佩琉斯与海洋女神忒提斯的儿子。出生时，母亲捏住他的脚后跟，将其放入冥河水里浸泡，使其躯体刀枪不入——除了脚后跟。最后，阿喀琉斯死于特洛伊战争，原因就是全身唯一的弱点"脚后跟"被敌军弓箭射中。

[3]
Jim Garamone. Russian Aircraft Flies Near U.S. Navy ship in Black Sea, Navy.mil, Apr 14, 2014. https://www.navy.mil/submit/display.asp? story_id=80360

干扰致盲，等于被对方用手帕蒙住了眼睛。[1] 连敌人在哪儿都搞不准，怎么出手？好在这不是真正的战争状态，否则唐纳德·库克号早就成了海底的铁棺材。宙斯盾号称360度无死角防御，看来也是吹过头了，这次惨遭俄军羞辱就是明证。

被对手羞辱一次已经很没面子，如果被同一个对手羞辱第二次，那就不可饶恕了。很不幸，宙斯盾被俄罗斯羞辱了两次，第二次暴露了该系统的另一个弱点。在拦截俄制"日炙"迷你型KH-31反舰导弹[2]时，宙斯盾失败了，而且败相难看：拦截导弹还没来得及发出去，KH-31已击中目标。

宙斯盾咋回事儿，就像动画片《猫和老鼠》中的汤姆，守在杰瑞洞口打瞌睡？

宙斯盾在岗敬业，一直睁大眼睛，只是被KH-31的末端蛇形机动动作晃晕了。再者，美国海军的鱼叉反舰导弹[3]跑得不够快（不到1马赫），速度不如KH-31（2.7~3.5马赫），如果出发迟，更追不上。

KH-31 反舰导弹

从试验数据看，宙斯盾已经够优秀——试验15次成功13次！不仅美军自己大量装备，还出口到韩国、日本、澳大利亚等盟国。但别忘了，宙斯盾拦截的主要是美军自家导弹，由于各种数据知根知底，相对容易；如果拦截别家导弹，在拿不到关键数据的情况下，宙斯盾有时不灵。

[1]
唐纳德·库克号为什么没有还手？俄媒称因为该舰被俄军电子战压制，全舰通信系统瘫痪。这一说法得到美国福克斯新闻和英国《太阳报》认可，但后来《纽约时报》撰文指出这是俄罗斯的"宣传"。哪种说法正确，还需进一步确认，笔者在此采信前说。

[2]
KH-31 导弹：俄制空对舰导弹，射程110公里，最大射速3.5马赫，被称为"预警机杀手"。

[3]
鱼叉反舰导弹：1979年列装，美国海军主战武器之一，有空射、舰射和潜射三种，射速0.85马赫。最开始，它以60米高度巡航飞行，捕获目标时进一步下降高度以免被发现，接近目标时突然跃升，向目标俯冲，进入舰桥内爆炸。由于美国海军并不指望一二枚"鱼叉"就击沉对方一艘大型军舰，所以对"鱼叉"要求不高：只是利用其冲击波和爆炸的碎片破坏敌舰雷达等装备，使之失去侦测和射击控制能力，之后再派出舰载机去彻底击沉之。

此外，宙斯盾还有第三个弱点——不太搞得定低空高速导弹。

据操作过该系统的美国军官爆料："该舰有重大弱点，无法防御低空高速导弹，在实战中可能形成致命伤。"[1]

要说清楚这个问题，得提到宙斯盾最重要的一环——负责终端制导的 AN/SPG-62 火控雷达系统[2]。如果目标的横截面反射值不到 $0.1m^2$，AN/SPG-62 只能有效跟踪 26 公里。这暴露了宙斯盾的一个弊端：如果目标是高速反舰导弹，瞬间能飞出 26 公里开外，AN/SPG-62 可能跟丢目标。

宙斯盾这个弱点已经被充分利用。以歼 15 战斗机发射的鹰击 12 反舰导弹[3] 为例，简直是为对付宙斯盾的软肋量身定做，其特点为"隐身"（减小被 AN/SPG-62 追踪的可能性）和"高速"（用 2~3 马赫的末端高速甩掉 AN/SPG-62 的跟踪）。

鱼叉导弹从提康德罗加级导弹巡洋舰上发射　　AN/SPG-62 雷达

作为一款神器，久负盛名的宙斯盾为何隐患迭出？

两个原因。

一是研发太早。

宙斯盾出道早成名快，可对手的武功也在不断进步，宙斯盾不能裹足不前，还得继续修炼。几十年来，该系统多次升级，与出道时相比已不可同日而语。然而，易容变脸易，凤凰涅槃难，宙斯盾毕竟"大局已定"，后面的改进属于"打

---

[1]
石江月：《大陆迅速回应"台独"挑衅 美关注大陆机密武器》，载《世界报》，2004 年 9 月 9 日。http://news.sina.com.cn/c/2004~09~09/12184277801.shtml

[2]
火控雷达（fire control radar，简称 FCR）：雷达的一种，隶属于 MK99 系统，用于提供资讯给火控系统，以计算武器发射的距离及角度，实际上就是用于终端制导。

[3]
鹰击 12 反舰导弹：大型超音速反舰导弹，2009 年服役，最大射程 600 公里，射速 2~3 马赫（1 马赫 =340.3m/s），可装备在轰炸机上，专门对付敌军大型军舰。

管理 - 装备篇　219

补丁"，基础性短板难以克服。

二是配套硬件升级难。

宙斯盾升级软件相对容易，同步升级硬件就不是那么容易了。道理很简单，宙斯盾系统需要依托各种硬件，各种硬件需要依托军舰，而军舰物理空间是一定的，没法随之升级。打个比方，军舰好比童装，宙斯盾升级好比孩子的身体不断长高长大，于是尴尬情况出现了：不断长大的身体必须套在一件童装里，请问怎么做到？

2016财年，美国海军开始建造阿利·伯克级3.0版导弹驱逐舰。美国政府问责局上门"找碴"，说其作用有限，比如船体不够大，根本放不下足够大的雷达（除了搜集信号需要加大功率，散热也需要相应空间），升级空间有限。[1] 对此，海军不认账：你们问责局多虑了！

不要说战争状态，就是在和平时期，宙斯盾似乎也不能履职尽责。近年来，美国海军频繁发生撞船事故，而不少涉事军舰都装备了宙斯盾。既然宙斯盾这么厉害，撞船是怎么发生的呢？

人在海上待久了，容易产生枯燥感疲劳感，值班人员当甩手掌柜，把活儿丢给自动系统是家常便饭。宙斯盾作为军舰上永不疲倦的眼睛，是美国海军避免碰船事故的"不眠哨"。因此，撞船事故频发，宙斯盾难辞其咎。鉴于宙斯盾这套高大上的系统不会疲倦，每一秒钟都枕戈待旦，那应该是技术问题导致碰船。据美方调查，宙斯盾维护不够，"独自"面对大量数据时，处理不及或判断失误，造成悲剧。美国海军时报网站爆料："为了省钱而裁员、简化培训程序、弱化维护，造成战备率急剧下降。"[2] 撞一次船是意外，屡屡撞船恐怕就不能归因于偶然了，战备率下降是美国海军的普遍现象。

想当年，马其顿方阵被认为牢不可破，亚历山大大帝靠它征服了世界，但最后被罗马军团发现短板，用短剑破了方阵。美军的宙斯盾系统，怎么破？谁来破？什么时候被破？

[1]
GAO. Arleigh Burke Destroyer: Delaying Procurement of DDG 51 Flight III Ships Would Allow Time to Increase Design Knowledge, Aug 2016, pp.45-53.

[2]
Philip Ewing. Study says Aegis radar systems on the decline, *NavyTimes. com*, July 7, 2010. https://www.navytimes.com/news/2010/07/navy_aegis_070510w

37
美军隐身装备现形记

每支军队都有一个梦想：我能打到对手，对手打不着我。

如今，梦想照进了现实，这得感谢"隐身术"。经常在军事文章中出没的F-117、F-22、F-35便是隐身装备的代表。隐身术应用最多的是战机，不过有个刻板印象得纠正——隐身≠隐形。新一代隐身战机需具备"4S"，"隐形"只是其中一个S。

何谓"4S"？

Stealth，隐形，对手看不见我，就好像披上哈利·波特的隐身斗篷；

Super Sonic Cruise，超音速巡航能力，不管是打还是逃，速度都得够快；

Super Maneuverability，超机动能力，近身搏斗时扭出各种高难度动作，像《天龙八部》中段誉那样"移形换影"；

Superior Avionics for Battle Awareness and Effectiveness，超级信息优势，躲在暗处，抢先发现对手。

隐身原理并不复杂：为防止被对方手里的"照妖镜"（雷达等）照到，有两个对策：一是把"照妖镜"射过来的波反射到其他方向而不是原路反射回去，这样对方就看不到自己了；二是干脆把"照妖镜"射过来的波"吃掉"。

相应的，研制隐身战机可以采取两个办法：一是"塑身整形"，把战机压制成"多宝鱼"形状，减少雷达反射截面积；二是"穿隐身衣"，抹上隐身涂料，使对方射过来的雷达波有来无回。

下面来个实例——以 B-2A 战略轰炸机 [1] 为标本，具体解剖一下隐身术：

B-2A 的正面与侧面

[1]
B-2A：世界上唯一一款隐形战略轰炸机，作战半径达 1.1 万公里，单架造价 24 亿美元，只生产了 21 架。1981 年开始研制，本来是为对付苏联量身定做，但第一次出手却是 1999 年科索沃战争。值得注意的是，正是这款战机向中国驻南联盟大使馆投下了炸弹。

管理 - 装备篇　221

1. 一眼望去，整机温润如玉，几乎没有"褶皱"。尤其是头部（驾驶舱）呈圆弧状，雷达波射过来会朝四面八方浪射，不会沿原方向反射回去；

2. "翅膀"后掠33度，其后半部看起来像两个W，使探测雷达波无法反射回其入射方向；

3. "佩剑"（机载导弹连同挂架）不再外挂，而是藏进"衣服"里（封在弹舱内，或埋入平滑的机翼下），避免雷达波反射；

4. 机身大部分是碳纤维和石墨等复合吸波材料，外面再喷涂特制的吸波油漆，吸收雷达波……

上面几大隐身术齐上阵，B-2A轰炸机的最大雷达截面积仅为0.1平方米！

然而，美国国防部的高级研究计划局却给"隐形装备"泼了一盆冷水：作战平台隐身技术已经接近物理极限，"美军研发隐身平台的速度，远远赶不上对手开发反隐身技术的速度，迫使美军不得不加快下一代作战飞机的研发，而如果单纯靠隐身技术只能是走进死胡同。"[1]

全世界对美军的隐身技术一片羡慕嫉妒恨，五角大楼却放出这话，难道隐身术真是明日黄花？

作为隐身战机的老前辈，F-117[2] 的确走进了死胡同，已经进入历史陈列馆。这

F-117机头正对目标时，雷达截面最小（左）；被南联盟击落的F-117部分残骸（座舱罩）存放于贝尔格莱德机场附近的航空博物馆（右）

[1]
Michael Peck. Did the Pentagon Just Admit Stealth Technology May Not Even Work Anymore? TASK&PURPOSE.com, Jul 19, 2018. https://taskand-purpose.com/military-tech/darpa-stealth-technology-limits

[2]
F-117：世界上第一款隐身战机，1991年海湾战争中大放异彩，在伊拉克的防空火炮中出动约1300次，摧毁约1600个目标，竟无一损失。该型飞机一共生产了54架，其中36架用于战备，其他用于训练。后因继承者F-22的出现，F-117于2008年"退休"。值得注意的有两点：（1）美国设计F-117隐形战斗机的想法是受到敌人苏联科学家彼得·乌菲莫切夫1964年一篇文章的启发，该文章认为物体对雷达电磁波的反射强度和物体的尺寸大小无关，而和边缘布局有比例关系，也就是说大飞机也可以设计成隐身的。（2）F-117项目于1973年立项，但直到1988年，美国空军从未承认该型飞机的存在。

款隐身战机出道最早，实际上只有"Stealth（隐形）"功能，缺少其他"3S"。F-117虽冠以"F"（Fight）的名号，但虚有其名，空战能力不咋的，主要负责轰炸的活儿。

1999年科索沃战争中，一架编号为82-806的F-117于3月27日执行完轰炸任务返航时被击落。南联盟市民踩在飞机残骸上吐口水，还不忘嘲讽一句：对不起，我们不知道你是隐身的！

F-117既然可以隐身，又是怎么被发现还被揍下来的呢？

除了吸波材料不够先进，还怪飞行员过于托大，不把南联盟放在眼里，每次去炸人家都在同一时间走同一条路线，被人家看出规律了，不办你办谁？[1]

如今，隐身战机已经从1S进化到4S，还会被揍下来吗？

没有发现不了的秘境，只有不努力的探索者。隐身战机的"整形手术"再厉害，也不可能像孙悟空的金箍棒那样，不用的时候缩小成针放进耳朵里，用的时候再放大成棒。隐身战机的局限性至少有两个方面：

第一，整形有极限。

麻雀虽小也得五脏俱全，隐形战机的"五脏六腑"一个都不能少，只能把外表做得光滑圆润，主要保证武器前行方向的雷达反射截面积尽量小就行。然而，对方的探测器[2]不会傻到只从前面侦察，而是会进行全方位探测。比如，从战机的上方或下方进行探测，其雷达反射截面积就会增大，可能被对方抓现行。

发现隐身战机的办法不止一个，仅用雷达就够它喝一壶了。战机采取塑形隐身的办法，对一定的雷达频段有效，而且主要规避的是"厘米波"雷达。"米波"波长1~10米，与现代作战飞机的尺寸相近，当电波射到飞机表面，会出现"谐振现象"，增加雷达反射截面积的值。无论隐身战机怎么做手术改变身材，在米波雷达面前也难以遁形。更重要的是，在实战中，隐形战机不太可能一直保持机头朝向对方，总要换个姿势，此时雷达反射截面积也会增大。

当然了，有一点必须清醒：反隐身雷达只能"发现"隐身战机，尚不能定位和跟踪。换句话说，你只知道有敌人来了，具体从哪儿来不清楚，更不要说实施

---

[1]
南联盟军队发现，当自己的雷达在异常波段上工作时可以侦测到F-117，使其短时间显示在雷达屏幕上。由于雷达开机超过20秒就很可能被美军发现，所以南联盟军需要经过多次短暂开机，才能发现F-117飞行时间和轨迹的规律。

[2]
探测器包括米波雷达、无源雷达和多基地雷达（雷达网）、预警机、高分辨率卫星等。

拦截[1]……

第二，隐形有代价。

一直以来，隐身装备面临一个两难选择：要全副武装，就得牺牲隐身功能；要隐身，就得牺牲部分武器性能。

以美军著名的朱姆沃尔特号隐身战舰为例[2]。军舰的个头儿比战机大多了，又是怎么实现隐身的呢？

朱姆沃尔特号隐身战舰号称"未来战舰"，集当今世界最高水平的科技成果于一身。隐身方面，它为了将"瘦身"进行到极致，采用了非规范的"斜角式"船舷，而且一半左右的船身藏在水下，雷达反射面积仅占全舰的2%。

这是朱姆沃尔特号厉害的地方，再来说说它的软肋。

第一，为追求隐身，朱姆沃尔特号"身材"怪异，距全封闭式的潜艇仅一步之遥。为把大多数武器藏在"盒子"里，造成空间局促，连中远程防空和反导系统也省了，导致其反导能力还不如普通的宙斯盾舰；

第二，为保证舰艇的稳定性，舰上导弹垂直发射系统分散布置，不得不牺牲垂直发射装置的数量，减弱了火力；

第三，从稳定性看，"斜角式"船舷设计有悖常理，不利于舰艇保持稳定。对此，美国内部曾激烈争论。反对者认为：如果巨浪从船后涌来，船尾被波浪抛悬在空中，很可能会失去横向稳定力而导致倾覆。

朱姆沃尔特号隐身战舰原计划造32艘，却一减再减，现在几乎锐减为零头——3艘了。

既然"整形"不那么好使，不是还有一招——"穿隐身衣"（涂隐身材料）吗？从理论上说，隐身涂层要真正吃掉射来的雷达波使其有来无回，厚度得达到1~3米。可哪里有"脸皮"这么厚的武器装备呢！

军舰个儿大不好隐身，飞机总可以吧？未必。

以美军最新式的F-35隐身战机为例，导弹封装在内置弹舱内，但有一种

[1]
Guy Plopsky, Fabrizio Bozzato. The F-35 vs The VHF Threat, *TheDiplomat.com*, Aug 21, 2014. https://thediplomat.com/2014/08/the-f-35-vs-the-vhf-threat

[2]
朱姆沃尔特号：以美国海军作战部长埃尔莫·朱姆沃尔特上将的名字命名，美军DDG1000驱逐舰的首舰，也是迄今为止最大型的驱逐舰（长约180米，宽约24.6米），排水量约1.5万吨，造价约43亿美元，这已经超过英国正在建造的伊丽莎白女王级航母。如果把研发费用也算进去，该型驱逐舰成本更是高达200亿美元。

常用导弹太长，装不进去——鱼叉反舰导弹（长度主要有 3.85 米、4.27 米、4.5 米三种）。如果发现海上有敌舰，需出动 F-35 去干掉对方，只能把鱼叉导弹挂在机翼下的挂架上。这样一来，会导致隐身效果下降。据美国五角大楼自爆，F-35 被发现的缺陷已多达 800 处！[1] 有专家怀疑，部分原因恐怕就是过分追求隐身所致。

从近年实战情况看，隐身飞机主要实施对地攻击，几乎没有进行过一次真正的空战，其空战能力因缺乏真正的实战检验而受到质疑。美军的隐身战机几乎没有遇到过等量级对手，其基本作战模式是：隐身飞机"拆大门" + 第三代轰炸机去"洗地"。

美军喜欢找自己的茬儿，早就通过"实操"去发现隐身战机（舰）的弱点。F-22 作为第五代隐身战机的杰出代表，有过被揍下来的经历。

对手是谁，这么厉害？

答案令人意外——EA-18G"咆哮者"电子攻击机[2]。

F-22 战机

"咆哮者"在演习中击落过 F-22，前者赶紧把战绩涂上机身

EA-18G"咆哮者"是怎么做到的，总不能招如其名，使出"狮吼功"吧？美方拒绝透露具体细节，只是轻描淡写地表示：这是"偶然事件"。[3]

然而，F-22 被一架电子战飞机干掉，真的是意外，还是 F-22 的软肋被击中了？

---

[1]
Terace Garnier. Pentagon Finds Over 800 Defects In Lockheed Fighter Jets, *Newsy.com*, Jan 31, 2020. https://www.newsy.com/stories/pentagon-finds-over-800-defects-in-lockheed-fighter-jets

[2]
EA-18G"咆哮者"：舰载电子攻击机，2009 年开始在美军服役。

[3]
Dario Leone. EA-18G with F-22 Kill Mark：what is the effectiveness of Growler's Jamming System against F-22 and F-35 Stealth Fighters? *TheAviationGeekClub.com*, May 19, 2019. https://theaviationgeekclub.com/ea-18g-with-f-22-kill-mark-what-is-the-effectiveness-of-growlers-jamming-system-against-f-22-and-f-35-stealth-fighters

38
美军找到了腐败的温床却不敢砸个稀巴烂

谁在控制美国？

A. 总统

B. 影子政府

C. 国会

D. 最高法院

据说99%的人做错了这道选择题，因为答案是E——商人。美国以商业立国，商业利益左右着国家的内政外交。在商人群体中又有一类非常特殊的群体——军火商。

美国军火商是一个特殊的存在，因为其大客户是政府不是百姓。尽管军火商也搞军民融合，既生产武器装备供应给军方，又生产民用产品提供给老百姓，但绝大多数军火商主要靠政府吃饭。以美国三个军工巨头波音、诺斯罗普·格鲁曼、洛克希德·马丁为例，在其总销售额中，军火收入长期稳定在3成、5成、7成。

美国三大军火商总部：波音（左）、诺斯罗普·格鲁曼（中）、洛克希德·马丁（右）

武器装备和国家安全密切相关，事涉机密，当由国字号军工企业研制，怎可下放民间造成不可控？美国可不这么想，研制武器装备的活儿常常外包给民营军火商。研制武器装备的大笔经费，主要以国防部招标、民营军火商竞标的形式展开。如今，美军之所以横行无忌，主要仗着一骑绝尘的高科技武器装备，而这些高科技武器装备多出自军火商之手。

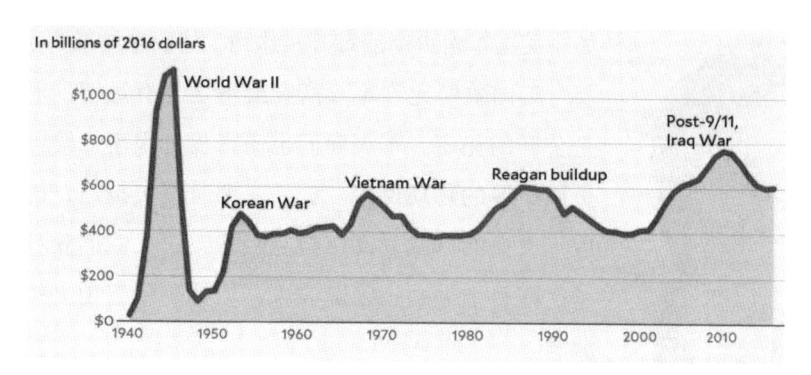

美国军费历史概况

1991年冷战结束后，美国军费陷入较长时期的跌落。当时，著名军火商马丁·玛丽埃塔公司（航天和电气领域的军工巨头）[1]董事长奥古斯丁[2]哀叹：这是军工产业的1929年![3]军火商的日子不好过，军方也很着急，如果没有高科技武器装备撑着，美军就成"纸老虎"了，所以还得仰仗军火商们。

美国国防部有个副部长专门负责武器装备采购，冷战结束后管这摊子事儿的人叫佩里（后当了国防部长）。1993年秋，他做东请客，客人正是各大军火商。这顿饭被称为"最后的晚餐"，因为饭局上促成

洛克希德·马丁公司总裁奥古斯丁

了一笔重要交易：军火商大合并。苏联解体前，美国大军火商至少有18家，苏联解体后，这些军火商经过几轮合并，到2001年只剩四家。也正是从2001年开

[1]
今天名满天下的洛克希德·马丁公司由以下两家公司在冷战结束后（1995年）合并而成：一是擅长设计制造军用飞机的洛克希德公司，二是航天、电子等领域的强者马丁·玛丽埃塔公司。另外，两大军用飞机生产商诺斯罗普公司和格鲁曼公司也合二为一，B-2轰炸机和F-14舰载战斗机分别是诺斯罗普和格鲁曼在合并前最著名的产品。

[2]
诺曼·奥古斯丁：1935年生，毕业于普林斯顿大学，在军火公司与政府间几进几出：1958年，在道格拉斯飞机公司担任工程师；1965年进入国防部办公室，任国防研究与工程部助理主任；1970年，加入LTV导弹与航天公司，担任高级计划和市场营销副总裁；1973年回到国防部，先后任陆军部长助理和副部长；1977~1978年，任马丁·玛丽埃塔公司首席执行官、董事长，1995年马丁·玛丽埃塔公司与洛克希德公司合并后，他出任新公司的总裁。

[3]
美国在1929~1933年爆发了全国性经济大危机，靠罗斯福新政才慢慢走出来。

管理 - 装备篇　　227

始，美国军费火箭般蹿升，达到二战以来的最高点！

美国政府允许军火商在成本之外有足够的利润，这是公开的秘密。军火商们也懂得投桃报李，给国防部官员以丰厚的物质回报。据《亚洲时报》报道，国防部收取军火商的巨款发动伊拉克战争，军火商们获利后则通过在账目上做文章隐瞒收入，填补贿赂五角大楼官员的漏洞。

Darleen Druyun
美国国防部文职女官员德鲁因

上梁不正下梁歪，国防部的头头脑脑们坐在家里数钱，具体办事员也不甘落后。2003 年，五角大楼采购官德鲁因代表国防部具体经手一笔和波音公司的交易——采购 100 架空中加油机。她答应了对方的报价，而对方则承诺给她转行后留个位子，年薪 25 万美元。[1]

对军火商来说，企业的核心竞争力建立在两点之上：一是武器装备的研制能力；二是与官方打交道的能力，最大的政治投资是资助竞选总统。[2]2001 年小布什入主白宫后回报竞选团队，军火商们是"功臣"之一。据统计，有 32 名军火商"商而优则仕"，不仅进了国防部，还进入国务院、国安会、能源部等要害部门。就国防系统而言：

国防部副部长沃尔福维茨和国防部审计长扎克海姆，曾为诺斯罗普·格鲁曼担任咨询工作；

海军部长英格兰德，曾任通用动力的副总裁；

空军部长罗歇，曾是诺斯罗普·格鲁曼的高管；

空军副部长迪茨，曾是洛克希德·马丁的首席运营官……

美国国防部官员离职后，一个重要去向便是军火公司，他们太清楚那里有多少油水。军火公司的人到国防部从政，国防部官员卸任后到军火公司上班，这就是所谓的"旋转门"。注意，这道门可不是随随便便对所有人开放，得纳"投名状"——利用职务之便，提前向对方输送利益。更牛的人，可以通过旋

[1]
此事后来被媒体曝光，德鲁因被判刑 9 个月，波音的首席财务官也被判刑 4 个月，CEO 则被迫辞职，该公司还被罚款达 6 亿多美元！

[2]
Eugene Gholz, Harvey M. Sapolsky. Restructuring the U.S. Defense Industry, *International Security*, Vol.24, No.3, Winter 1999/2000, p.16. 著名军火商洛克希德·马丁公司为了和官方搞好关系，专门成立了相关组织——政治行动委员会。

转门在国防部和军火公司之间杀个几进几出，比如前面提到的奥古斯丁。

军火商们不仅与国防部穿一条裤子，还把手伸到了国会，毕竟军费需求得国会尤其是众议院的拨款委员会点头。众议员是选出来的（任期2年），竞选是需要花钱的，军火商们便有了输诚的机会。2013~2014年，众议院拨款委员会大佬莫兰收到多笔军火商捐款，其中出手最大方的正是鼎鼎大名的洛克希德·马丁公司。[1]

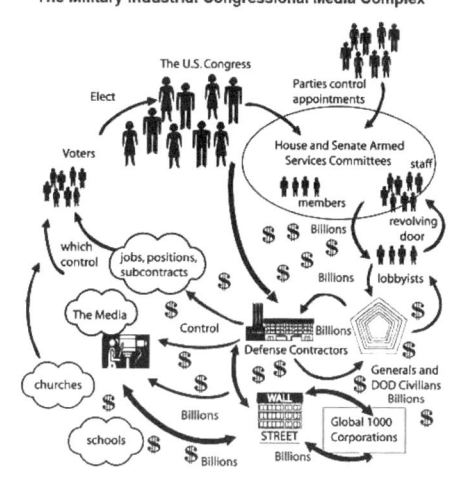

美国被谁控制？

军火商渗透的领域何止政府和国会，媒体和民间团体也有其代言人（通过资助等形式）。2013年，美国讨论是否要对叙利亚动武，在媒体上露面并主张动武的专家学者中，有22人与军火商有千丝万缕的联系。其中，最有代表性的人物叫哈德利[2]，曾是总统小布什的国家安全事务助理。2013年，他在多家媒体发声，以独立学者自居，却只字不提自己是雷神公司的董事且拥有大量股票。[3] 他力主对叙利亚动武的逻辑很简单：美国干仗常常是"战斧"（导弹）开路，而"战斧"正是雷神公司的产品。"头板斧"表现好消耗快，

美国前国家安全事务助理、雷神公司董事哈德利

---

[1]
Michael Lee Pope, Jim Moran. The $15 Million Congressman, *Connectionnewspapers.com*, Jan 30, 2014. http://www.connectionnewspapers.com/news/2014/jan/30/jim-moran-15-million-congressman

[2]
斯蒂芬·哈德利：1947年生，毕业于康奈尔大学，后来又在哈佛大学拿到法学博士学位，当过海军（1972~1975），后出任小布什的国家安全事务助理（2005.1.26~2009.1.20）。

[3]
Holly Yeager. Media analysts in Syria debate have ties to defense contractors, *WashingtonPost.com*, Oct 10, 2013. http://articles.washingtonpost.com/2013~10~10/politics/42896588_1_syria-debate-raytheon-stock-chemical-weapons

洛克希德·马丁公司的宣传广告："（敌人的）威胁永不会止步。"

一方面有利于东家雷神公司扩大知名度，另一方面也能接到更多订单，可谓名利双收。

美国国防部和军火商虽然是穿一条裤子的关系，但有时也会闹别扭。

2017年，美国空军地勤人员发现，部分F-35A战机内部出现生锈迹象。很快，海军的F-35C、海军陆战队的F-35B也发现有类似问题。F-35号称最高大上的战机，怎么会出现这种低级问题？

经调查，原因找到了——F-35机体表面的一些孔洞制造时误差较大，易被潮气侵入，造成机体内部生锈。很显然，这是制造商洛克希德·马丁公司的责任。

作为买家，国防部不干，要求洛克希德·马丁公司为所有F-35进行排查维修。该军火商的回应让国防部气不打一处来：第一，战机生锈是事实，但不是我们对F-35的研制有缺陷所致；第二，维修没问题，1.19亿美元维修费拿来先。

俗话说，顾客是上帝，洛克希德·马丁公司面对国防部这个大客户，凭什么这么嚣张？

嚣张自有嚣张的资本。美军第五代战机有两种，即F-22和F-35，都是由洛克希德·马丁公司生产。换句话说，洛克希德·马丁公司是垄断商，军方只能找其订购和提供售后服务，别无他店。冷战结束后，美国军火商大合并，固然提高了研制能力，但也形成了垄断。五角大楼过去促成了这种垄断，现在自食其果，尝到了垄断的苦果。

面对美军的维修要求，军火商狮子大开口要天价维修费也不是一次两次了。2012年，一架F-22战机着陆时不慎以机腹摩擦跑道，"肚子"受伤得看"医生"。猜猜"医药费"多少？3500万美元！

美军明显被"杀猪"了，却不得不照单付费。没办法，F-22生产线早已关闭，摔一架少一架，只有洛克希德·马丁公司能修。气人的是，洛克希德·马丁公司整整拖了6年才修好！

美国军火商对军界、政界、商界、民间的影响越来越大，对此，前总统艾森豪威尔早有先见之明。他于1961年1月发表辞职演说，特别表达了对军工复合体的担忧："强大的军事组织和大规模的军事工业的结合是美国的新现象，其全面影响力——经济的、政治的，甚至心理的，在联邦政府的每个城市、每个州的议会及每个办公室，都能感觉到……我们的各级政府必须对这种军事工业复合体有意或无意而获得的不正常影响力提高警惕。"[1] 艾森豪威尔担心军火商控制美国，不过这种最糟糕的情况尚未发生，军火商的影响力还没这么大，控制力还没那么强。究其原因，一方面，美国国内有反对军火商的监督力量（如在野党和媒体）与制约机制（如各种采办规定[2]）；另一方面，军火商在民间名声很臭，他们更重视实实在在的美元而不是政治前途。所以，艾森豪威尔似乎有些多虑了。

电影《战争之王》镜头之一

军火商再怎么黑心从五角大楼拿走纳税人的钱，好歹肉都烂在美国这口锅里。美国真正应该担心的不是"艾森豪威尔式忧虑"，而是下面这件事：当某一天美国经济出状况、差钱了，国防部无法给军火商们撒订单，军火商们出于逐利的本性或生存的压力，有可能偷偷向国外走私技术甚至装备。

还记得尼古拉斯·凯奇主演的电影《战争之王》吗？苏联经济崩溃后，军方偷偷向世界各国开放武器库做买卖。要是美国经济也崩盘，相似一幕也许会上演，而且有过之无不及。美国军火商做起事来，恐怕只会比解体后的苏军将领更加肆无忌惮……

[1]
Dwight D. Eisenhower's Farewell Address（1961）. https://kr.usembassy.gov/education-culture/infopedia-usa/famous-speeches/dwight-d-ei- senhower-farewell-address-military-industrial-complex

[2]
美国采办制度之严，程序之繁，规矩之多，以至于需要国防部在 1991 年专门开办了"国防采办大学"，以培训采购人员。

39

一颗别针499元，美军为何乐意被"杀猪"

在中国历代皇帝中，如果要评选最节俭的皇帝，你会选谁？

我投清朝的道光皇帝一票。听说过龙袍打补丁的皇帝吗？道光可以。

可惜剧情马上反转——道光吃一个鸡蛋要花3两银子。[1] 什么概念？相当于现在的900~2250元！可以买多少鸡蛋，自个儿算算吧。

类似的情况，正在美国发生。您买过单价299美元（当时折合人民币约2000元）的插座吗？美军在2018年买过，妥妥的土豪。市面上，美军采购的这款插座9美元就可以到手。也就是说，美军多花了32倍的价钱去买。而且，美军干这种事不是一次两次，而是多年的传统。

1984年，海军在P-3C猎户号反潜机上装一个马桶盖，640美元[2]，在E-2C电子侦察机上放一个烟灰缸，659美元。和海军比起来，空军更是挥金如土，在C-5A运输机放一个咖啡壶，高达7622美元！[3] 现在，美军的咖啡杯（有加热功能）便宜了一些，单价1280美元。[4] 不过，马桶盖的价位见涨：2018年6月，美国空军C-17、C-5运输机的马桶盖采购单价达1万美元。同年，市面上4美分

---

[1]
[清]何德刚：《春明梦录》（上），北京：北京古籍出版社，1995年。https://ctext.org/wiki.pl?if=gb&chapter=119831 何德刚是光绪朝进士，长期在吏部任主事。原文如下：德宗在书房，曾与翁文恭师傅闲谈，便问师傅："早起进内吃何点心？"翁对曰："每早吃三个果子（即鸡蛋包）。"德宗曰："师傅每早点心，要用九两银子了！"盖御膳房报账，一个鸡蛋须三两银也。孝钦太后生长寒门，民间琐事，无不周知，而内府蒙蔽尚且如此。甚矣，积重之难返也。

[2]
由于美国人民反对声浪太大，最后洛克希德公司（当时还没与马丁·玛丽埃塔公司合并）"忍痛"以每个马桶盖100美元的"跳楼价"贱卖。100美元都还有得赚，您想想如果按640美元成交，得赚多少！

[3]
康永升、黄荣亮：《持续的体制改革：战略规划指引美军抢占军事先机》，载《中国青年报》，2012年3月2日。

[4]
Stephen Losey. Air Force puts the kibosh on the $1300 coffee cup, Air-ForceTimes.com, Oct 23, 2018. https://www.airforcetimes.com/news/your-air-force/2018/10/23/air-force-puts-the-kibosh-on-the-1300-coffee-cup

单价的金属别针，美军的采购价为 71 美元 [1]，是市价的 1775 倍！

美国军费预算世界第一，是后面十几个国家的总和。每个财年美军向国会提报各种需求预算都是狮子大开口，能要多少要多少，钱到手后往往大手大脚。就好比过年发压岁钱，你以为只能要到 200，结果拿到 300，超出心理预期 100 元，花起来自然不心疼。

美军买的咖啡壶、烟灰缸、马桶座这些东西虽然贵，但使用率高，好歹用上了。可有些东西，花大价钱买了，却只是摆设。

2014 年，美国陆军已经拥有 9000 辆 M1 系列艾布拉姆斯坦克，其中一半躺在仓库睡觉，没见过蓝天长啥样。用都用不完，美军居然还在继续采购该型坦克。作为陆军掌门人，参谋长奥迪尔诺 [2] 是不是该出来负责？不赖他，而要怪国会的两个人——众议员乔丹和特纳。两人是俄亥俄州人，艾布拉姆斯坦

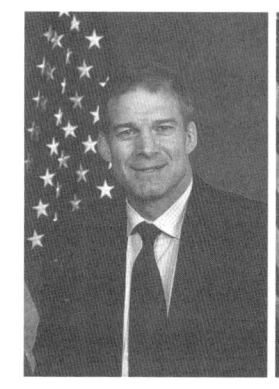

众议员乔丹（左）与特纳

克唯一的生产基地就在他们老家，正是两人要求陆军采购这些坦克。6 亿美元的大订单可以大大促进俄亥俄州的就业，是两位议员的亮眼政绩，更是他们继续当选的重要砝码。作为国家的议员，利用职位之便为老家办事儿，分明是地方本位主义。但这两位议员非但不觉得有啥不对，还十分骄傲，认为这样做真正体现了自己是俄亥俄州的"代表"。

生意是你情我愿的事儿，陆军为啥不拒绝两个议员的要求？陆军参谋长奥迪尔诺抗争过，曾提出一个要求：艾布拉姆斯坦克的生产暂停 3 年行不？但人家不答应。美军上将干不过两个众议员，因为两人是"众议院军事委员会"的人，特纳还主管战术空军与地面部队小组委员会：我老家这点小事儿都不帮，你以后是

[1]
John W. Whitehead. War Spending Will Bankrupt America, *Counterpunch.org*, Feb 16, 2018. https://www.counterpunch.org/2018/02/16/war-spending-will-bankrupt-america

[2]
雷蒙·奥迪尔诺：1954 年生，毕业于西点军校，美国陆军退役上将，第 39 任美国陆军参谋长（2011.9~2015.8），他曾在同一场战争中先后指挥师、军、集团军。

不是不求我办事了？

很多人以为美国总统最牛，其实那些资深议员才牛。第一，他们中不少人一辈子都是议员，不像美国总统最多干8年就得走人；第二，只有他们问责别人，没有别人问责他们，哪像总统成天被人盯口喷；第三，他们在某个领域有专断权，不像总统做个决定处处受掣肘。

军方在议员面前低头是家常便饭。2009年12月，美国向阿富汗增兵3万人，打算在南部建一个占地5900平方米的指挥中心给当地的海军陆战队用。战场指挥官知道后，赶紧向上司报告：不用建了，咱们的设施够用。不料，该建议被否决，战场指挥官不解，上司"指点"道：国会都同意拨款了，咱们再说够用不必建，以后这种钱就不好要了。这个指挥中心建成时，海军陆战队已经撤离。对此，美国阿富汗重建特别监察长索普科表示："这个指挥中心可以说是我在阿富汗看到的造得最好的建筑，几名海军陆战队将军曾试图说服国防部不要建造它，但他们的建议被束之高阁。如今这个指挥中心就空在那里，成为美国规划和问责制度落后的明证。"[1]

美军打仗喜欢牛刀杀鸡，"天价的战斧导弹打简易帐篷""平均25万多发子弹打死一个敌人"[2]等等司空见惯，已经不是新闻。所以，你在网上可以看到一些关于美军射击训练的短视频，根本不把子弹当回事儿，甚至打到枪管发红爆裂！有趣的是，美军一边浪费子弹，一边喊子弹不够用。记者采访第101空降师的美国大兵，有42%的人表示："在阿富汗不容易得到后勤配件，包括子弹。"[3]

上面这些花销够铺张了，但只是美军浪费军费的"小头"，浪费的"大头"另有出处——军事承包商。[4]

冷战结束后，美国国防工业重新洗牌，大部分武器装备的研制集中在几个

---

[1]
Sally：《阿富汗战争：看美军如何糟蹋钱》，载《看世界》，2017年第18期。

[2]
据华盛顿军事研究机构"全球安全"负责人约翰·派克披露，2002~2005年，美军在阿富汗和伊拉克消耗子弹60亿发，消灭敌人约2万多人，算下来杀死一名敌人需要30万发子弹，保守估计也得25万发子弹。

[3]
曾杨：《士兵抱怨子弹质量 军方四处求购弹药》，载《世界新闻报》，2006年10月25日。http://news.cri.cn/gb/12764/2006/10/25/1865@1272050.htm

[4]
为了专心打仗，美军的后勤保障几乎外包了。2011年，这类承包商在阿富汗和伊拉克多达20.9万人。

军事承包商手中。换句话说，国防工业形成了垄断，而垄断的价格你懂的。2011年，美国一个独立调查委员会向国会举报：美军在伊拉克和阿富汗两场战争中与承包商的合同存在严重的浪费和腐败现象，310~600亿美元打了水漂。对此，承包商表示很无奈。以阿富汗东部的一个次级承包商为例，为了安全起见，把承包资金的20%都孝敬了当地武装分子作为"保护费"。也就是说，美军等于间接把军费送给了敌人。

很多人认为，美军具有强烈的忧患意识，一直在寻找对手，没有敌人浑身不自在。其实，各位高估美军的思想境界了。美军之所以不断寻找敌人，还有更深层次的原因——利益。没有敌人，美军的存在还有什么价值？所以，没有敌人也要制造敌人，这样才能让本国老百姓感到忧惧，才会觉得部队有用，美军才能在国会要到钱。二战结束后，美国军费急剧缩减，军方急了，赶紧寻找新的敌人——苏联。俄国熊瘫倒后，美军重新寻找敌人，举目四望，一时半会儿没有发现合适的对手。没有单个等量级的对手，那就找个集体敌人，于是"流氓国家"炮制出台，朝鲜和伊朗等悉数入选。简而言之四个字：挟敌自重。

前线美军这么糟蹋钱，根子在国防部，所谓"上梁不正下梁歪"。

前方乱花钱，后方钱乱花。美国国防部有个军需供应局，见前方来了订单，也不检查库存有没有、有多少，直接采购新的。不差钱，就是这么任性。

话又说回来，美军乱花钱也有不得已的"苦衷"，只是有苦难言。每年申请预算，美军都使出浑身解数要钱，越多越好，有时候多到花不完。那么问题来了：如果上一年给你的钱都没花光，下一年还怎么开口要？所以，美军在财年结束前（每年9月）往往突击花钱。这可不是黑美军，而是美国监察机构Open The Books的调查结果。该机构曝光，2018年9月，美国国防部花掉了610亿美元，同比增长16%，其中最后一周花得最多——530亿美元，比整个8月都多。[1] 2019年3月16日，美国媒体《军事时报》（*Military Times*）也表

---

[1]
The Federal Governments's Use-It-Or-Lose-It Spending Spree——How the Federal Government Spent $97 Billion in One Month, *OpentheBooks.com*, Mar 2020. http://www.openthebooks.com/assets/1/7/UseItOrLoseIt_Finall.PDF
Open The Books是美国的一家非营利性组织，位于芝加哥郊区，2011年创立，在线发布和监督美国政府各机构的所有开支，该组织的口号是"It's your money"：这是你（纳税人——笔者注）的钱，你有宪法赋予的政府监督权，看到每个美分都花在哪里。

示，不仅国防部"突击花钱"，白宫各政府部门也这么干，大家彼此彼此，心照不宣。

美国监察机制不是很完善吗，怎么会听之任之呢？

监察部门也有一肚子苦水。以美国阿富汗重建特别检察长索普科为例，他领导的机构大力调查并揭发驻阿富汗美军的浪费行为，结果其所在部门被国务院裁员，到2016年只剩25人。再查下去，他估计要成光杆司令，连自己的"庙"都要被拆迁了。所以，负责监督的官员们很懂事，清楚有的问题"可查"，有的问题"不可查"，尽量与人方便，自己方便。美国军方的年度报告，国防部督察长要签字，但督察长大人往往加一个"免责声明"，因为他知道有些账目有问题但又不敢彻查。

在美军看来：咱不差钱，浪费一点没事，何况白宫其他部门都这么干。他们需要揭开中国隋炀帝的棺材板，请他出来上堂教育课：我老爸攒下的家底够花几十年，但我几年就折腾光了，还把国家折腾没了……美国如果不愿意学中国史，也该去温习一下西方史，特别是罗马帝国兴衰史。正是因为无节制的对外扩张、无限度的军事支出、无限制的铺张浪费，导致这个帝国不堪重负，只剩下罗马角斗场的残垣断壁供后人凭吊。

在美军混了30多年的资深"转业军人"戴维斯表示，美军有两个弱点，其中一个就是"超级烧钱"（另一个弱点是"过度依赖技术"）。[1] 美国媒体愤怒而又无奈地表示："在战争上大肆烧钱迟早要把这个国家玩破产。"[2] 由俭入奢易，由奢入俭难，过惯了纨绔生活的美军勒紧裤带要过紧日子之时，就是美国开始衰落之日。

[1]
Daniel L. Davis. The U.S. Military's Biggest Problem Isn't Russia or China, *NationalInterest.org*, Aug 25, 2018. https://nationalinterest.org/blog/skeptics/us-militarys-biggest-problem-isnt-russia-or-china-29742

[2]
John W. Whitehead. War Spending Will Bankrupt America, *Counterpunch.org*, Feb 16, 2018. https://www.counterpunch.org/2018/02/16/war-spending-will-bankrupt-america

40
美军这个大问题被曝光，重视不起来更解决不了

战争中有一个因素在暗中决定成败，却常常遭到忽视——武器装备的保养维修。

以中国人熟悉的甲午海战为例，日本海军舰队没有一艘军舰被击沉，而北洋海军5艘沉没（4艘被击沉、1艘自毁），受伤各舰到最后也没完全修好。以民族英雄邓世昌指挥的致

北洋海军的致远舰（约摄于1894年）

远舰为例，水密门橡胶封条年久破烂失修，中炮后迅速沉没。其他军舰也好不到哪儿去：大东沟之战，"因零件损伤，炮即停放者不少"；激战中，舰上各种配件"坏无以换，缺无以添"。[1]

配件没了就补，坏了就修，似乎很简单，但北洋海军为啥做不到？两位当事人的话提供了最好的答案。定远舰副管驾李鼎新说："船坞工匠太劣，工程太松，料件不周，致各船多有损坏，不能修理。"靖远舰船械三副郑祖彝也指出："料件不足，工匠无多，且皆下等，平时修船每以料无工缺为辞，及至战后修船，因料无则附会修补，因工缺则时日延迟。"[2]

还有更令人哭笑不得的事：当军舰受伤需要修理，才发现两个维修基地（旅顺和大沽）的修船工匠不够用，需从外地紧急征调，而来者却是"外行"——铁路和煤矿的工匠，如何修理军舰？

美军也曾有过类似问题。1996年台海危机期间，美军曾因弹射器周期故障检修，造成舰载战机一度停飞"撤出战斗"。如果是战时，恐怕谁也不会给美军检修的时间。

常言道，外行看指挥，内行看后勤，看不到武器装备维修保养对战争的重要作用，说明还是外行。

[1] [2] 兰台编辑：《重读甲午：北洋水师覆灭因"避战保船"吗》，凤凰网，2014年3月28日。http://news.ifeng.com/history/zhongguojindaishi/special/bizhanbaochuan

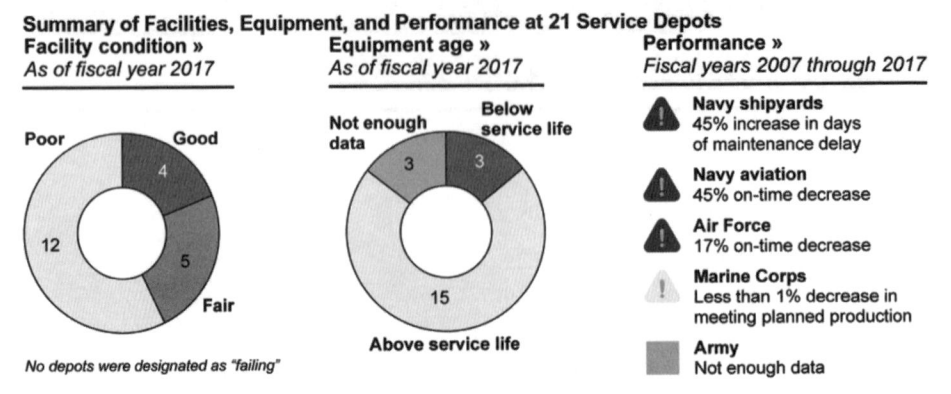

Summary of Facilities, Equipment, and Performance at 21 Service Depots

Facility condition »
As of fiscal year 2017
- Poor: 12
- Good: 4
- Fair: 5

No depots were designated as "failing"

Equipment age »
As of fiscal year 2017
- Not enough data: 3
- Below service life: 3
- Above service life: 15

Performance »
Fiscal years 2007 through 2017
- ⚠ Navy shipyards: 45% increase in days of maintenance delay
- ⚠ Navy aviation: 45% on-time decrease
- ⚠ Air Force: 17% on-time decrease
- ⚠ Marine Corps: Less than 1% decrease in meeting planned production
- ■ Army: Not enough data

Source: GAO analysis of service depot data. | GAO-19-242

美军各军种维修基地的状态（2007~2017 财年）

  一个国家有多少武器装备，徒具理论意义；有多少武器装备能用，才有实际价值。转头瞅瞅美军，别看他们依靠各类先进武器横行天下，但若遇到战力强特别是耐力久的对手，恐怕会力不从心。道理很简单，美军对付一般对手，几乎用不到 3 成功力，武器损伤不多，几乎用不到库存装备。表面上这是好事，但实际上可能是坏事，因为美军的武器装备维修保养能力没有机会得到检验和锻炼，库存武器装备则处于老化或缺乏维护保养的状态，可用率不高。

  盘点美军的现役武器装备库，你会发现"老兵"（超期服役的武器装备）不少。多款主战飞机（如 F-15 "鹰"战斗机、F-16 "战隼"战斗机、A-10 "疣猪"攻击机等）都已经 25 岁以上，部分甚至超过 40 岁。机器和人一样，年龄大了毛病多，得注意维护保养，否则容易出事儿。无怪乎在飞行事故中，美军飞行员往往毫不犹豫选择弃机跳伞。也许美国人认为人比飞机重要，但还有一个重要原因：飞行员对超龄服役的飞机实在是缺乏信心！

  美军在世界各地建立了大大小小的基地以存放或维修武器装备，遇到事儿了，再把人弄过去，到基地拿上武器就可以开打。可别小看武器装备的维护保养，它的影响有多大呢？美军自己提供的数据显示，库存状态下，因环境造成的武器装备损坏或失效比例占 60%！

  那么，美军这些基地的运行状态如何呢？

  2019 年，美国政府问责局出台了对 21 个主要基地 [1]（主要负责复杂武器装备

[1] 美军正在改革原有的四级维修体制（分队级、直接支援级、中继级、基地级），方向是减少层级为三级（分队级、直接支援级、基地级）或两级（野战级、基地级）。但无论怎么改，基地级维修都没变。

的维护保养和大修、急修）的调研报告，发现 12 个"运行状态较差"。[1] 其中有的维修基地长期"带病坚持工作"，看似节约了银子，实则造成极大浪费。以美国海军诺福克船厂[2]一座设备熔炉为例，"带病运行"整整 10 年，处理过的配件已经装到不少潜艇上。这就麻烦了——潜艇运行环境十分特殊，如果配件不合格，承受不了深海压力，要出大事儿。无奈之下，美军只好来一次全面大检查大更换，耗时耗力耗钱。早知今日，何必当初！

上述诺福克船厂这座设备熔炉只是美军维修基地的缩影，一些维修基地垂垂老矣，还得做到"鞠躬尽瘁，死而后已"。比如，美国海军在朴次茅斯、普吉特湾、诺福克和珍珠港有 4 个维修基地。其中诺福克船厂已有 250 年历史，美国独立战争时期就开始"上班"，干了一辈子革命工作，恐怕是资历最老的一个。其他几个基地也差不多有百岁了，珍珠港基地的墙壁上还能看到当年日本留下的弹孔。

美军驻意大利、挪威、比利时的 5 个武器储藏点接受检查时，发现海军陆战队布朗特岛司令部存在管理方面的严重问题：在非统计抽样[3]的 165 种车辆中有 124 种缺乏维护记录，比例为 75%；36 种武器有 30 种缺乏维护记录，比例高达 83%。美国素以依

诺福克海军基地

法治军著称，制定了武器维护保养的相关条例条令，规定了维护的周期和程序，但美军的落实情况堪忧。

美军受损的武器装备送到维修基地，无论是修还是换，一般会提出时间要求。然而，有一半维修基地不能按时交货。现代战争是系统作战，一环扣一环，其中一个环节断档，可能导致全系统停滞。以美国空军为例，2018 年，全球的

---

[1]
United States Government Accountability Office. Military Depots Actions Needed to Improve Poor Conditions of Facilities and Equipment that Affect Maintenance Timeliness and Efficiency, What GAO Found, Apr 2019.

[2]
诺福克船厂：建立于 1767 年，位于弗吉尼亚州诺福克县，美国独立战争期间曾被摧毁，后重建；美国内战期间第二次被摧毁，再次重建。

[3]
非统计样本：先要了解什么是"统计抽样"——它指的是同时具备下列特征的抽样方法：(1) 随机选取样本；(2) 运用概率论评价样本结果。不同时具备上述两个特征的抽样方法即为"非统计抽样"。

F-35 战斗机因为需更换的零件没到位,有近 1/3 的时间都懒洋洋趴在地面晒太阳。结果,美国空军具备"完全任务能力"的 F-35A 战斗机只占 34%。海军更糟糕,F-35C 的相应数据仅为 2%。[1]

美军维修基地面积一般不小,但缺乏统一规划,建得比较乱。美军没有专门的基地司令部,无人牵头进行统一领导和规划。有些基地因战事而建,一时挺热闹,但战争结束后需求和经费大大萎缩,难以为继。

对全球部署的美军来说,要进行军事物资补给,除了海外军事基地,海运能力也非常重要。[2] 对美国陆军和海军陆战队来说,其 90% 的装备是通过海运。[3] 2019 年 9 月,美国运输司令部组织了一次大规模海上补给演习,目的是摸清底数——世界上发生大规模军事冲突时,美国海运部队有多少船能够马上投入使用。演习结果为 40%,显然不及格。[4]

尴尬的是,美军明知自个儿海上补给能力欠缺,但短时间内也得不到改善。一者,美国海军要实现舰艇总数达到 355 艘的目标,大概需要 10 年持续投入,而且每年要撒不少于 120 亿美元的银子。[5] 二者,美国海军经费的大头被福特级航母和哥伦比亚级弹道导弹核潜艇这种大项目吃掉了,给军人们发饷也会花掉大把银子。掰扯下来,轮到扩充海运船只,只剩下残羹冷炙,饿不死就行,想吃饱还是算了吧。

美军维修基地和海运能力的问题早就暴露了,只是迟迟得不到改善。都说美军以效率著称,怎么就办不好这事儿?

[1]
王权:《美军多数维修基地"带病运行"》,载《中国国防报》,2019 年 6 月 24 日。

[2]
美国战略海上补给舰队由两个不同的机构维持,一是美国运输司令部下属的海事安全司令部,二是运输部下属的海运局。该补给舰队由四个关键部分组成:海上预置舰队、紧急海运舰队、待命预备队和海事安全计划。

[3]
Alec Blivas. Can the US Save Its Sealift Fleet? *TheDiplomat.com*, Aug 6, 2020. https://thediplomat.com/2020/08/can-the-us-save-its-sealift-fleet

[4]
Alec Blivas. Can the US Save Its Sealift Fleet? *TheDiplomat.com*, Aug 6, 2020. https://thediplomat.com/2020/08/can-the-us-save-its-sealift-fleet

[5]
此据 2020 年时任海军代理部长托马斯·莫迪(Thomas Modly)在众议院军事委员会上的证词。

军方把责任推给国会：你们钱没给够！美国众议院是管钱袋子的，所以美国陆军于 2018 年 11 月向众议院军事委员会吐槽："海上补给能力的欠缺削弱了美国常规威慑的有效性，因为即便是一支资源充足、训练有素的部队，如果对手认为他们能够在美国地面部队到来之前有机会实现其战略目标，那么这支部队的威慑价值也是有限的……2024 年开始，我们陆军的投送能力就悬了！"[1] 看到没，军方大有"勿谓言之不预"的意思：要是将来出状况，是你们不肯给钱造成的，可别怪我们军方没提醒。

在陆军之前，美国海军早就向众议院抱怨过，而且出面的是时任太平洋司令部司令哈里斯[2]。他表示：我只要到申请计划一半数量的潜艇，平时常规巡逻还凑合，可一旦遇到重大意外事件，怕是没有潜艇可以增派。众议员考特尼表示认同：由于缺乏维护能力和资金，一艘潜艇原计划 2 年修好却花了 4 年，另一艘潜艇则在码头等待维修排队整整 4 年，还有一艘潜艇没能及时得到维修，干脆失去下潜能力等于报废……[3]

船坞中的美军潜艇

除了武器装备缺钱维修保养，兵员也有不少缺口。近年来，美国海军之所以撞船事故频发，主要原因之一就是出勤频次激增，但人员没增加，这意味着每个人平均出勤的次数大为增加，单调感疲劳感厌恶感一上来，不出事才怪。据美国海军负责人事工作的高级官员称，2019 年海军舰艇上空缺岗位是 6250 个，2020 年

---

[1] Alec Blivas. Can the U.S. Save its Sealift Fleet? *TheDiplomat.com*, Aug 6, 2020. https://thediplomat.com/2020/08/can-the-us-save-its-sealift-fleet

[2] 哈里·哈里斯：1956 年生，日裔美国人（生于日本神奈川，父亲是美国海军军士长，母亲是日本人），曾任太平洋司令部司令（2015.5.27~2018.5.30），是美国海军历史上第一位亚裔上将，被美国军方誉为"东亚通"。他退役后从政，担任美国驻韩大使。哈里斯对华不友好，受到国会对华鹰派欢迎。

[3] Steven Stashwick. U.S. Pacific Command Needs More Submarines as Navy Struggles to Maintain Force, *TheDiplomat.com*, May 12, 2017. https://thediplomat.com/2017/05/us-pacific-command-needs-more-submarines-as-na- vy-struggles-to-maintain-force

增加到 9000 个！[1] 空军也存在类似问题，如 E2C 预警机的标准配置是 5 名飞行员，但常常只有 4 个人。

如果美国打的仗规模小、时间短，武器装备的维修保养差一点还看不出问题；但如果规模大、时间长，恐怕就有大麻烦了。过去，美国的对手强悍（日本、德国、苏联等），逼得美军在武器研发制造和维护保养上不敢松懈。如今，美军一家独大，独孤求败，武器装备的研发失去足够的灵感，维修保养也缺乏足够的动力。

[1]
David B. Lader. US Navy looks to hire thousands more sailors as service finds itself 9000 sailors short at sea, *navytimes.com*, Feb 10, 2020. https://www.navytimes.com/smr/frederal-budget/2020/02/11/us-navy-looks-to-hire-thousands-more-sailors-as-service-finds-itself-9000-sailors-short-at-sea

支援 - 文化篇

本章名为"支援 - 文化",其实内容较杂,如最后一篇"美军在印太战区的弱点"就难以归入"人事 - 文化"。所以,严格来说,本章可视作"杂章",反映的是美军在体制 - 机制、作战 - 训练、管理 - 装备之外的弱点。

41
这条教训美军反思后整改12年竟不如当年

一天半才吃到一顿饭，

饿得不行伸手向老百姓讨东西吃，

鸡蛋成为最美味的食物，

痛痛快快冲个澡是奢侈的愿望……

看到这种形象，很多人脑子里估计会浮现"丐帮"两个字。其实，它描述的是美军，准确说是伊拉克战争中的美军。上面这些画面正经出现在美国电视台，假不了。按说，这不应该。1991年海湾战争，美军反思检讨不足，排在第一的正是后勤保障。谁能想到伊拉克战争中，美军的后勤保障居然还不如12年前的海湾战争。

俗话说，兵马未动，粮草先行，既然要第二次彻底收拾萨达姆，美军为啥没有提前备足粮草？

第一个原因很好理解——伊拉克战争中，美军未得到足够的国际支持。

1991年海湾战争，美国获得了联合国授权，得到了几乎所有国家的支持——包括伊拉克周边的5个国家。这些国家对美军提供了必要的后勤支持，包括开放自己的部分国土作为美军进攻伊拉克的前进基地，使其能够提前囤积粮食物资和兵力。

2003年伊拉克战争就不同了，美国并未获得联合国授权，是赤裸裸的单边主义和霸权行径。有的国家跟着干，看似仗义、实不道义，在历史上留下记录未免不光彩。因此，美国得到的支持（包括后勤支持）大幅减少，具体表现为：

一方面，大伙儿不愿出钱当冤大头了。海湾战争花掉611亿美元的天价，但美国只出了59亿，不到十分之一，其他的大伙儿凑份子众筹了。但伊拉克战争，除了英国，几乎没有一个国家愿意掏腰包——包括海湾战争中很大方的日本。俗话说，大河无水小河干，战争经费不够，投入到后勤物资上的钱当然也相应减少。

另一方面，朋友们不愿助纣为虐了。海湾战争，提供军事基地、机场和关口的国家有40个，伊拉克战争锐减到15个。上一次，还有十几个国家除了借地，还直接给物，提供了价值几十亿的实物支持。而这一次，提供实物支持的只有科威特和沙特等几个国家。特别值得一提的是土耳其，美国本来准备从科威特和土耳其两线并进，对伊拉克实施南北夹击。没想到，都快开战了，土耳其突然说No，不许美国借道。

第二个原因有点儿匪夷所思——美军过度吸取海湾战争的教训。

海湾战争中，美军后勤保障提前到位，向战区运送了4万多个集装箱的物资。但直到战争结束，居然有8000多个箱子（价值100亿美元）没有开封，动都没动过。更搞笑的是，箱子里有啥，有多少，也不清楚。也就是说，至少多运去8000箱物资，造成极大浪费。更令美军后勤部门郁闷的是，仗打完了，这些用不完的物资还得运回老家，花了整整1年时间不说，运费又砸进去27亿美元。

海湾战争打完收工，按照美军的习惯，必须在鸡蛋里挑骨头，不检讨出一堆教训决不罢休。在长长的教训清单中，排在第一的就是后勤——太浪费。

美军后勤人员在整理物资

总结了教训，下一步得整改，具体措施是——按需实时补给。美军后勤部门收到整改方向和目标，心里很是不爽。这里需要普及一下美军物资供应储备水平，一般用4种颜色加以划分：绿色（G级）——最充分，然后是琥珀色（A级）、红色（R级）、黑色（B级）。海湾战争的后勤保障显然属于G级——把足够的后勤物资统统运到前线。这种保障方式优点明显，保证战斗部队的物资管够，前线后方都喜欢。可纳税人不高兴，因为它造成了极大浪费。为了向纳税人有交代，国防部要求后勤部门整改，原则就是：既要充分保证前线部队的后勤供应，又不能浪费。

后勤部门接到整改通知直呼"臣妾做不到"：这不是又要马儿跑，又要马儿不吃草吗……为了贯彻落实上级指示，不能把所有种类的后勤物资都保持在"绿色"水平，总有些得降低到其他颜色的状态。但打起仗来，后勤储备不足影响了战事，吃不完兜着走，基本上职业生涯就到头了。谁愿意冒这个险？

吐槽归吐槽，干还得干。后勤部门尽管知道风险大，也不得不硬着头皮整改。海湾战争中，美军采取前沿基地保障、机动基地保障、伴随保障[1]互相结合的方式。而在伊拉克战争中，只储备1~2周的后勤物资，各部队自带7天干粮，不够就靠动态补给——由远离战场的阿里法贾恩后勤大本营（位于科威特南部）直接向作战部队提供保障（油料、弹药、饮水等）。

效果怎样呢？

作为美军后勤改革的成果之一，"全球资产可视化系统"发挥了重要作用，对保障需求和保障情况（包括后勤人员、物资、装备等）一目了然，避免了海湾战争后勤保障的弊端和浪费。

然而，知道对方需要什么、需要多少，以及自己有什么、有多少还不够，能够及时送到部队手里，后勤改革才叫成功。从结果看，动态按需补给殊非易事，所以出现了本文开头的惨象——美国大兵36小时才吃到一顿饭。出现这种情况，原因之一是一线部队推进太快，后勤保障跟不上趟。以第3机械化步兵师为例，进军速度是海湾战争时期的3倍，后勤部队连扬尘都看不到。到了晚上，美国大兵没地方睡觉，只能在车里凑合。

美军后勤部门保障不了部队就算了，连自己都保护不了，这就尴尬了。2018年底，美国军事学院的教官在总结后勤领域四大困境时，第一点就是后勤人员自身难保。[2]最广为人知的"事故"是女兵林奇被俘事件——她所在的第507修理连跟不上作战部队，失去保护，在纳西里耶城外遭到伏击。从来都是美军打人，哪有人打美军，这一挨打，第507修理连的后勤官兵蒙圈了，一个个不知所措。作为后勤女兵，林奇更是紧张得枪卡壳，一枪没打出去就被伊军活捉。当然了，美军宣传机器很强大，把这次"事故"变成了"故事"（美媒报道她打光所有子弹，力竭被俘）……美军十分忌惮自己的女兵被敌人活捉，一线战斗岗位几乎不对

2003年7月22日，林奇（右）获铜星勋章（授予英勇战斗的士兵）和紫心勋章（授予受过伤的士兵）

---

[1]
伴随保障：在敌纵深建立后勤基地，随着战线推进，再建立一个个补给站。

[2]
Fred Brown. The Four Logistics Dilemmas Awaiting the Army on the Modern Battlefield, *mwi.usma.edu*, Nov 29, 2018. https://mwi.usma.edu/four-logistics-dilemmas-awaiting-army-modern-battlefield

女性开放。然而，在被誉为经典的伊拉克战争中，却出现了美国女兵被俘这样的败笔。

后勤的重要性再怎么强调也不过分，不重视后勤输得底儿掉，教训比比皆是，比如拿破仑和希特勒在入侵莫斯科时都不约而同吃过这个亏。二战名将隆美尔之所以战败，输在一个字——油。油不够，装甲车跑不动，隆美尔再是军事天才也没辙。所以，他说过的一句话被广泛引用："战斗在第一枪打响之前是由军需官决定的。"[1]

很多人认为美军后勤支援能力很强，这种印象之下掩盖了美军后勤上的软肋。海湾战争和伊拉克战争之前，美军后勤存在软肋，在这之后，仍然存在。1983年，美军入侵袖珍国格林纳达，两天搞定，但后勤保障的表现惨不忍睹：后勤分队的头儿不知道如何铺设安全输油管线，不知道应该在什么地方为运输机选择空投场地，不知道怎样将种类繁多的弹药准确发到前线官兵手中。西点军校教官布朗曾前往阿富汗和伊拉克，他在2018年写的一篇文章这样描述初出茅庐的后勤军官："他们并不清楚如何在弹片横飞的战场上保证油料的安全输送，也不知道怎样才能冒着被敌人伏击的危险指挥运输车队前进。"[2]

在寻找美军后勤支援局部问题的时候，也要看到其整体保障的强大。海湾战争的保障难度有多大？一个形象的说法是：相当于把整个阿拉斯加全体居民及其家当搬到太平洋彼岸！试问，世界上有几个国家能做到？

找美军后勤保障的弱点，不是为了嘲笑，而是为了借鉴。美军"按需实时保障"的改革虽然出了岔子，但这种试错的勇气值得肯定和学习，毕竟很多成功之路恰恰是试错试出来的。

有这样一个脑筋急转弯：一艘船怎样才能永不沉没？

答案是：不下水。

这个脑筋急转弯背后是一句名言："船停在港口很安全，但那不是我们造船

---

[1]
Defense Industry Daily staff. "Battles are Decided by the Quartermasters": US Army Modernizes Its Logistics, *DefenseIndustryDaily.com*, Feb 1, 2010. https://www.defenseindustrydaily.com/Battles-are-Decided-by-the-Quartermasters-US-Army-Modernizes-Its-Logistics-06144

[2]
贾春牛：《战场需要真懂作战的后勤军官》，载《中国国防报》，2018年12月31日，第4版。

的目的。"说这话的人叫霍柏，被评为美国历史上最优秀的 7 名女兵之一。[1]

看到美军在战时"按需实时保障"出纰漏的时候，更应该思考的问题是：我们能否做到？

1983 年，总统里根（左）特批霍柏（中）晋升海军准将，她成为了美国历史上第一位女性准将。霍柏 80 岁时才退休，又是退伍年龄最大的美国军人

[1]
2020 年 3 月，"美国军网"（Military.com）评选出 7 名女兵代表，称其在服役期间或回归社会后发挥了重要作用，依次为：碧·亚瑟（Bea Arthur，退伍后成为电影明星）、邓伍迪（Ann E. Dunwoody，第一位女性四星上将）、格蕾丝·穆雷·霍柏（Grace Murray Hopper，著名计算机专家）、艾琳·柯林斯（Eileen Collins，首位女航天飞行指挥官）、哈里特·塔布曼（Harriet Tubman，南北战争期间带领黑奴逃到北方，登上 20 美元面值的纸币）、埃尔西·S. 奥特（Elsie S. Ott，二战时期的著名护士）、莎拉·艾玛·埃德蒙兹（Sarah Emma Edmonds，南北战争时期的著名护士，当过间谍）。其中，格蕾丝·穆雷·霍柏有着太多光环和故事，最著名的一则是她发明了"bug"一词的另一个意涵。1944 年 9 月 9 日，Harvard Mark II 不明原因停止运转，她仔细检查后发现，是一只飞蛾飞进继电器造成短路。于是，她将飞蛾的残骸贴在研发记录簿上，并说自己发现一个"bug"（意为"小虫子"），就是这东西造成电脑停止运转。此后，在这个部门中，凡是任何引起电脑停止运转的错误都被称为"bug"。如今，这个词已经在其他领域被广泛使用。

42

作战零伤亡，竞赛零金牌

2019年10月，世界军人运动会在武汉举办，中国代表队以绝对优势名列第一，美国代表队仅列第35位，一枚金牌都没拿到。

排名	国家/地区	金牌	银牌	铜牌	总计
1	中国	133	64	42	239
35	美国	0	3	5	8

第七届世界军人运动会中美两国成绩排名

看到这类新闻，很多"美粉"不以为意：美国对这类比赛压根儿不重视，没拿到好名次是因为美军不在乎这种所谓的"国际比赛"，只是象征性派出二流选手，顶尖选手没去。

一方面，这种解释有一定道理。美国被邀请参加国际军事赛事，派出的往往是"二线队员"，如国民警卫队（相当于民兵），且采取"就近派人+自愿报名"原则，不是从全军挑选尖子，更不会进行赛前针对性集训。美军在赛事上成绩不佳，但在实战中好像换了一个人，表现出色。以1989年"银杯赛"坦克挑战赛[1]为例，美军派出大名鼎鼎的M1艾布拉姆斯坦克参赛，居然惨遭垫底，但该型坦克在随后的海湾战争首次投入实战，表现却不俗。[2]

另一方面，这种解释不全面也不客观。美国并非完全不重视，也想拿名次。

---

[1]
银杯赛：起源于冷战初期，北约各国装甲部队举办银杯赛，以检验各国装甲部队的作战技能水平，并增强彼此之间的合作。1963年，第一届比赛由驻扎在西德前线的加拿大第4机械化旅主办，奖杯是一个银质"百夫长"坦克模型，故名。1991年因苏联解体，银杯赛举行最后一届后停办。后来，随着俄罗斯军力复苏，特别是坦克部队发展迅速，北约又于2016年重新启动坦克比赛，并更名为"强大欧洲"坦克挑战赛。该项比赛产生了很大影响，俄罗斯举办"坦克两项"比赛，一定程度上就是和北约赛事暗中较量。相比之下，俄罗斯主办的比赛更重视速度，北约主办的比赛更重视精度。

[2]
海湾战争中，美军投入M1/M1A1艾布拉姆斯坦克1848辆（主要是驻西德的第1、3两个装甲师），对伊拉克坦克形成绝对碾压。比如，伊拉克使用的苏制T-72坦克以红外线夜视仪搜索目标，在配备热影像夜视仪的M1面前等于主动报告自己的位置。如果伊拉克坦克企图开动发动机驱动炮塔射击，会让自己更加暴露。整个战争期间，美军仅23辆M1/M1A1坦克损毁（其中9辆损伤的坦克是友军误击所致），但坦克乘员没有一人在作战中阵亡，可见该型坦克除了进攻性能强悍，自身防护性能亦佳。

2016年，"强大欧洲"坦克挑战赛在中断15年之久后首次卷土重来。[1] 这项由北约内部举办的比赛1963年就开始了，是以和苏联发生坦克大战为背景。1991年苏联解体后，该项赛事失去意义，停办多年。后来，北约看到俄罗斯军方恢复，于2016年把这项比赛重新捡起来，恢复之后的首届比赛受到广泛关注。美军蛮重视，其他国家都只派出1个坦克排，美国派出了2个，显然有增加胜率的考虑。

2016年"强大欧洲"坦克挑战赛
奖杯背景是获得冠军的德国豹式坦克

可惜事与愿违，结果很尴尬：一共才6个参赛队，美国代表队居然连前三都没进。比第一名德国差不算丢人，连意大利都不如就说不过去了。舆论汹汹之下，时任陆军参谋长马克·米利为了对军队上下和全美老百姓有个交代，在《纽约时报》进行辩解："今天，大部分陆军只知道与恐怖分子和游击队作战，因为他们都是在"9·11"事件以后才加入陆军的。但在面临更严重威胁的时候，我们的能力在过去15年中被逐渐荒废了。"[2] 治安战，坦克的确不太能派上用场，用进废退，以至于美国陆军坦克兵的某些技能严重退化。

2016年栽了没关系，知耻而后勇，再来过。那么，后面这几次比赛，美军表现如何呢？[3]

2017年，第3名，在6支代表队中总算挤进前三；

2018年，第8名，在9支代表队中倒数第二……

"强大欧洲"坦克挑战赛尽管时断时续，但也搞了几十次。如果说美国代表队偶

---

[1]
这届比赛于2016年5月10~12日举行，只有6个国家的8个坦克排参加，规模很小。德国、丹麦、波兰获得前三名，后三名依次是：意大利、美国、斯洛文尼亚。

[2]
Helene Cooper. Long Emphasis on Terror May Hurt U.S. in Conventional War, Army Chief Says, nytimes.com, May 15, 2016. https://www.nytimes.com/2016/05/16/world/africa/army-milley-africa-terrorism-land-war.html

[3]
2016~2018年这三届的名次如下：
2016年：(1) 德国；(2) 波兰；(3) 丹麦；(4) 意大利；(5) 美国；(6) 斯洛文尼亚。
2017年：(1) 奥地利；(2) 德国；(3) 美国；(4) 法国；(5) 乌克兰；(6) 波兰。
2018年：(1) 德国；(2) 瑞典；(3) 奥地利；(4) 法国；(5) 波兰；(7) 英国；(8) 美国；(9) 乌克兰。

支援 - 文化篇　251

尔栽跟头还能算作"意外"，综合成绩总没法狡辩。可惜，他们只拿到过一次冠军，而且是遥远的1987年。讽刺的是，美国这次拿到第一靠的是M1艾布拉姆斯坦克，仅仅两年后再次参赛还是第———不过是倒数。

2018年的"强大欧洲"坦克挑战赛中
美国车组扛着负重轮狂奔

就2016~2018年这三次"强大欧洲"坦克挑战赛来说，第一次没拿到好名次，第二次有所进步，第三次又倒数第二。2016年，军方解释说治安战打多了，那么2018年这次又是啥情况？

2018年这次坦克挑战赛，美国派出的是第1机械化步兵师，即大名鼎鼎的"大红一师"。名声在外，总还是要脸的，咋就弄个倒数第二这么丢人现眼的成绩？

细细分析就发现原委了。

"强大欧洲"坦克挑战赛比的是多个项目的综合成绩，其中攻势行动、防御行动、火力支援是最重要的三个项目，此外还包括测距、精准驾驶、修理救护、弹药搬运等。换句话说，该项比赛既注重乘员的作战能力，也强调乘员要具备全面的专业技能。"大红一师"一向重视攻防，在这两项上表现不错，但由于轻视修理救护等项目的训练，其他单项成绩严重拖了后腿。

这个案例其实代表了美军的特点：一俊遮百丑。美军不是没有弱点，只是大家往往只看到其优势，没注意那些被优势掩盖的弱点，"灯下黑"。

美军在重视的实用领域一向强悍。比如，美军打了十几年反恐战争，特别重视狙击恐怖分子，特种兵们的狙击能力很强，在重要的国际比赛中成绩霸道。2019年3月17~22日，美国在北卡罗来纳州布拉格堡（Fort Bragg）陆军特种作战司令部主办了国际狙击手大赛，21个国家（包括德国、法国等）的代表参加，前三名全部被美军包揽。值得注意的是，2016~2018这三年的冠军得主都是美军。也就是说，美军在该项赛事实现了四连冠，与同期参加的"强大欧洲"坦克挑战赛形成鲜明对比。

这也和大伙儿从国内媒体上得到的印象不一样——在国际军事赛事中，美国代表队往往惨不忍睹：

2001年"爱尔纳·突击"国际侦察兵竞赛[1]，美国代表队只拿到第23名，中国队获得第一名；

"国际勇士"特种兵竞赛[2]，中国代表队三度（2013年、2014年、2017年）拿到冠军，美国代表队的名次一般；

2009年，中国特种兵首次参加"安德鲁波依德"第14届北约国际特种兵竞赛[3]，以绝对优势打破6项纪录，取得金牌数、奖牌数和参赛队总分3项第一，总体成绩比美军好（美军只派了4个志愿者前往）……

透过这些表象，得看到本质，否则会"雾里看花，水中望月"，造成误解。

首先，不少赛事含金量不足，美国韬光养晦，并没有派出最强阵容，还往往采取"就近派人、自愿报名"的原则。"爱尔纳·突击"国际侦察兵竞赛由爱沙尼亚主办，美国派出的只是马里兰州的国民警卫队，而且之前没参加过，之后也没参加过；"国际勇士"特种兵竞赛的主办方是约旦，感兴趣、来参赛的国家更是寥寥；北约国际特种兵竞赛看起来高大上一些，但放在斯洛伐克举办，看起来也差点意思。

其次，由于在一些项目上的标准和理念不同，美军在赛事上的成绩也受到了影响。比如射击，美军更注重射击速度而非精度。美国记者卡普兰参观了美军教官教导其盟国部队的射击训练后写道：在战场上，没有那么多时间给你瞄准，你需要以最快的速度出枪，打不着对方要害没关系，先让其丧失战斗力，再补第二枪就是了。[4]美军这一射击理念，是丰富的实战经验喂出来的。到底是速度重要，还是精度重要？恐怕实践才是检验的唯一标准。

特种兵的传统技能（如强健的体能和精湛的技术），美军确实有所退化。这

---

[1]
"爱尔纳·突击"国际侦察兵竞赛：由爱沙尼亚（波罗的海国家，面积仅4.5万平方公里）从1994年开始每年一届举办的国际军事竞技项目。1998年以前，这项赛事只有欧洲国家参与，1998年中国第一次参与，而美国只在2001年参加过一届。该项赛事含金量不高，各国派出的参赛队伍比较杂。

[2]
"国际勇士"特种兵竞赛：由阿拉伯国家约旦发起，该国面积仅8.9万平方公里，还不如中国的江苏省大（10.7万平方公里）。

[3]
北约国际特种兵竞赛：由北约组织成员国斯洛伐克军方主办，是为常规军事力量中的空降兵部队或特种部队（主要是前者）举办的年度军事竞赛，每年举行一次。

[4]
[美]罗伯特·D.卡普兰著，鲁创创译：《大国威慑》，成都：四川人民出版社，2015年，第22~25页。

主要是因为美军对特种兵的角色定位发生了变化：由单兵向联合转变，由体能向智能转变，由打手向专家转变。他们遇到跑步和越障（主要是体力）之类的竞赛项目往往直接弃权，而射击之类的项目则表现不错。

国际军事竞赛结果一般取决于三个方面的因素：实力、态度、评分规则，其中第三点常常被忽略。由东道主国家制定的竞赛评分规则往往和美军的标准（如联合）并不"对口"，在这种情况下，美军重视也可能拿不到好名次，如果不重视，名次就更难看了。

合适的才是最好的。美军的战斗力标准不一定适合其他国家的军队，美军今天擅长的作战能力也不一定适合明天的敌人。根据对手的变化，及时调整和培养相应的作战能力才是最重要的。苏联解体后，美军一度失去发展方向，不清楚该重点培养什么样的作战能力。"9·11"事件爆发，美军猝不及防，把对付苏联那一套用来对付恐怖分子，才发现不好使。同样的道理，如果美军把对付恐怖分子打"治安战"的经验用来对付新的对手。估计同样不好使。

总之，如果不能制定规则（不管是竞赛或是战争），就必须尽快适应规则，否则等着你的只能是四个字——淘汰出局。

43
美军一大软肋被兰德公司曝光

众所周知，美军喜欢检讨教训而不是总结经验，打了败仗反思问题，这可以理解，打了胜仗还用显微镜找软肋，可以诊断为"自虐"。既然美军这么爱找自己的茬儿，问题都该堆积如山了，各位又知道多少呢？

美军检讨出来的关键教训不会告诉外人尤其敌人——主动曝光自个儿的重要弱点，不是傻到家了嘛。所以，美方如果公开自揭问题，十分难得。这一次，曝光美军一大软肋的是兰德公司这样的知名智库，值得玩味。

兰德公司曝光了美军什么软肋呢？

一次军事演习后，兰德公司提醒美国军方：隐形战斗机需要飞得久一点，拓展作战半径，但燃油不够用，需要带"空中保姆"随行——空中加油机，以多次为其补充能量。然而，如果空中加油机被击落，隐身战斗机无法持久，作战半径大为缩小，作战能力将受到严重限制。最后，兰德公司干脆直言不讳：未来美国空军的空中加油机是对手的主要打击目标。[1]

加油机对美军到底有多重要？

2015年7月1日，美国空军轰炸机联队2架B-52H战略轰炸机从路易斯安那州起飞，花了22个小时绕大半个地球，抵达澳大利亚西北部上空，投下一串炸弹后扬长而去。

美国当然不会对"好友"澳大利亚动手，这只是一次演习。山姆大叔醉翁之意不在酒，表面是炸澳大利亚，其实是针对中国。美国军方人士承认：这次行动旨在检验美国空军从本土出发攻击南海目标的能力。[2]

战机往返44个小时连续飞行不着陆，理论上，全世界没有一架战略轰炸机可以独立完成。B-52H战略轰炸机能做到，是因为人家有"奶妈"随行——空中加油机。

[1]
《深度：美F-22一大弱点曝光 解放军可用这一战术对抗》，新浪网，2016年7月19日。http://mil.news.sina.com.cn/jssd/2016~07~19/doc-ifxuaqhu0717055.shtml

[2]
施洋：《战略空军从空中加油开始》，载《看世界》，2015年8月下，第82页。

支援 - 文化篇　255

拥有加油机有多幸福？

1986年，美军欲空袭利比亚，但法国和西班牙不给面子，不让空中借道。这意味着美军F-111轰炸机就算从铁哥们英国的基地出发，也得飞越8300多公里（其中绕道2200公里）。法国等国不借道，难道大哥这事儿就不办了吗？

1950年，一架加油机给4架战斗机"喂奶"

山姆大叔表示：照办不误，咱有空中加油机，求人不如求己。为此，美军出动了19个"空中保姆"，为F-111加油8次！利比亚见法国等不借道，以为美国就消停了，哪想到美军轰炸机能飞这么大老远到自己头上丢炸弹。

美军加油机第一次在实战中大打出手是在越战。其间，172架KC-135加油机飞行近2万次，为各类飞机加油410万吨，未受到对方什么威胁。没办法，越南人穷得叮当响，也就能在地上给美军制造麻烦，哪有力量去打天上的加油机。

越军不能把美军加油机弄死，而美军加油机自己却差点作死。1964年5月，一架KA-3B"天空勇士"加油机（尾翼编号142665）舍己为人，多次为其他飞机加油，结果自己的油不够了，只好向"同事"（尾翼编号142654）求援。不料，1架海军A-4E"天鹰"攻击机突然也跑过来要求紧急加油。可怜编号142654加油机连续加油之后，几乎油尽机亡，赶紧摇摇晃晃找了个简易机场降落，卧床休息。

上面这个不算啥，还有更尴尬的事儿。2004年，一架A-10攻击机接受KC-135加油后，发现受油管拔不出来。让地面人员处理吧，没法降落；跳伞

三机"串联"

吧，A-10受油管又在座舱旁边无法弹射。这么"比翼双飞"下去不是办法，大家最后得一块儿"殉情"。过了整整45分钟，才想到法子搞定：A-10切断受油管电力供应，使之失去吸力，终于放开供油箱，加油机和攻击机两只劳燕才各自单飞。

空中加油机当属美军最强，令人意想不到的是，目前在美军服役的空中加油机主力KC-135竟是年过半百的"老人"。伊拉克战争中，美军使用的192架KC-135空中加油机43岁，到现在已60岁高龄。人老了容易生病，需要治疗，飞机老了也一样。因此，美军每次行动，几乎都有大约15%~30%的加油机休病假。

为了给空中加油机传宗接代，美军准备了最新款的KC-46"飞马座"加油机。为防止"飞马"遭到攻击，美军考虑为其加装激光武器进行自卫，以对抗敌人的空空导弹。注意，是"考虑"而已，真要实现，得10年之后。也就是说，KC-46出去逛天街，10岁之前都没盔甲穿，长期处于裸奔状态。

美军好几款空中加油机都很能干，除了提供"一对一"尊享服务之外，还有"一对多"套餐服务，一架加油机一次为多架战机加油。这是其优势，但恰恰也是其弱点。如果打下美军一架加油机，等于把其他战机的"脚筋"给抽了，跑不了太远就得乖乖回家。

美军加油机助人为乐，自己却"非常脆弱"。美国知名智库战略与国际研究中心（CSIS）航空航天安全项目主任哈里森表示：空军必须让它们"远离敌人的威胁圈"，"这意味着，我们的飞机在返回并再次对接这架加油机之前，不可能深入敌境。"

加油机保护不了自个儿也就算了，还可能连累其他兄弟。加油机为其他机种加油，是双方最脆弱的时候。加油机一般由运输机改装而成，最明显的特征是"肚大腰粗"，虽然可以装更多油，但也增加了在对方雷达屏幕上暴露的机会。隐身战斗机接受空中加油，也会因为空中加油机的肥胖体型受到牵连，一起暴露。美军战斗机世界第一，极难对付，但如果被加油机"牵挂"无法抽身，那就有好戏看了。

有人说，击落美军的空中加油机当然是个好办法，但很难，理由有三：

第一，空中加油一般在战场之外进行，有一个隐秘的"空中加油走廊"（海湾战争时期就设在波斯湾上空），被发现的概率不大；

第二，空中加油机有预警机报信，发现危险可以逃跑，也可以选择召唤战斗机来当保镖；

第三，美军加油机迄今为止还没有被击落过。

看似有理，实则不然。

第一，战争如果相持不下，空中加油机不能为了自己的安全离那么远，得放弃既设的"空中加油走廊"，有时得靠前提供服务，被发现的概率就大了；

第二，预警机也有失灵的时候，战斗机激战正酣没有工夫去保护加油机，拦截对方导弹也不是那么容易；

第三，最近几十年，美军作战对象基本都是小国，但要是与大国发生战争，加油机恐怕不敢那么肆无忌惮。第四代隐身战机可以上场灭灭美军加油机的威风，抢在对方护航机群之前搞定加油机。加油机本身防护能力弱，就好比手无寸铁的平民，警察（美军护航机群）不可能保证24小时一直在身边提供服务，或随时出现。如果美军不怕空中加油机挨揍，何必既搞隐身加油机，又开发激光武器加装在加油机上？

对付美军加油机有一个前提：不能被剥夺制空权（至少不能被完全剥夺），否则对方就会肆无忌惮，就像当年欺负越南和利比亚那样。伊拉克战争中，美军加油机还保持在敌人威胁范围之外，到了阿富汗战争，美军欺负人家缺乏空中力量，地对空武器又打不了多高，就让加油机飞到阿富汗上空，只要保持一定高度就可以了。

洛克希德·马丁公司提出的隐身运输机、加油机模型

总之，美军空中加油机的安全建立在"非对称战争"的基础之上，如果美军和实力接近的敌人打过仗，加油机早就被击落多次了。试想，冷战时期美国和苏联真要打起来，美军的空中加油机不知道被揍下去多少……

44
美军再厉害，这一步走错了往往很惨

伊拉克战争美军打得太"好"了，以极小的代价推翻了萨达姆政权，全世界惊得目瞪口呆。其实，美国在战争一头一尾遭遇了一小一大两次尴尬。

先来看美军在伊拉克战争初期遭遇的尴尬：情报失误导致提前动手，打草惊蛇打乱既定计划。

美国打伊拉克就跟大人揍孩子一样胜券在握，所以小布什于3月17日晚8点（美国东部时间）自信满满地通知萨达姆：给你48小时考虑，限期内滚出伊拉克，否则我就踹开你家大门踢你屁股！不料，美军不守信用，于3月19日凌晨5:30（美国东部时间）提前"踹门"了。

难道美军48小时通牒是障眼法，提前动手是想达成偷袭效果，给萨达姆来个措手不及？

这倒不是。喜欢搞偷袭那是日本，美国在这一点上强多了，特别是实力碾压对手的时候更不会这么干，否则会被全世界耻笑，太跌份。实情是这样的：临战前，中央情报局获得一个重要情报，急忙第一时间向老板小布什报告邀功：萨达姆正在一个叫朵拉的农场里！小布什一听：天佑美国天赐良机，来个斩首行动一锅端，赶紧的……

于是，伊拉克战争提前10多个小时开打。可惜，美军没能将萨达姆斩首，倒不是军方无能，而是因为中情局的情报错了——老萨不在农场。美军郁闷了，原定进攻计划的序幕是突袭斩首55名伊拉克高官，讨个好彩头，因改为斩首萨达姆而取消，结果两头都没捞着，竹篮子打水一场空。[1] 想必军方对中情局一肚子意见——成事不足，败事有余。

前奏有点儿不愉快不碍事，美军后面打得够"漂亮"，大胜的光芒十分耀眼，把前面的小失误掩盖得严严实实，这个插曲至今没多少人知道，只是伊拉克战争"尾巴"上这个失误就怎么藏也藏不住了，全世界人民都晓得——美国随后把伊拉克翻个底朝天也没找到所谓的"大杀器"，而这正是美国对伊拉克动武的理由……

[1]
Operation Iraqi Freedom: A chronology of the six-week invasion of Iraq, drawn from the Frontline documentary, *PBS.org*. https://www.pbs.org/wgbh/pages/frontline/shows/invasion/cron

考虑到美国的"国设"在大多数中国人眼里已经崩塌，这里姑且假设美国真的相信伊拉克藏有"大杀器"才去打老萨，那么，美国为何如此肯定？

缺乏证据，纯属推测。据时任总统小布什在回忆录《抉择时刻》中交代，他对下面两个问题百思不解：

1. 如果萨达姆没有大规模杀伤性武器，为什么他不肯向核查人员证明这一点呢？

2. 在我读过的每一份对萨达姆的心理分析报告中，都说他是一个不服输的人。要是他如此重视保有手中的权力，为什么会假装拥有大规模杀伤性武器，甚至赌上自己的政权呢？

小布什太想知道这两个问题的答案了，抓到萨达姆后，赶紧让联邦调查局去审。老萨十分委屈："（我）害怕被伊朗当成弱者，甚于害怕被盟军推翻。"[1]刚才引用的是小布什回忆录的中译本原文，如果让笔者来翻译会这么处理：误会了误会了，其实老萨我就想在伊朗面前装大尾巴狼而已，大哥您这么聪明，应该看得出来啊……

中情局情报失误，买单的是军方。尽管几十天的伊拉克战争中美军损失很少，但后来陷入十多年"治安战"泥潭，伤亡数据翻了几番。美国因情报失误拖累军方的教训不少，有的问题已经解决，有的毛病则难以根除，而且还会重蹈覆辙。笔者客串医生为山姆大叔把脉，发现有三大"顽疾"难以根除：

顽疾一，各情报机构搞本位主义，明争暗斗

提到美国的情报机构，中情局的大名无人不知。[2]谁能想到，如今风光无限的中情局在1947年成立之时，曾遭到其他情报机构普遍反对，而且反对者大名鼎鼎，如联邦调查局、国防情报局等。而这只是美国情报机构内斗内耗的冰山一角。[3]

[1]
[美]小布什著，东西网译：《决择时刻》，北京：中信出版社，2011年，第247、248页。

[2]
美国的国家层面有18家情报机构，其他情报机构有"妈"，是隶属于大部（如国防部、国务院、司法部等）的"二级部"，只有中情局是独立的。

[3]
中情局的前身是1942年6月成立的战略情报局，主要为参联会服务，但麦克阿瑟不太重视战略情报局，导致陆军情报局与战略情报局在西南太平洋地区不能合作。

中央情报局位于弗吉尼亚的总部大楼

如果用历史的眼光纵向打量山姆大叔，不难发现其有集权化趋向，联邦政府是这样，国防部是这样，中情局也是这样。与此同时，美国的分权体制和制衡传统又决定了机构集权不可能彻底得逞。就情报界而言，尽管二战后由中情局统筹情报，却出现了更大漏洞，导致"9·11"惊世大惨案发生。说起来，美国情报系统各大机构负责人难辞其咎，因为他们一个老毛病没治好，那就是明争暗斗：你中情局不是要统筹情报吗？我的情报可以给你，但对不起，是没啥价值的那种……

"9·11"事件让美国人发现，中情局统筹不了情报界。鉴于其在情报界嚣张跋扈积怨太深，其他情报机构不太买账，美国干脆另起炉灶设立国家情报总监[1]，作为18家国家级情报机构[2]的总协调人，由总统直接指挥。

理想很丰满，现实很骨感，美国各部门山头主义的毛病是娘胎里带来的，独立战争的时候就特别严重，200多年来不仅没有治好，反而渗透到全身上下每一个毛孔和细胞，情报部门亦不能幸免。不信咱们拭目以待，看美国下次情报界出大错是不是因为各情报机构仍然互不兼容。

顽疾二，过度依赖技术情报，冷落人力情报

提到人力情报，很多人眼里会浮现出007的经典特工形象。可惜英雄迟暮，

---

[1]
国家情报总监这一职位是根据2004年《情报改革和反恐法案》而设。

[2]
这18家情报机构分为三类。第一类：项目管理机构类，六个——（1）国家情报总监办公室；（2）中央情报局；（3）联邦调查局；（4）国家地理空间情报局；（5）国家侦查局；（6）国家安全局；第二类：行政部门，五个——（7）禁毒署国家安全情报办公室；（8）能源部情报与反情报办公室；（9）国土安全部情报与分析办公室；（10）国务院情报与研究局；（11）财政部情报与分析办公室；第三类：军方情报机构，七个——（12）国防情报局；（13）空军情报、监视、侦查局；（14）陆军情报和安全司令部；（15）海岸警卫队情报处；（16）海军陆战队情报处；（17）海军部情报局；（18）太空军情报机构。

中情局前任掌门哈斯佩尔

无所不能的"007们"正被"新时代特工"打败——以间谍卫星和网络技术为代表的高科技。美国特别倚重科技，更喜欢从辽阔太空和无形网络渠道获取情报。传统人力情报虽然没被抛弃，但已经失宠，此长彼消之下，特工队伍遭到削减。1994~1999年的六年间，美国驻海外情报站有约1000名特工辞职。[1]

通过人力获取的情报，有的是依靠科技搞不定的。比如，间谍卫星从天上可以盯着一座桥，但桥墩有多高，桥面有多厚，卫星看不到。而且，地面可以通过伪装等手段，骗过远在九天之上的间谍卫星。1998年5月，美国就因单纯依靠间谍卫星被印度欺骗。当时，印度连续多次进行核试验，美国事先居然没有侦知，更不要说采取对策了。[2] 之所以出现这种失误，重要原因之一就是美国在印度几乎没有招募一个特工。前国防部长拉姆斯菲尔德承认："多年以来，我们一直过度依赖飞机和卫星，甚至不再重视在地面上通过人工获取情报。"[3] 如果你读过斯诺登的回忆录《永久记录》，会发现他就是依靠网络情报，对人力情报则比较鄙视[4]，而斯诺登的看法代表了美国情报界的共识。

值得注意的是，中情局前掌门人哈斯佩尔（2018年5月21日上任，2021年卸任）很特别：第一，她在美国海外情报一线摸爬滚打了16年之久；第二，她上任后强调要重视人力情报；第三，她是一位女性；第四，她从29岁（1985年）离婚后至今未婚。不过，美国更重视从科技渠道获取情报是大势所趋，她任职期间就算（部分）恢复人力情报的地位，也并没有扭转主要依靠科技获取情报的趋势。

[1]
郭峰：《影响美国情报体制改革的几个因素》，载《情报杂志》，2005年第2期，第111页。

[2]
详见本书"管理-装备篇"之《美军最担心失去的镇军之宝》。

[3]
[美]拉姆斯菲尔德著，魏骅译：《已知与未知：美前国防部长拉姆斯菲尔德回忆录》，北京：华文出版社，2013年，第333页。

[4]
斯诺登在《永久记录》中写道："通常专精于该情报（指人力情报——笔者注）的项目人员，都是严重的愤世嫉俗者、烟酒在手的迷人说谎家、对SIGINT（即 Signals Intelligence 的缩写，一般译为信号情报，包括通信情报和电子情报等——笔者注）兴起或是通过拦截取得情报满怀愤恨的人。"见《永久记录》，北京：民主与建设出版社，2019年，第135页。

顽疾三，分析情报以己度人，出现错读误判

就算美国治好了前面两个顽疾，还有一个顽疾会一直折磨山姆大叔。美国对情报进行判读时，由于制度、传统、文化、心理等方面的差异，有时会犯"以己度人"的错误。

按照美国人的处世原则，弱者绝不应和强者作对，那等于找死。山姆大叔绝不会这么做[1]，认为对方也不会。结果，美国不仅错了，还一错二错三错，并为此付出了沉重代价。

弹丸之地日本敢打万里之遥的美国？

中国共产党刚得天下，敢为了朝鲜对抗二战后如日中天的美国？

苏联那么牛都不敢在美国头上动土，区区恐怖分子敢惹美国？

看上去很有道理，但统统被冷酷的现实击得粉碎。二战时期的珍珠港事件，冷战时期的朝鲜战争，后冷战时期的"9·11"事件，美国都出现致命的情报失误，可谓美国情报界"三大耻"。

以抗美援朝战争为例，第一次战役是1950年10月25日正式打响的，有少数志愿军官兵被俘。中情局之前评估说中国不会出兵就算了，这之后连续出了3份评估报告，还说中国只是小股部队在欺骗美国，其中1950年10月31日的报告是这样写的："也许数量很少的一小撮中共军队目前正在朝鲜作战，但是中情局认为，这些士兵的出现并不代表中共打算直接或公开地干涉朝鲜战争。"[2]纵观前后十余份中情局评估中国是否会出兵朝鲜的解密报告，结论基本都是中国不会大规模介入，理由总结起来主要有三点：（1）中国自身力量不够，不敢干预；（2）中国缺乏苏联支持，不会干预；（3）中国已经失去最佳干预时机，不宜干预。其实，美国人只是从战术和军事得失层面进行研判，并不了解新中国的想法。

有人可能会说：美国面对实力不足的对手，出现情报误判情有可原；但面对等量级对手，即使以己度人，也不会出现误判吧？

不仅出现了，还差点让美国面临一场比珍珠港和"9·11"事件更大的灾难。

古巴导弹危机事件中，苏联通过船只把导弹和人员运进古巴。美国为了解具

---

[1]
19世纪，英国还是世界霸主，美国遵循绝不轻易和英国作对的原则。如《海权论》作者马汉一再强调：千万千万不要和英国作对。

[2]
《中情局关于中国是否介入朝鲜的评估报告》（1950年10月31日），沈志华、杨奎松主编：《美国对华情报解密档案第12编·中国与朝鲜战争》，上海：东方出版中心，2009年，第73页。

体情况，天上飞机 24 小时全天候监视，并根据船只数量、可利用的甲板和舱位空间来判断装备和人员的最大运输量。然而，苏联运到古巴的军力大大超乎美国意料。国防部长麦克纳马拉向总统肯尼迪报告，说苏联运至古巴的军事技术人员顶多 8000 人。实际数字高达 42822 人，是美方情报研判的 5 倍多！[1] 原来，战斗民族不仅特别能战斗，还特别能吃苦，美国认为只能装一个人的地方，苏联硬是塞下两个人……美国以为自己主观上不会做、客观上做不到的事情，别人也一样，所以不时被打脸。

美军的强大，离不开情报的支持。同样，美军的失败，有时候也拜错误情报所赐，只是有的失败立竿见影很快能看到，有的失败需要一段时间才能显现。

[1]
[美] 迈克尔·多布斯著，陶则慧等译：《午夜将至：核战争边缘的肯尼迪、赫鲁晓夫及卡斯特罗》（Epub 电子版），北京：社会科学文献出版社，2015 年，第 8 页。

45
美国人对军人评价很高，自己却不愿当兵

不少人印象里，美军是打遍天下无敌手的存在，形象酷、收入多、地位高，满世界旅游，退役后还有各种保障。在美国，参军似乎是个不错的职业选择。近年来，华裔美军在媒体上频繁曝光，其他外国裔到美国后加入美军的人也不少。那么，军人职业对正宗美国人尤其是精英群体的吸引力又如何？

2009、2013 年，美国著名调查机构皮尤研究中心（Pew Research Center）先后做过同一个主题的调查：十大行业[1]对社会的贡献度，军人都以绝对优势高居榜首，分别有 84% 和 78% 的人认为军人贡献最大。有趣的是，尽管大家都认为军人对社会贡献最大，但愿意去当兵的美国人却越来越少。纵向的数据更能说明问题，就参军意愿而言，70 后 80 后是 60 后的三分之一，00 后则是 60 后的六分之一，可谓一代不如一代。

普通美国人愿意当兵的比例越来越低，更别说社会精英了。2015 年巴黎发生恐怖袭击[2]后，哈佛大学政治学院进行了一项调查，结果值得玩味：你是否支持美军打击"伊斯兰国"（ISIS）武装分子？回答"是"的占 60%。但被问到是否愿意亲自上阵时，比例跌至 15%。根据美国国防部的统计，2014 年参军的初级军官中，美国排名前 20 大学出身的人仅占可怜的 0.5%。[3] 这么低的比例不是那一年的特殊现象，而是长期如此——退回去 20 年，这个数字也只有 1%，好不到哪里去。上具体案例：1958 年，美国普林斯顿大学 750 名毕业生有 400 多人服役，占 53%；2006 年，该校约 1100 名毕业生中，只有 9 人参军，比例不足 1%。

---

[1]
调查的十大行业：军人、教师、医生、科学家、工程师、神职人员、艺术家、记者、商务行政人员、律师。

[2]
2015 巴黎恐怖袭击：2005 年 11 月 13 日、14 日凌晨爆发在巴黎及其北郊的连续恐怖袭击事件，造成来自 26 个国家的 127 人当场死亡，300 多人受伤，被称为法国自二战以来最严重的恐怖袭击。"伊斯兰国"组织随后宣布对此事负责，并称这是对法国空袭叙利亚和伊拉克"伊斯兰国"组织的报复。

[3]
Department of Defense. 2014 Demographics: Profile of The Military Community. https://download.militaryonesource.mil/12038/MOS/Reports/2014-Demographics-Report.pdf

美国国会议员透露："普林斯顿并不是特例，因为这种现象现在随处可见。"[1]美国记者进一步证实：美国的顶尖学府都不鼓励毕业生参军。[2]

　　美国军校培养的军官只占约15%，军官最大的来源是地方大学的"国防生"项目（ROTC），约占50%（2020年数据），毕竟美国大大小小的高校差不多7000所[3]，基数比62所军校[4]大太多。美军的"国防生"项目进驻各大高校，吸引学生参加的诱惑之一是提供奖学金。比如，加入美国陆军在哈佛大学的"国防生"项目，每年可以拿到约4万美元奖学金。这够不够有诱惑力呢？经济萧条时期，这个奖学金有一定吸引力，但其他时候就不一定了。特别是名校，自身造血功能强大，优秀校友还会提供大量捐赠，这些钱有相当一部分用作奖学金。以麻省理工学院为例，60%的学生都可以拿到奖学金。如果拿到的奖学金比"国防生"项目更多，还不用参加训练，毕业后也不用去部队服役（现役4年，预备役4年），你还会参加"国防生"项目吗？连《纽约时报》也认为："'国防生'项目在精英大学的吸引力比较小，常常只对经济条件较差又得不到资助的学生有诱惑力。"[5]"美国版知乎"Quora有这样一个问题：美国哪个大学的"国防生"项目最好？一个职业分析师是这样回答的："你在那儿无非就是来回走走军步、看看地图、参加体能测试，纯属浪费时间。"[6]

哈佛大学的"国防生"

[1]
[美]约翰·阿尔奎拉著，董浩云等译：《顽敌：阻力重重的美军转型》，北京：解放军出版社，2013年，第158页。

[2]
[美]罗伯特·D.卡普兰著，鲁创创译：《大国威慑》，成都：四川人民出版社，2015年，第380页。

[3]
有授予学位资格的大学不到5000所。

[4]
该数据来源于美国军校网 https://militaryschoolusa.com/all-states。

[5]
Michael Winerip. The R.O.T.C. Dilemma, nytimes.com, Oct 26, 2009. https://www.nytimes.com/2009/11/01/education/edlife/01rotc-t.html

[6]
https://www.quora.com/Which-American-colleges-universities-have-the-best-ROTC-programs

可选择的兵源少了，而部队又必须维持一定数量，那就只有一个办法——降低参军标准，这不可避免会导致兵员素质下降。近期研究表明，就基本知识能力而言，如今40%的美国海军陆战队军官达不到二战时海军陆战队军官的选拔标准。

部队招不到优秀兵源，连著名军校的报考人数也在下降。冷战结束后，美国海军军官学院和空军军官学院的申请人数下降很厉害。2005年，报考海军军官学院的人数由上年的13922人降至11140人，降幅20%。空军军官学院更惨，由上年的12430人减至9604人，降幅23%。资格最老的西点军校数据好看些，报考人数由11881人降至10774人，降幅约10%。[1] 尽管如此，西点招生部主任琼斯忧心忡忡：如今的年轻人对军事院校的兴趣与冷战时代"简直没法比，对我们来说，这是个非常严重的问题"。[2]

美国人嘴里说军人职业是个香饽饽，为啥又不愿意"吃"？

一个人在选择职业的时候，一般有三种考虑：一是升官，二是发财，三是爱好和成就感。

如果冲升官去参军，要爬到金字塔顶端得祖坟冒青烟。如果要做到陆军上将，得打败差不多7000+竞争对手。[3] 而且，美军晋升体制按部就班，不利于优秀人才特别是具有创新能力的精英脱颖而出。在这种情况下，精英们自然不愿意去部队熬资历，就是去了也会千方百计找机会走人换场子。

如果冲发财去当兵，就算做到大官也挣不到多少钱。而要是在地方混，实现财务、人身双重自由则容易得多也快得多。

如果既不想当官也不想发财，就为了情怀和理想去当兵，还不行吗？

行，太行了，部队最喜欢这样的人。问题是：这样的人有多少？到了部队能坚持多久？

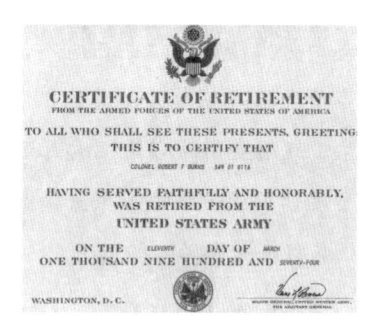

一名美军上校的退役证书

---

[1]
200 of 452 Documents Copyright 2005 Globe Newspaper Company The Boston Globe, *Textarchive.ru*, Aug 17. https://textarchive.ru/c-1137163-pall.html

[2]
晓东、张群：《美军难念"四本经"》，载《科学与文化》，2002年第2期。

[3]
以美国陆军为例，截至2016年，在现役军官中，从准将到四星上将的将军共347人（其中准将149人，四星上将仅12人），从少尉到上校的其他军官共82403人（其中上校4386人）。相当于上校与准将之比约为30：1，而军官与四星上将之比约为7000：1。

参军既能当官又能发财还有成就感，难道就只能是梦想吗？那倒不是，如果生活在秦汉时代，现实还是能照进梦想的。只要你立下军功，就可以按照国家有关规定，量化为官阶和财富，光宗耀祖，青史留名。所以秦能统一六国，汉能"虽远必诛"。

可惜，美军打死也达不到中国汉唐的高度。原因很简单，别看美国人口口声声说军人贡献大、地位尊崇，其实骨子里对军人充满戒备心理，而且采取了种种制度措施进行防备。

美国开国谁功劳最大？军人。但战争一结束，军队就被遣散得没剩几个人，老兵们未得到妥善安置。一战谁给美国挣了脸？还是军人。但美国又没安排好老兵，导致退役军人围着白宫讨说法，遭到麦克阿瑟和巴顿残酷镇压。就是到了今天，美国军人一样被压得死死的。在美军，官当到头是参联会主席，尴尬的是，这个"军头"没啥实权，对下管不了各军种老大和各联合部队司令，对上在国防部长面前就是个摆设——顾问而已。将军们说：老子不想当参联会主席，就想当国防部长，行不？行，但有一个前提条件——退役7年之后。[1] 美国法案专门作出这一规定，目的就是让想当国防部长的将军们在军队的关系网和势力消退得差不多。对此，美国自己的军事专家曾一针见血地总结道[2]：

纵观历史，美国对军队始终怀有一种爱恨交织的情感。在战争时期，美国的军人总是被视为这个国家最为神圣价值观的捍卫者。为了支持他们的英雄壮举，哪怕付出任何牺牲也在所不惜。然而，一旦和平到来，"送小伙子们回家"的呼声便会随即响起，对军队加以限制。军队即使不被视为某种自私自利、有悖民主、践踏自由的官僚机构（这些官僚机构只会为一己之私利而穷尽心思，甚至为了延续不劳而获的寄生虫生活，不惜凭空捏造出国内外敌人），也会被看作是对国民经济毫无必要的浪费。

美国军队的上限不可能达到汉唐的高度，下限却有各种可能。特别是当美国经济出问题，军人待遇得不到保障的时候，美军从神坛跌落的惨状与苏联解体后的俄军相比，可能有过之无不及。

退一步说，就算美军在升官、发财、成就感三个方面与大公司平齐，对精英的

[1]
1947年《国家安全法》规定为10年，直到2008年《国防授权法》才改为7年。

[2]
[美] 詹姆斯·M. 莫里斯著，符金宇译：《美国军队及其战争》，北京：世界图书出版公司，2013年，第128页。

吸引力也竞争不过地方。别忘了美国人是出了名的"不自由，毋宁死"，部队再人性化也不可能像地方那样自由。而且，由于美军特别重视轮换制，每几年就要换单位换岗位换地方，拖家带口，老婆不好找工作，孩子教育成问题，实在太折腾。

越来越多的美国人不愿意当兵，精英们更不想到部队浪费时间，还有两个很重要的因素。

一是兵役制。搁以前，美军可真是个大熔炉，由于实行义务兵役制，不管你是权贵还是草根，到了年龄都有服役义务。逃避兵役被认为可耻，克林顿竞选总统的时候，当年逃兵役还被翻出来说事儿。但越战之后美军改为募兵制，精英们就有了不去当兵的选择权。越战后期，美国国内反战运动风起云涌，哈佛、耶鲁、斯坦福等名校纷纷把国防生项目赶出校园，直到"9·11"事件后情况才有所好转。

二是陷入长期战争的泥潭。越战和伊拉克战争有异曲同工之处：初期美国人参战热情高涨，但随着战争长期化，伤亡越来越多，谴责声音越来越大，当兵打仗的热情越来越低。

打仗的时候升职概率高，军人为何不愿意留在部队？

没错，打仗确实有更多晋升机会，但那主要是中高层军官的福利，其他人则是数字，所谓"一将功成万骨枯"。对尉级基层军官来说，打仗时晋升概率比中高级军官们低得多，死亡概率却高得多。所以，美国的基层军官们更喜欢当"和平官"。美军为什么规定优先提拔在一线直接与敌人交过火的军人？正是因为愿意冒死的人不那么多——如果多，还用得着鼓励？

进部队的优秀人才少了，出去的却在增多。按照陆军的规矩，西点军校毕业生要服现役5年才能"转业"（还有3年预备役）。20世纪90年代以来，熬到5年立马走人的西点毕业生通常为1/4到1/3。但进入新世纪之后"变脸"了，以2001年毕业的西点学生为例，干满5年就闪人的占44%。作为1903年西点军校班级第一名毕业生，麦克阿瑟在部队干了一辈子，做到上将。1986年，以西点军校班级第一的成绩毕业的蓬佩奥，按规定服现役满5年就迫不及待"转业"，先去读律师专业，然后经商，后又从政干到国务卿，比老前辈麦克阿瑟混得好。

为解决兵员问题，美国除了降低征兵标准，还想了一个招：向外国裔敞开军营大门。有人说这体现了美国人的自信、大度、宽容，其实，美国人更多是无奈——如果正宗的美国人够用，还会用外国裔吗？有句话叫"非我族类，其心必异"，说不定哪一天，这些外国裔将反噬美国。

46
想当将军？有关系就没关系，没关系就有关系

一个非洲黑人移民的后代，既不是名校出身，也没有天然的人脉资源，但通过当兵彻底改变了命运，不仅从"军尾"（少尉）做到"军头"（参联会主席），后来还当上美国政府最有权势的部长——国务卿。这是一个非常励志、非常感人、非常"美国"的故事——只要你努力，一切皆有可能。故事的主人公大家都熟悉——科林·鲍威尔。他的确非常能干，但如果你认为他仅靠能力就先后登上军政两座高峰，那就错了。

一个人想要成功，两个因素不可或缺：一是能力，二是关系。少了其中一个，就好像鸟少了一只翅膀，车少了一个轮子，飞不高也跑不远。鲍威尔的人生如果离开了关系网，那就不是"故事"，而是"事故"。他的军旅生涯，生动诠释了关系网在美国军官晋升中特殊而重要的作用。

对美军军官来说，从少尉到上尉基本上没啥困难，不用找关系。从上尉到上校，你就得有两把刷子了。从上校到上将，"一条腿"（能力）独力难支，"另一条腿"（关系）得使上劲才行。如果说军阶是一座金字塔，绝大多数美军军官爬不上准将那一层。

鲍威尔的尉官和校官之路相对比较平淡[1]，将官之路则相当精彩。

先来看他最关键的一跃——从上校到准将。要当将军，旅以上主官经历是硬杠杠。1976年，正在国防大学国家军事学院[2]上学的鲍威尔上校苦苦寻思弄个旅长当当，开始真正营造和利用自己的人脉圈子。第一个关系网叫"同学网"，他的同班同学里有一个叫霍尼卡特的人，此人是第101空降师的副师长（准将），

[1]
鲍威尔早期军旅生涯：1966年5月24日，晋升少尉军衔，成为本宁堡步兵学校的一名教官。从上尉到少校，鲍威尔只用了8年，而一般人常常要用10多年；1970年晋升中校军衔，当时他在乔治·华盛顿大学进修。这一次不是提前晋升，不过鲍威尔仍然比较满意："我干得还是不错的，比同批的人要早几年。"1976年2月晋升上校军衔，当时他在国家军事学院上学。

[2]
美国国家军事学院：美国培养高级指挥与参谋军官以及政府高级决策人才的高等学府，主要研讨国家安全政策、国际安全形势、军种协同作战和盟军联合作战等战略战术课题。

270　这也是美军：美军的50个弱点

知道自己单位第2旅旅长（上校）位置空缺[1]，赶紧向师长威克姆（少将）推荐鲍威尔。鲍威尔开心极了，但有一个麻烦：要当旅长必须马上到位，而鲍威尔还有两个月才毕业，国防大学又规定不能提前离校。为了抢到这个位置，他"连忙到步兵人事处去走后门"[2]，很快搞定了。

3年后，鲍威尔如愿晋升准将（一星），他非常兴奋："此次升迁使42岁的我成了陆军中最年轻的将军"，"我当时的表现就像圣诞节早上的孩子。"[3]值得注意的是，当时鲍威尔不在部队，而在国防部，助其晋升的贵人是国防部第一副部长邓肯（1979~1981年在任）。邓肯负责国防部日常事务，与各军种部长打交道很多，鲍威尔是其准军事助理[4]。鲍威尔与这位上司关系密切："查尔斯·邓肯和我成了莫逆之交。我们几乎每天都在一起打壁球。我们一道周游世界。人们都知道，我俩有时还喝上两杯。"[5]

攀上国防部第一副部长的关系，看来鲍威尔的军旅生涯将一片坦途。然而，恰恰在春风得意的时候，他险些栽了个大跟头，差点断送了自己的前程。

在国防部工作好处很多，特别是能直接接触高层领导，很多事情近水楼台先得月。但如果考虑在部队长远发展，部队经历太少不利于日后升迁。因此，鲍

第4机械化步兵师副师长鲍威尔（中）的前程差点毁在赫达切克（前一）手里

威尔于1981年回到部队，远赴科罗拉多州卡森堡，就任第4机械化步兵师副师长（负责作战和训练）。开始，他和师长赫达切克少将关系不错，后者还为他写了一份特别报告，推荐其晋升少将（未成功）。但后来两人关系急转直下，因为鲍威尔对师长夫人染指部队管理不满，向师长提意见，得罪了人家。结果，该师长在鲍威尔的考绩鉴定里只给了"中等"[6]评价。鲍威尔当时急得发疯，亏得有人

---

[1]
该旅旅长弗雷德·马哈菲晋升准将离开旅长位置。

[2] [3] [5]
[美]科林·鲍威尔著，王振西主译：《我的美国之路》，北京：昆仑出版社，1996年，第231页。

[4]
原助理乔·帕拉斯特拉刚晋升少将，要到部队当师长。

[6]
陆军的考绩鉴定一般有三栏，从上到下依次是：先于同级的人晋升、与同级的人一道晋级、不晋级。

拉了他一把——陆军部队司令部司令卡瓦佐斯（第4机械化步兵师是陆军部队司令部所辖部队之一）。卡瓦佐斯与鲍威尔素不相识，为什么要帮他？原来，卡瓦佐斯从别人嘴里听说了一件事——在师办公会议上，其他人慑于师长权威噤若寒蝉，只有鲍威尔直陈己见。

既然和师长关系闹僵，在这个师是没办法待下去了。树挪死，人挪活，于是鲍威尔换了个地方，到利文沃思堡诸兵种联合发展中心当副主任，并于1983年晋升少将军衔（两星）。从准将到少将是鲍威尔军旅生涯中最艰难的一步，他感慨良多，曝光了美国将军晋升的秘密："到了将军一级就有一个非正式的网络在运转，军官俱乐部里的饮酒聊天、打电话、街谈巷议、老家伙们嗅到气息，然后探个究竟，这往往比考绩鉴定更重要。"[1]

鲍威尔回忆这件事儿时，字里行间显得很委屈，其实仔细琢磨就会发现不对劲儿：陆军部队司令部司令根据听说的一件小事，就可以否定正常渠道的师级单位人事鉴定，置组织和规定于何地？这是法治还是人治？这是按制度办事还是按领导个人意志行事，究竟组织大还是个人大？

鲍威尔是黑人，他从一个贫民区牙买加移民的孩子，最后混到参联会主席和国务卿，还有一个圈子发挥了重要作用——黑人关系网。他在回忆录《我的美国之路》中写道："华盛顿地区的黑人军官已学着白人权力结构的样子，组成了一个以伯克为首的老同学网……（军阶高的黑人军官）帮助年轻的黑人军官往上升，告诉他们好差事与坏差事的内幕消息，给他们讲哪些司令官能干，哪些不能干，利用一切机会向有关人士宣传举荐有发展前途的提拔对象。"[2] 在美国历史上，黑人的地位曾经非常低下，境遇十分悲惨，如今已翻身，不仅发表歧视黑人的言论是政治不正确，而且大多数黑人得到了和白人一样的表现机会和地位待遇，做到了西点校长（威廉姆斯）、中央司令部司令（奥斯汀）、空军参谋长（布朗）、参联会主席（鲍威尔）、国务卿（鲍威尔），甚至总统（奥巴马）。华人在美国政界军界没有什么发展，很大程度上是因为一盘散沙，而黑人能够翻身，重要原因之一是紧紧抱团。

鲍威尔的档案里有一个很突兀的地方：没在师长这个主官位置干过就做到了军长。本来，他有机会到驻德美军第8机械化步兵师当师长，为他提供这个机会

---

[1] [2]
[美] 科林·鲍威尔著，王振西主译：《我的美国之路》，北京：昆仑出版社，1996年，第176、177、300页。

的是陆军参谋长威克姆。前面说了，鲍威尔到第101师当旅长，顶头上司正是威克姆，人家后来当了陆军的头儿（1983.6.23~1986.6.23在任），对鲍威尔自然太有好处了。

令人意外的是，鲍威尔居然放弃了当师长的机会。因为他遇到了更牛的贵人，对方提供了一个更高的职位——军长。

这个贵人是国防部长温伯格（1981.1.21~1987.11.23在任）[1]，权力比威克姆大多了，可以决定包括威克姆在内的所有美军将领的前途。

温伯格为什么要帮鲍威尔？因为鲍威尔是他的军事助理。

笔者统计了一下，在鲍威尔的回忆录《我的美国之路》中，温伯格这个名字出现了230次之多。鲍威尔将自己与温伯格的关系描述为"近乎父子般亲密"[2]。温伯格强留人才：你别去当师长了，留下来继续帮我。不白帮，一年后让你直接干军长，可以指挥两个师，咋样？[3] 这样的诱惑谁能顶得住！

1986年，鲍威尔赴德国任第5军军长，并在临走之前晋升中将军衔（三星）。他非常自豪："我现在要回到我开始军旅生涯的地方。那时我指挥40个兵，而如今我将指挥的是一支7.5万人的大军。"[4] 7年前，鲍威尔靠国防部第一副部长的关系当上准将，后来依靠国防部长又晋升为中将。

除了和军队里的上司及国防部的文官搞好关系，鲍威尔还得与另一种人套近乎——国会议员。美国将军要晋升，主导权掌握在国防部长和总统手里，但还有最后一道法律程序——国会通过。有一次，来自德克萨斯州的参议员威尔逊向鲍威尔（当时是国防部长温伯格的军事助理）提出一个要求：为他安排飞机出访，而且要带上女友。鲍威尔拒绝后，很快遭到对方威胁：讨论你提拔三星将军的时候，我还是会有发言权的！[5] 鲍威尔吓坏了，赶紧修复与人家的关系："我设法同

---

[1]
卡斯帕·温伯格：1917年生，里根时期的国防部长，被称为"冷战战士"。1987年，他因卷入"伊朗门事件"下台。

[2] [3] [4]
[美]科林·鲍威尔著，王振西主译：《我的美国之路》，北京：昆仑出版社，1996年，第339、347页。

[5]
[美]科林·鲍威尔著，王振西主译：《我的美国之路》，北京：昆仑出版社，1996年，第327页。值得玩味的是，权贵们利用职权之便讨好女友或老婆似乎是常态，美国中央司令部司令弗兰克斯也曾被一名军官的检举信告到国防部监察长那里，说弗兰克斯允许妻子凯茜搭乘公务班机，甚至看了军事绝密文件。

支援 - 文化篇　273

他保持了朋友关系，而且对他后来的一些实质性的要求尽量给予了满足。"[1]

军长之后，鲍威尔又于1988年当上陆军部队司令部司令[2]，这一次是"信得过的朋友"[3]、陆军参谋长沃诺上将帮忙。当时，里根[4]任满到期，所谓"一朝天子一朝臣"，鲍威尔作为里根的国家安全事务助理也得离开。他找到沃诺，后者给了他陆军部队司令部司令的职位。[5]

1987年11月25日，出任国家安全事务助理刚两天的鲍威尔（左一）向总统里根汇报情况

1992年1月，参联会主席鲍威尔（左一）与总统老布什（中）和国防部长切尼（右一）在一起

值得注意的是，在将军之路上，鲍威尔在军长和司令两个重要位置上走得特别快。[6]第5军军长本来是4年任期，他只干了5个多月，白宫就把他弄回去当国家安全事务副助理（1986年），而且是总统里根亲自打电话邀请。在部队司令部司令位置上，他更是只干了4个月就当上了参联会主席。鲍威尔很得意："在15个按法律够条件当主席的四星上将中，我是资历最浅的。"[7]这次升迁太快，以至于几个月前还是鲍威尔上司的陆军参谋长沃诺，突然间成了鲍威尔的部下。

1989年10月，鲍威尔晋升上将军衔（四星），就任参联会主席。这是国防

[1] [3] [5] [7]
[美]科林·鲍威尔著，王振西主译：《我的美国之路》，北京：昆仑出版社，1996年，第328页。

[2]
部队司令部司令负责驻扎在美国本土的陆军野战部队，包括国民警卫队和后备役部队，共约100万人。

[4]
罗纳德·里根：1911年生，演员出身的著名总统，在他任期内发生了很多大事，比如美军从越战的失败中复苏、美国经济重振、苏联解体等。里根连任后，副手老布什能成功竞选总统，也被认为沾了里根的光。里根被美国有线电视新闻网和《时代》杂志誉为"最迷人的人物"，在一场由美国在线和探索频道发起的测验节目中，他被选为"最伟大的美国人"。

[6]
鲍威尔早期的主官经历也很短：连长2个月，营长1年，旅长1年。

部长切尼[1]提名的，三年前，当切尼还是国会议员的时候，曾访问过鲍威尔的第5军。鲍威尔很善于经营和维护自己的关系网，当上"军头"后非常注意增进与切尼的关系。海湾战争结束后，在鲍威尔安排下，切尼拿到一个特殊的荣誉证书——所有军校的荣誉毕业生。为了让切尼有面子，还专门搞了个仪式。说白了，这是参联会主席在拍国防部长的马屁。

1984年，国防部长高级军事助理鲍威尔（左一）与温伯格（左二）一起向总统里根（右一）呈送美军入侵格林纳达时缴获的AK47机枪

鲍威尔的军旅生涯除了副师长那一段，其他时间顺风顺水，在很多位置上没干满年限就高升，这与他是国防部和白宫的人不无关系。不过，在文官系统工作的军官常常被部队的军官们鄙视，他们认为自己才是正宗的，鲍威尔这种属于"政治将军"，晋升和提拔靠的是关系而不是本事。鲍威尔当过国防部长的军事助理，也当过总统的国家安全事务助理，被人说是"政治将军"很正常。他心里尽管不爽但也认账："连我自己灵魂深处也会有猜疑：我正变得更像政客而不是军人了。"[2]

除了鲍威尔的故事，其他美国军官晋升将军也靠关系吗？

来瞅瞅另一个重要人物——施瓦茨科普夫。如果他当不上中央司令部司令，便没机会指挥海湾战争，也就不能名满天下。他坐上中央司令部司令的位子，正是老邻居、时任国家安全事务助理鲍威尔大力帮忙（两人在迈尔堡做过邻居）。按理，中央司令部司令人选乃是国防部长拍板，鲍威尔无权插手，而且

1990年8月参联会主席鲍威尔（左）与施瓦茨科普夫（右）在五角大楼外

[1] 理查德·切尼：1941年生，历任美国国防部长（辅佐老布什）、副总统（辅佐小布什），被认为是最有权势的副总统。

[2] ［美］科林·鲍威尔著，王振西主译：《我的美国之路》，北京：昆仑出版社，1996年，第284页。

支援-文化篇　275

参联会的意见是把这个位置交给海军。那么，鲍威尔是怎样让施瓦茨科普夫上位的？私人关系。他和时任国防部长卡卢奇（1987.11.23~1989.1.20在任）关系莫逆，后者是他的导师兼好友。[1]鲍威尔在回忆录中披露了这段内幕，并表示："这就是诺曼·施瓦茨科普夫接过中央总部指挥权的经过，这个职务后来使他留名青史。"[2] 言下之意：没有我鲍威尔，哪有你老施指挥海湾战争的风光！

施瓦茨科普夫之后，就连麦克马斯特[3]这样才华横溢、名满天下，连特朗普也要请去当国家安全事务助理的能人，当年也要靠关系才能当上将军。2006、2007年，他晋升将军两次梦断。直到2008年，老上司彼得雷乌斯[4]当上晋升委员会的头儿，麦克马斯特才圆了将军梦。此外，美国新组建太空军有不少新的位置，有的将军能够上位，也是关系起了重要作用。如2020年6月，空军中央司令部副司令萨尔茨曼出任太空军作战部副部长（分管太空作战、网络空间作战与核战争），从少将军衔晋升中将军衔不到一年时间，就是参联会副主席海腾极力推荐促成，后者还专门出席了萨尔茨曼的军衔晋升仪式。他作为副手，和一把手雷蒙德关系也处得很好，雷蒙德退休前推荐其接替自己出任太空军作战部长。

美军关系网，过去有，现在有，将来还会有。如果这个靠关系上位的人能力也很强，那没问题。那么，美军中有没有靠关系上位的平庸将军呢？

有，请看下回——为什么说现在美军人事制度培养出来的多是庸官？

[1]
早在1971年，鲍威尔在白宫行政与预算管理局当研究员（实习项目）时就结识了该局副局长卢卡奇（局长正是后来担任国防部长的温伯格）：1986年卢卡奇担任国家安全事务助理，鲍威尔是他的副手。在鲍威尔的回忆录中，卢卡奇的名字出现频率很高，达到了73次。

[2]
[美]科林·鲍威尔著，王振西主译：《我的美国之路》，北京：昆仑出版社，1996年，第427页。

[3]
赫伯特·麦克马斯特：1962年生，毕业于西点军校，随后服役至今，曾著书批评越战军官不敢挑战时任总统约翰逊的权威而闻名，后来又在伊拉克战争中提出有效的反游击战策略而为人称道。他被打上了"反传统"将军的标签，被认为是目前美国陆军军事理论研究者的代表人物。

[4]
彼得雷乌斯于2007年2月抵达伊拉克，出任驻阿富汗多国部队司令。期间，麦克马斯特协助其编写了《陆军平叛野战手册》，使伊拉克局势多有改善。

47
为什么说美军人事制度培养出来的多是庸官

大家对"迪安"这个名字还有印象吗?

没错,就是朝鲜战争初期被活捉的美军少将师长,他很勇敢,但同时也很平庸。

1950年7月初,他指挥的美军第24步兵师挡不住朝鲜人民军的凌厉攻势,败下阵来。此时,作为一师之长,他干了一个班长的活儿——带着几支反坦克火箭小组去追击敌方一些落单的敌军坦克。面对包围过来的坦克,他掏出手枪进行无用的点射,随后侥幸逃进大山。35天后,迪安被饥饿击垮,成为俘虏。面对抓住自己的朝鲜人,他说:"你记住,不是所有的美国将领都像我一样蠢,你们只是恰好抓到了最蠢的。"[1]

看来,迪安很有自知之明。问题是,他这个"最蠢的将领"是怎么混到师长位置的呢?

大量军官平庸是美军在朝鲜战争中失败的重要原因,在越南,美军又重蹈覆辙。在越战中,很少看到美军高级将领被罢免的例子。如果那样做,会株连人事部门,使人事制度遭到质疑。

美国军官至少要摸爬滚打20多年才能混到将军,其间由各级人事部门多次"认证"过,如果轻易撸掉,不是打用人体制的脸吗?越战美军司令威斯特摩兰的辩护很有代表性:"如果某一名军官在美国陆军严格的晋升体系内不断升职,最后获得了将军军衔,那么除非是万中无一的情况,否则他一定是有能耐的,即便他并非所处位置的最佳人选。"[2]

对犯错误甚至打败仗的军官,应该怎么惩罚?很多人第一反应是撤职换人。美军的办法很逗——换人不撤职,也就是换个单位,避避风头。

有句话流传很广:外行看指挥,内行看后勤。其实,真正的内行应该看"人事"。在美军六大军事要素中,排在第一的要素既不是后勤,也不是作战(指挥),恰恰是人事。美军在结构上(从国防部到各战区司令部)一般有6个职能

---

[1] [2]
[美] 托马斯·E. 里克斯著,吴亦俊等译:《大国与将军:从马歇尔到彼得雷乌斯,美国军事领袖是怎样炼成的》,广州:广东人民出版社,2013年,第104、221页。

部门,诸多条令条例基本也按相应的6个要素进行划分,依次为:人事、情报、作战、后勤、计划、C4。

朝鲜战争和越南战争时期,美军有不少庸官,那么后来呢?

依然如故。2019年针对西点军校毕业生的一项调查结果表明,对美军晋升机制打"差评"的占61%。[1]美国陆军研究学院的一份总结承认:"有才能的人离开的主要原因,不是另有吸引力的职业在引诱,而是平庸之人始终存在并总是得到晋升。"[2]

军队存在不少问题,但很多人揣着明白装糊涂。有的人是既得利益者,不会说;有的人是胆小鬼,不敢说。那些离开军队的人往往才敢说,他们的声音更为可靠。哈佛大学肯尼迪政府学院对离开部队的年轻军官进行了调研,结果让人意外:他们离开的主要原因不是军事行动太频繁太危险,而是另外两个因素:(1)对自身事业的掌控有限;(2)在军方官僚体系中屡屡碰壁。[3]

对"庸人"的安排,最简单的办法是调走。问题是,不管往哪儿调,都改变不了其"庸碌"的本质,不仅会使下家单位成为新的"受害者",还会让"庸者"拥有更丰富的履历,在看重履历的美军中得到进一步重用……

美国退役军官们在接受哈佛大学的调查时,炮轰美军人事体制:"要罢免差劲的人,而不是打发他们去其他部队或者更高层了事,在那些位置他们更加不作为,还会让他们拥有更辉煌的履历表,这使问题越加恶化。""与才能相比,陆军的体系更看重'不惹是生非'的本事。"[4]在美国,想要在仕途之树上爬得更高,有什么要诀?先后在军界做到参联会主席、在政界做到国务卿的鲍威尔现身说法透露了一条——"随大流以便和睦相处"[5],这是他担任旅长时就总结出来的。

阿诺德是美国陆军准将兼GSE持股公司的首席执行官兼总裁,他公开指出美

---

[1]
[美]蒂姆·凯恩:《为什么美军最好的军官都离开了部队》,载《大西洋月刊》,2011年1月/2月,第80~85页。作者是一名退役军官,毕业于空军军官学院,干到少校。此文发表时,他是enonymous软件公司的创始人和总监。

[2] [3] [4] [5]
[美]托马斯·E.里克斯著,吴亦俊等译:《大国与将军:从马歇尔到彼得雷乌斯,美国军事领袖是怎样炼成的》,广州:广东人民出版社,2013年,第302、371、374页。

军人事制度的问题[1]：

军队人事政策自1947年以来变化极小，它奖励的是服从而不是工作表现或创新，它的整个人事官僚体制是重量而不是质，它任命军官上岗主要是依据其学科或专业，而很少考虑其人对所派岗位的爱好，并且在O-2（中尉）到O-4（上校）的晋衔过程中几乎不考虑工作表现。

还是让美国军衔晋升委员会的数据说话：陆军少尉到年限后晋升中尉的通过率为99%，然后继续顺利升上尉；而上尉升少校的比例也高达95%。[2]很显然，只要不犯弥天大错，想不混到校官都难。这样高的晋升比例只能导致一个结果——平庸。

军官是一个金字塔结构，低中层的尉官和校官平庸化可以理解，那么将官层面呢？

1991~2011年是美军最重要的20年（期间美军打了很多仗，包括海湾战争、阿富汗战争、伊拉克战争），美国一共产生了约千名将军，其中只有不到10人被解职，所占比例不到1%。以此推论，美国将军们的合格率为99%。然而，这可能吗？

在美军平庸文化的人事制度下，少不了牺牲品，其中最有代表性的一个悲催人物就是麦克马斯特。这家伙有多牛？他在伊拉克当团长期间反恐成绩突出，受到国家最高领导人小布什亲自点赞，名气比很多将军都要大。他于1998年出版了一本反思越战的畅销书《玩忽职守》，时任参联会主席谢尔顿指定为所有指挥官的"必读书"。看起来，麦克马斯特就是美军的明星和典型，前途不可限量，不提前升官儿体现不出美军人事制度的优越性。但令人大跌眼镜的是，他在上校晋升准将的坎儿上栽了，而且连栽两次（2006年和2007年）。

是谁给麦克马斯特穿小鞋？

大名鼎鼎的"晋升委员会"。

美国军官晋升有规可循，公开透明。尉官多如牛毛，晋升十分容易，就不啰嗦了，主要来看看校官和将军的晋升规则：

---

[1]
Brig Gen Mark C. Arnold. Don't promote medlocrity, ArmedForcesJournal.com, May 2012 issue. http://armedforcesjoumal.com/dont-promote-mediocrity

[2]
此为2011年美国军衔晋升委员会的数据。

（1）上尉升少校的硬杠杠：军龄 10 年左右，上尉至少当 3 年；少校升中校的规矩：军龄 16 年左右、少校至少干 3 年；中校升上校的规矩：军龄 22 年左右、中校至少当够 3 年。上述三种晋升，只有两次机会，都没通过，就只能打铺盖卷回家了。有人说：俺不求进步，就委屈一下吃点亏，按照目前的军衔为国家为部队干一辈子还不行吗？不行。你可以赖着现在的军衔，但最多只能赖 5~6 年，年限一到还没晋升，必须滚蛋，给其他人腾地方。

（2）上校升将军：可以有多次机会，但毕竟僧多粥少（几十个上校中只能有一个走运的家伙晋升准将），将军梦只能照进少数人的现实。上校们在规定年限内不能升将军，也得走人。

这样的晋升制度，有优点也有问题。优点是，可以保证公平和军官的基本质量，防止有人滥用关系搞"破格提拔"。问题是，尽管最差劲的被淘汰了，但最优秀的军官也可能选择离开，留下的则是混日子、随大流的平庸军官。军龄和衔龄规定过死往往沦为论资排辈，那些鹤立鸡群的优秀军官无法获得与能力匹配的职位，对其个人来说委屈了，对国家来说也浪费了。

现在，出类拔萃的军官难以出人头地，像加文[1]这样的人物恐难再现。加文是何许人也？此人在珍珠港事件时只是少校，仅仅 3 年后，37 岁的他就当上了著名的第 82 空降师少将师长，也是美军迄今最年轻的少将师长。而按照美军现在的规矩，从少校到将军，至少要熬 10 年！

对比现在的美军，美国人很怀念一个人——马歇尔，他的用人受到广泛推崇。其实，马歇尔用人的原则很简单，给你几个月时间充分施展你的能耐或充分暴露你的弱点，然

美军名将加文

[1]
詹姆斯·加文（1907~1990）：爱尔兰移民后代，出身贫苦，10 岁就开始走入社会打工，后进入部队并考取西点军校，为了跟上同学的学习进度，每天 4:30 起床在浴室看书恶补。二战中，他表现出色，战功卓著，于 1944 年 8 月 8 日成为第 82 空降师师长，是二战中最年轻的师长。他有两个特点：一是特别喜欢和士兵一起跳伞，是唯一在战争中跳过 4 次伞的人，被称为"跳伞将军"（Jumping General）；二是喜欢拿士兵用的 M1 步枪，而不是军官常用的 M1 卡宾枪。1958 年退役，1990 年去世后葬在西点军校。

后有三条路等着你：干得好——留任；没功劳或犯错误——撤职；被打死或受重伤——回"老家"歇着去。然而，现在的美军不愿继承和发扬马歇尔用人的优良传统。为啥？美国参加二战前夕和参战后不久，马歇尔罢免了42个军师级指挥官中的31个（全是将军）和162个上校。现在的美军如果在马歇尔用人原则下，军官们要为下岗提心吊胆了。

说美军不愿把将军们撤职似乎也不客观，毕竟两位四星上将、驻阿富汗多国部队司令麦尔基南及其接任者麦克里斯特尔以及陆军参谋长新关（日裔）都被撸了。不过别忘了他们被撸的原因，不是因为能力不行，而是因为没有和最高领导人保持高度一致，或私下说领导坏话得罪了政客。

庸官的产生还因为任人唯亲的裙带关系。美军里已经形成众多的山头和小圈子，如空军参谋长这个要职，自1982年以来就一直由战斗机飞行员控制，其他人无法染指。空军的头儿由战斗机飞行员出任当然没错，但一直由其出任就不合适了。这些空军参谋长在挑选下级的时候，往往倾向于用"自己人"。还是用数据说话：67%的上将和63%的一级司令部司令，职位都由战斗机飞行员系统的人把持。[1]

美国的《国防军官人事管理法》于1980年通过[2]，到现在已经40年了，居然没有新修订过的版本，这又说明了什么？

2019年，媒体曾广泛流传过一篇文章《为什么美军最好的军官都离开了部队》，其中写道[3]：

从军官的考评机制到职务晋升机制再到落实工作，军队各个部门的运转更像是有工会保护的政府官僚机构，而不像一个精英荟萃的前沿领域。

现行的考评机制过分强调一个军官的"零污点"，这就意味着规避风险（保安全、保稳定）这根弦时刻都在束缚着指挥官。只要部队安全稳定不出事故，无论这个军官的能力如何，军衔的晋升都是在预期之内。而工作岗位的分

---

[1]
付征南：《美军人事体制改革新动向》，载《学习时报》，2016年5月26日，第7版。

[2]
美军先后有3个版本的人事法案，前两部分别是：1947年《军官人事法》、1954年《军官等级限制法》。

[3]
[美]蒂姆·凯恩：《为什么美军最好的军官都离开了部队》，载《大西洋月刊》，2011年1月/2月，第80~85页。

配又是由高度集权的官僚体系来决定，这就使得每个人都在猜测自己下一步去哪里。

如今，美军面临的已经不仅仅是出色军官留不住的问题，还有优秀人才不愿来的问题。根据美国国防部的统计，在 2014 年入役的初级军官中，毕业于美国排名前 20 大学的只有 0.5%。

军队到底该用什么样的办法，才能选出并留住优秀人才？

有人提出一个石破天惊的想法：通过面试选人用人，完全市场化！这几乎颠覆了传统的军队用人制度。支持这个想法的人挺多，在接受调查的西点军校毕业生中，占 75%！

有一个不是玩笑的玩笑是这样的：在任何一个集体，真正干活的永远只有 20%，真正差劲的也只有 20%，其他 60% 都是混日子的。这也许是一个世界性难题，美军也解决不了。阿富汗战争和伊拉克战争以来，两个驻地的美军司令走马灯换了一堆，除了极少数人，多数比较平庸。美国前国防部长盖茨（2006.12.18～2011.7.11 在任）说[1]：

太多官员被委任为（阿富汗和伊拉克军队）指挥官，仅仅因为国家人事制度指定他们为"下一个"，而非他们拥有完成作战任务的必备素质。太多有实战经验的杰出官员被迅速轮换，只为维持人事制度的正常运转。

作为掌管将军们升迁大权的国防部长，盖茨甚至坦承[2]：

勇敢、无情、随机应变、富有创造力、敢于冒险，甚至偶尔无视规章制度是成功的必备条件。然而在和平年代，这些特征却不利于官员升迁。

盖茨的话已经很深刻，但认识还不够到位。因为即使在战时，美军的人事系统也存在类似问题。如果盖茨温习一下美军的历史就会发现，二战之后的历次战争中，美军已经很少采取解职的方式清除那些犯错误的军官。

美军用人体制的问题有没有"解药"呢？盖茨看到了问题的关键所在，也提出了自己的解决办法——战时应该突破常规用人机制，具体来说就是"作战指挥官应该有权调换表现欠佳者或保留优秀军官……将任命官员的常规流程束之高阁，赋予指挥官们选择下属官员的权力。"[3] 值得注意的是，盖茨是在卸任时说

[1] [2] [3]
[美]罗伯特·盖茨著，陈逾前等译：《责任》，广州：广东人民出版社，2016 年，第 563 页。

出上面这番话,他就任国防部长期间并未付诸实践。

  表面上,阿富汗战争和伊拉克战争美军赢得干净利落,其实潜伏着危机,那就是人才的危机。正如美军退役上将凯恩在《一将难求》一书中所说:"人力资源管理陷入泥淖之中,就像传统的公家机构一般:不透明、缺乏弹性、论资排辈凌驾于绩效之上,而且还对改革抱有敌意。"[1]

---

[1] [美]蒂姆·凯恩著,黄国贤译:《一将难求:美军人才管理谬误及改革之道》,台北:"国防部"政务办公室史政编译处,2012年,第17页。

48
西点军校著名条令被最优秀毕业生打脸

我当学员的时候,西点军校要求我们不许撒谎、欺骗、偷盗,也不许容忍其他人这么做。而我当中央情报局局长的时候,我们撒谎、欺骗、偷盗,还有完整的培训课程。[1]

想必很多人都看过这段话,版权属于时任美国国务卿蓬佩奥[2]。2019年4月15日,这位功成名就的中情局前掌门人(2017.1.20~2018.4.26在任)受邀在该局员工培训会上传经送宝,觉得对比西点和中情局可以展示自己的幽默感。果然,听众会心一笑。

不过,这事儿传出来以后舆论哗然,最来气的恐怕是西点军校:你说中情局就好了,干吗把母校当背景板?亏你还是西点军校工程管理专业第一名……

蓬佩奥

西点只是美国陆军的一所本科军事院校,但其毕业生取得的成就与美国很多知名大学相比有过之无不及。该校非常注重培养学员的优秀品质,如果学员撒谎,等着他的可不是到教导处接受一番思想政治教育那么简单,而是很可能被开除,名誉扫地。但西点学生毕业后,有人并未保持"诚实"的优良品质,反倒是谎话连篇。蓬佩奥喜欢撒谎不是当兵期间,而是干中情局局长的时候,到什么山上唱什么歌,适应不同角色扮演,还算说得过去。

然而,如果一个当过西点军校校长的高级将领喜欢说谎,怎么算?

[1]
We lied, cheated and stole: Pompeo come clean about CIA, *telesurenglish.net*, Apr 24, 2019. https://www.telesurenglish.net/news/We-Lied-Cheated-and-Stole-Pompeo-Comes-Clean-About-CIA-20190424~0033.html

[2]
迈克尔·蓬佩奥:1963年生,西点军校毕业,毕业后在部队短期服役(1986~1991),后以上尉军衔退役,到哈佛拿了法律博士学位,先当律师,再当老板,最后从政,干过议员,然后是中情局局长和国务卿(2018.4.26~2021.1.20在任)。

这个爱说谎的西点校长叫威斯特摩兰[1]（1960~1963年主持西点），他还有一个惹眼的身份——越南战争美军总指挥（1966~1968在任）。威斯特摩兰在回忆录中说自己很喜欢看军事历史方面的书，总会在床头摆放经典著作，但这个谎言被校友兼同事西蒙斯中将揭穿。威斯特摩兰在西点军校当校长和在越南当总指挥时，西蒙斯的任职几乎与其重合[2]，他揭露道："威斯特摩兰将军是个肤浅的人，完全没有努力研究、读书和学习，他什么也不读。"[3]1967年4月，国会请威斯特摩兰去演讲，他对身边人表示"好突然"，之前没一点儿风声。实际上，他早就接到通知，已经为这次演讲准备好几个星期了。

威斯特摩兰

为了虚荣撒点儿小谎无伤大雅，但当了将军尤其是身居越战总指挥的要职还撒谎，后果就严重了。美军在越南的处境一天比一天糟糕，但威斯特摩兰无论是向上级报告还是对媒体公开讲话，都说形势正在变好。

威斯特摩兰敢在一场大战中撒谎，是因为华盛顿有人支持甚至授意，他们是国防部长和国务卿。美国国务院出台了一份题为《对越南的战争统计突显不利趋势》，国务卿腊斯克看到后与国防部长麦克纳马拉商量，决定压下来束之高阁。麦克纳马拉对腊斯克说："如果你向我保证，在得到参谋长联席会议的批准前，国务院不签署任何军事评价的报告，我们就会让这一事件消失。"[4]

说回西点军校。作为世界四大军事名校之一，该校出现过4次学员用行动集

---

[1]
威廉·威斯特摩兰：1914年生，1936年毕业于西点军校，参加过二战和朝鲜战争，1955年晋升少将时年仅41岁，是美国陆军史上最年轻的少将。当了3年西点军校校长（1960~1963）后，又成为越南战争总指挥（1966~1968），但未取得成功，被调回国后担任陆军参谋长。1972年退役，2005年去世。他一直不承认在越南的失败："很少人有我这么长的战地指挥经验。他们把我派到那里，然后又忘了我。我总是每周工作7天，每天工作超过14小时。我没有遗憾，不需要道歉，我尽了最大努力。"他有自传《一个战士的报告》存世。

[2]
查尔斯·西蒙斯：1925年生，1946年毕业于西点军校，1961~1963年重回西点；1966~1967年参加越战，1978年以中将军衔退役，2014年去世。

[3] [4]
[美]托马斯·E.里克斯著，吴亦俊等译：《大国与将军：从马歇尔到彼得雷乌斯，美国军事领袖是怎样炼成的》，广州：广东人民出版社，2013年，第194、217页。

体说谎——考试作弊。

1951年，90名西点学员考试作弊，遭到开除。此事公布后，竟有国会议员表示异议，建议学校收回成命（被开除的学员中，有些人的推荐信是某些议员大人写的）。这次严肃处理暂时震慑住了想作弊的学员，管了15年。1966年，西点军校发生第二起集体作弊案，导致42人被开除。7年后（1973年），西点军校发生第三次集体作弊案，21人被开除。平均不到8年就发生一起集体作弊案，西点可不想通过这种方式刷存在感。唯一让校方感到安慰的是，涉案学员一次比一次少。最近的一次作弊案发生在2020年春的微积分考试中，多达73人被指控作弊（其中59人已承认）。疫情防控期间，西点为安全起见，采用线上考试的方式，被部分学员钻了空子。值得注意的是，这73人中，只有一人是大二学生，其他人都是大一新生。[1] 按说这些学生刚进西点军校，还没有变成老油条，应该是比较"乖"的，没想到正是他们创造了西点近50年以来最大丑闻的纪录。值得注意的是，西点军校这次作弊案2020年5月就发生了，但半年后的12月才被媒体曝光，捂了整整半年。对此，该校教授巴克肯作为知情者说了大实话："西点军校的学员准则是绝不撒谎、绝不欺骗、绝不偷盗，自己不这么做，也不允许别人这么做，这没有任何借口。军方在对待和处理这次作弊丑闻时，显然在淡化其影响……"[2]

陆军系统的西点军校不是唯一出现集体作弊案的著名军校，空军军官学院的集体作弊案更令人叹为观止：规模更大——超过100人卷入；性质严重——学员私藏手枪打算摆平"告密者"；影响恶劣——空军军官学院几十年抬不起头。

下面，详细说说空军军官学院这次作弊案。

1965年初，一名大三学员向校方举报涉及一百多人的作弊集团，校方大为震惊。学员们作弊手段花样繁多，介绍其中两个：一是"巧取"，利用学院组织考试的漏洞。当时，一个年级不同的班是同一张考卷，但具体考试时间由教员自行安排，自然有先有后。于是，作弊集团的学员利用这个时间差泄露考

---

[1]
Katie Shepherd. More than 70 West Point cadets accused in academy's biggest cheating scandal in decades, *WashingtonPost.com*, Dec 22, 2020.
https://www.washingtonpost.com/nation/2020/12/22/west-point-cheating-cadets

[2]
Tom Vanden Brook. West Point accuses more than 70 cadets of cheating in worst academic scandal in nearly 45 years, *usatoday.com*, Dec 21, 2020.
https://www.usatoday.com/story/news/politics/2020/12/21/west-point-catches-70-cadets-worst-cheating-scandal-50-vears/5856130002

题和答案。二是"豪夺",撬开教员办公室的抽屉,复印放在里面的考卷。

大多数人作弊的目的是通过考试,但作弊集团还有一个更恶劣的企图——牟利。作弊集团弄到试卷后四处兜售(尤其是高年级学员向低年级学员兜售),如果对方不接受,还会受到威胁。学院接到举报欲展开秘密调查,作弊集团得到消息,弄到一把未经注册的手枪,想要干掉举报者!

作弊案从发现到结案用了整整一个月时间,最后105名学员被开除。其间,空军军官学院向上级作了报告,整个空军系统认为家丑不可外扬,想掩盖这桩丑闻,不想让公众尤其是媒体知道。但世上没有不透风的墙,外界还是得知了一些消息。空军军官学院不得不写了一份简报,公开事情的前因后果。该校教员感慨道:"这个事件对空军官校造成的损失不是可以用数字来计算的。1965年以后的许多年,空军官校一直努力改正自己在美国大众中的形象。"[1]

与陆军和空军兄弟院校相比,海军院校也不遑多让,卷入弊案的不再是本科学员,而是高级军官。2014年2月,海军核动力推进学校[2]进行教官资格考试,30多名海军高级军官涉嫌作弊。注意,这30多人占美国海军核反应堆操作教官总数的20%![3]

军校学员撒谎,除了害学校害自己,尚不至于对全军造成危害。但如果他们到了部队并身居要职还继续撒谎,你说会发生什么?萨斯曼[4]是西点毕业生,在校期间是橄榄球队的明星四分卫。他后来参加

美国海军核动力推进学校

---

[1]
沈宁:《美军教官笔记》,北京:中国电影出版社,2001年,第55页。

[2]
海军核动力推进学校:成立于1996年,位于南卡罗来纳州查尔斯顿,主要任务是为核潜艇和核动力航母培养动力部门人员。目前,美国有95座核电站、71艘核潜艇(每艘带1个反应堆),12艘航母(每艘带2个反应堆),4座训练(研究型)工厂。

[3]
新华社:《陆军1200名征兵官员吃"回扣"海军30多名高级军官考试作弊》,载《现代快报》,2014年2月6日,A11版。

[4]
内森·萨斯曼:1963年生,1985年毕业于西点军校。伊拉克战争中,作为一名上校军官,他在敌人重机枪与火箭弹双重火力下,从车中救出一名士兵。因为此举,他被称为"在伊拉克最令人印象深刻的野战军官"。2005年,他因丑闻被迫退役。

伊拉克战争，成为一名营长。当上司让他清点炮击的使用次数时，萨斯曼告诉部下："编个数字骗骗他就行。"[1]他说谎不是一次两次，当时却未受到惩罚，继续当营长，直到两年后才因丑闻退役。[2]

说谎在美军中已经不是少数单位和个别现象，比如高大上的战略导弹部队也因为作弊并隐瞒闹出丑闻。2014年初，马姆斯特罗姆空军基地（掌管洲际导弹的三大空军基地之一）第341导弹联队在例行月度考核中（测评发射系统的知识），有34人卷入徇私舞弊或知情不报。据说，这是美国战略导弹部队组建以来的最大舞弊案，惊动了空军参谋长和空军部长。

说谎在美军中已经不是个人行为，而是集体默契。军方很善于说谎，把"事故"写成"故事"的本事不小，阿富汗战争和伊拉克战争中各有一个很有代表性的案例。

阿富汗战争中，美国大兵帕特·蒂尔曼[3]于2004年4月22日不幸被友军误杀。这种事在美军比较常见，但这次处理起来很棘手，因为这个大兵身份特殊——著名的橄榄球明星。要是如实公布，很可能打击美国老百姓的爱国热忱和参军热情。军方决定把"事故故事化"，于是美国人从媒体上看到的消息是这样的：帕特·蒂尔曼向一座山顶冲锋进攻武装分子，并大声向同伴传达命令，突然遭到伏击……然后，英勇牺牲的英雄得到了勋章，还晋升了军衔。

军方隐瞒的对象除了公众，还包括死者家人。5个星期后，蒂尔曼的家人终于知晓真相，并揭露了军方的谎言。反正人都死了，被队友打死说出去多窝囊，当英雄不香吗？何况军方又是发勋章又是发抚恤金，够意思了，"双赢"不好吗……可帕特·蒂尔曼的家人并不接受，认为通过造假利用死者是对死者不敬。蒂尔曼的弟弟在2007年3月26日的听证会上表示："军方在我哥哥的死亡事件上撒谎是对我们全家的侮辱，更重要的是，军方这样做主要是为了欺骗全国人民，这让人感到失望和伤心。我们成了国防部宣传的道具，这种事不是一次两次了。"[4]

[1]
[美]托马斯·E.里克斯著，吴亦俊等译：《大国与将军：从马歇尔到彼得雷乌斯，美国军事领袖是怎样炼成的》，广州：广东人民出版社，2013年，第348页。

[2]
上级让萨斯曼一直干到任期结束，才安排其悄悄退役。

[3]
帕特·蒂尔曼：1976年生，大学期间就入选大学橄榄球名人堂，是美国橄榄球星，"9·11"事件后与弟弟一起参军。

[4]
House plans hearings on Tillman, Lynch cases, *nbcnews.com*, Apr 11, 2007. http://www.nbcnews.com/id/18041099/ns/politics/t/house-plans-hearings-tillman-lynch-cases/#.XnshU3ot1nl

帕特·蒂尔曼、凯文·蒂尔曼兄弟　　　　　　　　林奇接受采访

　　伊拉克战争中，女兵林奇[1]被俘暴露了美军后勤部队容易落单的弱点。搁以前，很可能被媒体指责，但这次军方一顿神操作，说她打光了子弹力竭被俘，把女兵包装成英雄，还向公众展现了部队积极组织营救的决心和效率。可惜，林奇本人却接受不了这样的虚假包装，说自己没有打出一发子弹（因为卡壳），而且当场下跪祈祷（不要被射杀）。她在接受采访时表示："军方编造了一些故事，想把我宣传为偶像，但这不对。"[2]

　　说谎，已经不是个体行为，也并非西点军校毕业生的特色，而是蔓延到了全军不少部队。伊拉克战争结束后，军方一直表示局势在改善，实际上一年不如一年。例言之，据军方报告，2006年7月某天共发生了93起袭击和其他暴力事件，实则有1100多起！[3] 也就是说，实际袭击次数是军方报告的11倍多！

　　一个人说谎可能葬送自己的前程，一支军队撒谎可能导致战争失败。美军在阿富汗问题上说谎，导致"阿富汗溃疡"在山姆大叔的身体上侵蚀多年。据2019年12月9日的《华盛顿邮报》报道，该报3年前获得一份2000页的机密文件[4]，

---

[1]
杰西卡·林奇：1984年生。2003年3月23日，她所在的第507修理连被伏击，林奇被俘。这次伏击导致11名美军丧生，6名美军被俘，21天后获救。林奇作为二战以来第一位被俘的女兵，很具有宣传价值，其他几名战俘的名字则籍籍无名。退役后，她在一所小学任教。

[2]
Lynch: Military played up rescue too much, *CNN.com*, Nov 8, 2003. https://edition.cnn.com/2003/US/11/07/lynch.interview/index.html

[3]
Paul Yinqling. A Failure in Generalship, *ArmedForcesJournal.com*, May 1, 2007. http://armedforcesjournal.com/a-failure-in-generalship

[4]
文件标题为"应该吸取的教训"，由美国国会"阿富汗重建特别监察长办公室"主持撰写，耗资1100万美元，目的是审查美国阿富汗政策为何失败，以便"使美国下次入侵某个国家或试图重建一个破碎的国家时，不会重蹈覆辙"。

但官方以保护国家安全为由不准报纸发布。报社以《信息公开法》为法律依据，用了整整三年时间才打赢官司，将文件公之于世。该文件显示阿富汗战争"已无法取胜"，这与美国官方的说法大相径庭——阿富汗战争正在取得进展，值得投入。《华盛顿邮报》表示，政府和军方很清楚阿富汗的真相，但为了说服民众支持战争，篡改了有关数据，从而制造美国正在赢得这场战争的假象。2013年出任驻阿富汗美军指挥官高级顾问的陆军上校科伦达称："每一个数据都被改动了，以便呈现尽可能最好的一面。"[1]

这一幕，与越南战争简直如出一辙。越南的谎言故事，麦克马斯特在《渎职》里写得很透彻了，该书在军内外反响巨大，但美军还是"两次踏进了同一条阴沟"。2010年10月11日，阿富汗战争爆发第四天，记者问总统小布什：你能避免美国在阿富汗陷入越南式泥潭吗？总统非常自信地回答道：我们在越南学到了非常重要的教训。[2]

在下一场战争中，美军还会继续说谎吗？

[1]
Craig Whitlock. At war with the truth, *WashingtonPost.com*, Dec 9, 2019. https://www.washingtonpost.com/graphics/2019/investigations/afghanistan-papers/afghanistan-war-confidential-documents

[2]
George W. Bush. Prime Time News Conference on War Against Terrorism, Oct 11, 2001. https://www.americanrhetoric.com/speeches/gwbushoct-2001newsconfference.htm

49
揭秘美国最神秘的"门",不是"水门"

升官发财是很多人的梦想。就当官而言,不少人觉得在美国当官太悲催,监督把人弄得没隐私不说,待遇也不高。饶是如此,还是有很多人削尖脑袋去当官,那是因为美国官员有一项重大的"隐性福利"。之所以称之为"隐性",是因为他们常常在卸任之后才真正享受这种福利。

在任没福利,卸任反而有福利,什么情况?

美国官员的官宦生涯结束是另一个精彩场子的开始,一般是到私企担任高官或顾问,焕发事业第二春,在新的战场干得风生水起。由官而商,这就是所谓"旋转门"。美国为了防止官员腐败,制定了严格的制度,但人家卸任之后就管不着了。

就军界而言,将军们卸任之后,到私企任职的比比皆是。话说,将军们的特长是打仗,地方企业请他们去干啥?

地方企业用不到将军们的专业特长,但用得到他们在军队工作几十年积累的宝贵资源。所以,美国将军们卸任之后,往往不是去享受退休生活,而是转战商界,利用

政治旋转门

自己在军界政界积累的人脉和资源,为新东家担任公关和游说角色,拿下政府的大单。

如果不是穿军装的将军,而是国防部穿西装的文官,那就更好办了,可以通过"旋转门"互相串门。也就是说,不必一直在政府当公务员,退休了再去私企当高管,可以"商-官"两个角色反复串演。

美国POGO网站专门追踪"旋转门"现象,认为它至少有以下几大危害:(1)破坏公平竞争;(2)导致国防部采购价格过高;(3)制造效用不高的武器;(4)误导外交政策。

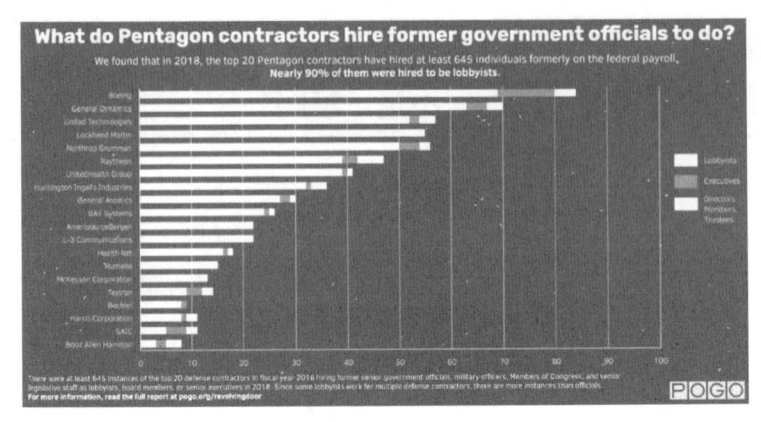

POGO：雇佣前政府官员的军火商排名

下面这个案例非常典型[1]：德鲁因是国防部空军部负责空军武器采购的助理部长帮办（1993~2002在任），卸任一个月就到波音公司导弹防御系统担任副总经理。这在美国司空见惯，本来没啥，但2004年东窗事发，源于女儿"坑妈"。德鲁因先后对波音公司提出三个要求：（1）为我女儿找份工作；（2）再为我女婿找份工作；（3）最后为我找份工作，年薪25万美元，外加5万美元签约奖金。她也不能让人家波音公司白干，于是暗中帮助其在竞标中击败所有对手，拿到60亿美元的大单子！和波音接洽这些事情，她没有蠢到自己出面，而是让女儿去办。可惜这个姑娘江湖经验不足，露馅了。

德鲁因只是一个被抓现行的"小虾米"[2]，还有更多逍遥法外的"大鱼"。POGO网站"国防部旋转门数据库"显示，2008年至今，国防部高级官员和军官离任后有380多人到国防部承包商任职，其中四分之一去了排名前5的军火商[3]，将军有25人，比如参联会主席邓福德卸任后去了洛克希德·马丁公司当董事。

[1]
https://www.cbsnews.com/stories/2005/01/04/60ii/main664652.shtml
https://www.nytimes.com/2004/12/16/business/air-force-at-unease-in-the-capital.html
http://www.airforce-magazine.com/MagazineArchive/Pages/2004/February%202004/0204tanker.aspx

[2]
上述德鲁因的惩罚是：（1）9个月监禁；（2）5000美元罚款；（3）3年有监督的释放，并承担150小时社区服务。

[3]
这5名军火商分别是：洛马、波音、雷神、通用、诺斯罗普·格鲁曼。这5家军火商形成了垄断，95%以上的国防部订单都被他们拿走了。

最近一次更新的统计表（2020年12月14日）如下[1]：

姓名	前单位	前职位	新雇主	新职位
布莱恩·尼尔	空军国民警卫队	副局长	罗斯福集团	高级顾问
迈克尔·范蒂尼	空军总部	空军作战能力集成局局长	帕拉斯战略咨询公司[2]	高级顾问
劳埃德·奥斯汀[3]	中央司令部	司令（第12任）	联合技术公司[4]	董事会成员
戴维·梅尔彻	陆军	负责预算的军事帮办	ITT公司[5]	总裁
罗伯特·胡德	国防部	副部长	现代集团[6]	副总裁（负责政府事务）
达雷尔·威廉姆斯	国防后勤局	局长	莱多斯控股集团	国防集团物流部副总裁

POGO：美国国防部最近离任官员去向

其实，上图显示的数据只是根据公开信息统计，实际数字要多得多。按照美国的规定，三个地方都应该保留有关数据：一是离任国防部的官员如果去国防部承包商工作，得向组织报备；二是雇佣国防部离任官员的国防部军火商得向政府报告有关数据；三是国防部自己也要建立有关数据库。

然而，上述三方都存在瞒报情况，而且瞒报数量惊人——50%的人都漏掉了。2004~2006年，承包商报告说雇佣的前国防部官员是1263人，实际数量则

---

[1]
Pentagon Revolving Door Database. https://www.pogo.org/database/pentagon-revolving-door

[2]
帕拉斯战略咨询公司：创立于2018年，值得注意的是，两位创立者都是前国防部长詹姆斯·马蒂斯的助手。

[3]
劳埃德·奥斯汀于2016年从中央司令部司令（是第一个担任此职的非洲裔）任上退役，现为国防部长。

[4]
联合技术公司是美国第22大制造商，已经实现多元化经营，主营项目包括飞机发动机、直升机、空调系统、电梯等，为建筑和航天领域提供高科技产品和服务。

[5]
ITT公司：前身公司最早可追溯到1921年，现在是一家多元化高科技工程及制造公司，国防工业是其很重要的一个业务板块。公司总部位于纽约州，员工有4万多人。值得一提的是，该公司曾向中国等出售夜视镜技术，于2007年被定罪（根据《美国武器出口管制法》），罚款1亿美元。

[6]
现代集团是著名的韩国公司，与美国国防部签订了合同。

支援-文化篇 293

为 2435 人。[1] 瞒报了一半的人，胆儿够肥吧。POGO 从国防部拿到有关数据后，发现被大量修改过。一方面，国防部不想暴露某些人；另一方面，国防部自己都是晕的，对自己有多少个承包商搞不清楚。前国防部长盖茨曾在媒体面前公开承认："这很尴尬，但我搞不清楚到底有多少承包商在给国防部工作。"[2]

世上没有不透风的墙，谁通过"旋转门"受益总有人知道：一是国防部的承包商，二是为这些承包商工作的国防部离任官员的前同事。承包商不会傻到站出来出卖这些前国防部官员，但国防部的知情者们有的并未从中受益，他们为啥不站出来？美国空军的一份报告提供了答案："如果上校或将军们站出来说部队买的东西又贵又不好，觉得大惊小怪，退休后没人待见他们。"[3]

美国对"旋转门"早有察觉，怎么就没有从制度上根除这种现象呢？

一者，表面上看，"旋转门"似有合理之处。

支持者认为，国防部官员离任后到承包商任职，可以发挥余热，使承包商的设计生产更贴合军方需求；军火商通过"旋转门"进入国防部，也有类似作用。这既有利于人才双向交流，也有利于国防军事，个人组织双赢，多好的事儿，何乐而不为？

在美国当官，待遇一般，所以当官的一般是两种人：一是本来就有钱，不靠当官的薪水养活自己。特朗普的女儿女婿到政府工作受到指责，他出来辩解说：他们都没拿工资，也没有公务员正式编制，免费给公家干活有什么不可以？[4] 二是钱不多，但可以靠当官积累官场资源，卸任后大把赚——如果卸任之后还不让人家挣钱，谁还去当官？

平心而论，上述说法并非全无道理。美军名将马蒂斯非常能干，在美军中威望很高，所以特朗普提名其为国防部长，但面临法律障碍，而且还是两道障碍：第一，按照法律规定，将军们退役之后必须满 7 年才能当国防部长，马蒂斯卸任才

[1]
宋世峰：《美国军事情报机构的"旋转门"现象》，载《当代世界》，2009年第 4 期。

[2]
王丰丰：《揭秘美国情报外包业》，载《书摘》，2012 年第 2 期。

[3]
Mandy Smithberger, Read "Brass Parachutes: Defense Contractors' Capture of Pentagon Officials Through the Revolving Door," *POGO.org*, Nov 5, 2018. https://www.pogo.org/report/2018/11/brass-parachutes

[4]
这涉及美国政府制度设计：有的职位是正式编，总统提名后还需国会通过任命；有的职位是临时编，总统或其他部门领导私下聘请，自己说了算，不需要国会通过。

3年多[1]；第二，根据道德行政法，之前从事过游说国防部工作的不能到国防部当官，而马蒂斯之前是通用动力董事会成员。不过，这两道法律障碍都被搬走了。

尽管"旋转门"有其存在的理由，而且这些理由看似有理，但就像"腐败能促进经济发展"的说法一样，怎么看怎么别扭，至少从道德上说不过去。实际上，"旋转门"是变相腐败的温床，只不过美国人做得更"艺术"一些罢了。从全世界几千年的反腐经验看，腐败现象似不可能杜绝，只能尽量减少，这可能是"旋转门"一直关不上的根本原因。

二者，美国不断出台法律限制"旋转门"现象，但收效甚微。[2]

这些限制性法律本身存在漏洞，如规定国防部官员离任后不许到国防部承包商从事公关游说工作。实际上，这些离任官员可以不用亲自出马，而是幕后策划，然后派人实施。对此，不容易找到违规证据，法律不好界定是否违规。

有关法律规定不够完善，在执行上也不严格，有人违规了，或者视而不见，或者得不到应有惩罚。最典型的例子莫过于奥巴马提名林恩"违规"担任国防部副部长。伊拉克战争时期，国防部长拉姆斯菲尔德任命的陆海空三个军种部长全是军事承包商出身——陆军部长怀特之前是安然公司副董事长，海军部长英格兰之前是通用动力公司执行官，空军部长罗奇之前是诺斯罗普·格鲁曼公司副总裁。看到这些现象，新总统奥巴马痛心疾首，一上台就颁布了一项道德行政命令：如果为国防部承包商工作的人两年之内游说过国防部，此人不得到国防部任职。尴尬的是，他提名担任国防部副部长的林恩恰恰是雷神公司的总裁（2002~2009），而且干的正是

---

[1] 马蒂斯于2013年3月退役，2016年12月被提名为国防部长。参议院军事委员会在投票通过其国防部长任命时，赞成票98张，反对票仅1张。

[2] 美国限制"旋转门"的努力包括但不限于以下事件：
1969年，美国规定国防部离任官员要向组织报告自己在国防部承包商的任职情况，国防部军火商也要向政府报告雇佣国防部离任官员的情况，上述报告为期2年。
1978年的《政府道德法》来了个硬杠杠——GS-17级（GS是美国政府公务员薪金标准）以上高级公务员离任1年内，禁止以私人雇主的名义同其服务过的政府部门签合同，也不得为任何事务游说其服务过的前机构。
里根担任总统时期，副总统老布什提议出台新的政府道德法，甚至国会都通过了，但被里根利用总统特权否决了，理由是：如果"旋转门"彻底关闭，人才不好选了。老布什当上总统后，总算对老法案做了一点进步性小幅度修改：前国会议员和雇员不得游说国会。
2007年《国防授权法》要求国防部做一个数据库，统计那些离开国防部后为国防部承包商工作的官员。然而，这个数据库从未向外界公开完整版，POGO好不容易拿到的也是经过大量修改的"公开版"。

游说国防部的活儿。[1] 怎么办？奥巴马祭出总统豁免权，来了个"特事特办"：人才难得，就不要受法律约束了……这里的豁免权，指总统有暂时中止某项法律的权力。[2] 看来，在号称法治国家、法律至上的美国，也有人大于法的时候。总统打自己的脸带头违规，还怎么让其他人遵守，于是规定成了一纸空文。《纽约时报》早有评论："这些规定有一个大 Bug——高级决策者们不受此限制。"[3]

据有关研究，国防部承包商游说者到政府或国会任职，收入会减少约 24%。[4] 既如此，"林恩们"为什么宁愿降低薪水也要到国防部当官？因为他们更方便为老东家拿到订单暗中提供帮助，自己日后也有回扣拿。

前总统特朗普说过："如果某人给某公司一笔大单子，他永远都不应该到这家公司任职。"[5] 这话虽然说出去了，但特朗普并没有真的言出必行——那会得罪太多人，以后谁还替他卖命？连特朗普这种不按常理出牌的"疯子"都不能关闭"旋转门"，谁还能？

[1]
其实，林恩在进入雷神公司之前就在国防部干过（如在克林顿政府担任国防部主管审计的副部长），此番入主奥巴马政府的国防部，属于"二进宫"，进出"旋转门"对他来说是轻车熟路了。林恩第二次进入国防部，为了避嫌，把自己手中的雷神公司股票卖了。

[2]
关于美国总统的豁免权，下面这篇文章分析得非常详细和透彻——刘卫东：《试析美国总统的豁免权》，载《美国研究》，2012 年第 1 期。

[3]
https://www.nytimes.com/2004/06/29/business/pentagon-brass-and-military-contrac-tors-gold-133523.html

[4]
此据伦敦经济学院 2010 年的研究报告 Revolving Door Lobbyists http://eprints.lse.ac.uk/31546/1/dp0993.pdf

[5]
Reuters Staff. Trump floats ban on defense firms hiring military procurement officials, Reuters.com, Dec 10, 2016. https://www.reuters.com/article/usa-trump-defense-idUSL1N1E41RY

50
美军在印太战区的弱点

别看美军动不动就到别人家门口秀肌肉耀武扬威，其实他们自个儿问题成堆。

20世纪90年代以来的历次局部战争中，美国空军大出风头，成为最拉风的军种。然而，就印太战区来说，就有三点代表性的问题。

一是战机水准不够高。该战区的主力战机是F-15C/D和F-16C/D，尽管威名远播，但毕竟垂垂老矣（三代机），如果遇到"精壮小伙"（四代机）J-20，单挑怕是不妙。当然了，该战区也有最先进五代机F-22（部署在第3联队的2个中队）和F-35战机，可远在阿拉斯加的埃尔门多夫－理查德森联合基地，如果想"打飞的"去打上一架，得加油机随行保障。

二是战机数量不足。美国前空军空中作战司令部司令、现任国防工业协会主席卡莱尔指出："空军的轰炸机和先进战斗机数量很有限，能够执行作战任务的F-22战斗机约120架，B-2轰炸机约20架，而B-21轰炸机要投入实战还有数年之遥。"[1] 就印太战区而言，关岛的安德森空军基地号称美国本土以外的远程轰炸基地，但部署在该基地的第11航空队第36联队并无常驻飞机，而是由其他联队的轰炸机在此轮流驻训，以显示印太战区远程轰炸力量的存在。

三是空运力量不足。前空军部长詹姆斯承认，面对一些大国对手，"需要大批飞机（如C-130和C-17运输机）来执行空运任务，以便将所有必需的部队、武器、装备和补给运到战区，但空军的空中加油和空运力量有限。"[2]

美国海军陆战队被称为"四等人"，但在历次对外战争中表现非常积极，且极为狂傲，号称"与海军陆战队军官握手，比文件上的签名更具约束力"。[3] 印太战区的美国海军陆战队有两个问题：一是装备不足（这是海军陆战队的老问题

[1] [2]
Todd South. What war with China could look like, *MilitaryTimes.com*, Sept 1, 2020. https://www.militarytimes.com/news/your-army/2020/09/01/what-war-with-china-could-look-like

[3]
Richard M. Swain, Albert C. Pierce. *The Armed Forces Officer*, National Defense University Press, 2017, p.134.

了）；二是海军陆战队需要进驻靠近某些大国的小国以便作战，但美国与这些国家之间尚未签订关于建立基地的协议。

海军方面，以曾经风光一时的第 7 舰队为例，美国海军预备役军官、印太地区防务政策专家赫尔辛格质疑："谁知道它在开战时能有多少部队可以投入战斗呢？"该舰队兵力不足还是小问题，整个太平洋舰队还有更多更大的问题。正如赫尔辛格所说："船队很老，海员们也很老，我们对他们参加高端战争的演练不够。而且他们资金紧张，在当前条件下仅仅能勉力对海军进行补给。"[1]

还有一个问题对印太战区所有美军军种都会造成困扰和障碍——断网。美军的作战指挥链对网络十分依赖，如果被断网，无异于眼盲耳聋，武力值将大打折扣。美国著名智库传统基金会的专家表示："十分坦率地说，我认为战时会发生 GPS 失灵，因为我们的对手清楚美国的战争方式对于太空有多么依赖。"[2] 到那时，美国大兵们恐怕要扔掉手中的 GPS 骂娘，然后拿起不熟悉的地图和指南针。值得注意的是，美军一些部队已经意识到这个问题并采取应对措施。如美国印太战区第 7 舰队水雷对抗舰舰长沃尔克于 2019 年 6 月上任后，对舰上的导航团队成员提出了一个要求——熟悉使用星象导航等传统导航技术，并认为"这是专业水手和作战人员必备的核心能力"。他解释说："在对抗激烈环境下作战，美国的对手有能力干扰 GPS 系统，因此我们要时刻做好准备，以防这种情况发生在我们身上。"[3] 不过，具有忧患意识并采取行动的舰长目前还是少数。

上面说的也许有点儿大有点儿泛，下面上具体

印太战区第 7 舰队标志

[1]
Todd South. What war with China could look like, *MilitaryTimes.com*, Sept 1, 2020. https://www.militarytimes.com/news/your-army/2020/09/01/what-war-with-china-could-look-like

[2]
Todd South. What war with China could look like, *MilitaryTimes.com*, Sept 1, 2020. https://www.militarytimes.com/news/your-army/2020/09/01/what-war-with-china-could-look-like

[3]
Alexander Fairbanks. Celestial Navigation on USS Patriot(MCM 7), *dvidshub.net*, Oct 8, 2020. https://www.dvidshub.net/news/375600/celestial-navigation-uss-patriot-mcm-7

的干货。

提到印太战区美军，出现频率最高的要数美国军舰，隔三岔五就到别国沿海晃悠。殊不知，美军太平洋舰队一定程度上有些外强中干。不信？那就通过"菲茨杰拉德号驱逐舰撞船事件"来解剖一下太平洋舰队（该舰隶属于太平洋舰队第7舰队），看它是不是"病得不轻"。

关于这次撞船事件，本书前文《向美军学管理？那是因为你不知道其糟糕的一面》从管理角度说了一些问题，这里再进一步拓展。[1]

一是"武器"的问题。

美国海军每年从国会要那么多银子，按说军舰应该十分先进，这也是美军装备给世人的一贯印象。菲茨杰拉德号驱逐舰上的装备的确不赖，比如除了自动跟踪系统，还有自动识别系统。然而，用于自动识别系统的电脑居然被扔在一堆电缆里弃之不用，而这竟是技术人员干的好事。原来，安装了自动识别系统的笔记本电脑经常被系统自动锁定，每次都要请技术人员来解锁。技术人员烦透了，干脆找个借口把这台电脑扔掉，还警告其他人不要再取出来用，因为"电缆很敏感"……经历撞船的惨痛教训后，不知美军是否充分认识到一个简单的道理——武器再先进，不好好利用，也是一堆垃圾。

笔者在前文中说该舰雷达的遥控器按键坏了没人修，给人的印象是美军不爱护装备。其实，这有点儿冤枉人家。这不，美军"为了维护装备"，关掉了自动跟踪系统，不嫌麻烦改用手动跟踪。你可知道手动跟踪有多费事？每小时要戳1000下按钮！而他们自己的解释是"担心自动跟踪系统把雷达弄坏"，这脑洞可真够清奇。

---

[1] 关于此事，美方有两个版本的报告，一个是公开版，主要找舰桥的问题；一个是内部版，把问题延伸到全舰。想要真相，当然看后者。可惜，内部报告一般人看不到，还好神通广大的美国海军时报网站搞到这份报告并透露了一些内容。

笔者主要参考了两份报告：

(1) Department of The Navy. Report on the Collision between USS Fitzgerald (DDG 62) and Motor Vessel ACX Crystal, *Navy.mil*, Nov 1, 2017. https://www.secnav.navy.mil/foia/readingroom/HotTopics/CNO%20USS%20Fitzgerald%20and%20USS%20John%20S%20McCain%20Response/CNO%20USS%20Fitzgerald%20and%20USS%20John%20S%20McCain%20Response.pdf

(2) Department of The Navy. Supplemental Preliminary Inquiry and Line of Duty Determination Regarding Injuries and the Deaths of Seven Sailors Aboard USS Fitzgerald (DDG 62) on or about 17 Jun 2017, *Navy.mil*, Aug 11, 2017. https://www.secnav.navy.mil/foia/readingroom/hot-topics/uss%20fitzgerald/supplemental%20inquiry%20uss%20fitzgerald.pdf

2017年6月被撞后的美军导弹驱逐舰菲茨杰拉德号

二是"人"的问题。

据说，美军尤其是军官的素质很高，菲茨杰拉德号驱逐舰一听就笑了。事故发生后，组织对该舰放心不下，于是对舰上22名军官进行了一次测评。不测不知道，一测吓一跳：平均分59分（其中7人50分以下，只有3人80分以上）。[1] 顺便说一句，22人中有4人干脆拒绝参加测评，其中一个是副舰长巴比特，一个是值更官克伯克，两人都是撞船事故的直接责任人。

对同为伯克级的另一艘驱逐舰进行测评，结果同样"令人沮丧"……

"菲茨杰拉德号驱逐舰撞船事件"内部报告的结论是："第7舰队领导不负责任地布置大量任务，导致舰员长时间高负荷工作，缺乏训练，士气低迷。"值得注意的是，仅仅5周前，该舰在日本佐世保险些发生类似撞船事件，但显然没当回事儿。躲得过初一，躲不过十五，该来的还是来了。

就印太战区的将领群体而言，也存在弱点。该战区部分高级将领没有在总部机关（包括参联会和国防部）轮岗历练过，其站在整个国防部高度和全军视野领导和指挥部队的经历和经验较为欠缺，这样的将领包括驻印太总部司令帕帕罗和韩美军司令拉卡梅拉等。还有的高级将领存在混履历的现役，其中最有代表性的人物是即将出任太平洋舰队司令的科勒。从2017年6月至今，科勒在6年中调整6个要职，几乎一年一调。具体来说，第9航母打击大队司令只干了1年

[1] Geoff Ziezulewicz. Worse than you thought: inside the secret Fitzgerald probe the Navy doesn't want you to read, *NavyTimes.com*, Jan 13, 2019. https://www.navytimes.com/news/your-navy/2019/01/14/worse-than-you-thought-inside- the-secret-fitzgerald-probe-the-navy-doesnt-want-you-to-read

（2017.6～2018.6），印太总部作战部长干了 2 年（2018.6～2020），太平洋舰队副司令干了 1.5 年（2020～2021.6），第 3 舰队司令只干了 1 年（2021.6～2022.6），联合参谋部战略计划与政策部部长也只干了 1 年（2022.7～2023.8）。如果算上这次被提名太平洋舰队司令，那就是 6 年调整 6 个职位！多数美军将领的履历十分好看，但这种履历与其能力未必完全匹配。过度追求履历好看而非岗位实际需要有些华而不实，可能造成指挥官对部队实际情况掌握不深入。

此外，印太战区陆军第 25 步兵师师长克拉克于 2019 年 4 月被"军队腐败网"曝光为"最腐败的将军"，但仕途并未受到影响，仍于当年 11 月高升为印太总部参谋长（少将），不到两年又晋升为中央战区陆军部队司令部司令，2022 年 5 月又被提拔为国防部长奥斯汀的高级军事助理，在首长身边工作，意味着他大概率还要进步晋升。

自二战以来，美国军事行动不断，但对手多为中小国家或恐怖分子[1]，与苏联对峙几十年并未爆发战争。美国对中小国家的作战经验用在大国身上是否灵验？怕是不好使。美国陆军退役上将、陆军前副参谋长、现任美国战争研究院主席基恩表示："面对一个能进行网络攻击的对手，这些（战斗经验和保障能力）并没有多大帮助。"[2] 更重要的是，越南战争和伊拉克战争的泥潭已经让美国后悔不迭，大国战争的代价数倍于此，美国恐无法承受。

既然单挑没有绝对胜算或不划算，美国又想出了一条妙计：利用印太战区的盟国一块儿"围殴"对手，然而这如意算盘又打错了。

一者，美国与印太战区盟国之间只是利用与被利用关系，而且美国抛弃盟友的前科案底一大摞，大家看破不说破而已，同床异梦，早晚会醒。二者，这些所谓盟国大多不成气候，构不成有力的挑战和威胁。三者，随着全球化的深入，国

[1]
自 1990 年以来，美国以各种理由进行海外军事干预 40 多次，含非作战军事行动、以武力相威胁或直接诉诸武力，其中有 11 次实施了军事打击或准备坚决使用武力，包括 1991 年的海湾战争、1992 年至 1994 年对索马里的武装干涉、1993 年 1 月对伊拉克的空袭、1993 年 6 月对伊拉克情报部门的导弹袭击、1994 年至 1995 年出兵 15000 人迫使海地政府下台、1995 年空袭波黑塞族阵地、1996 年 9 月对伊拉克的导弹袭击、1998 年 8 月对苏丹和阿富汗境内目标的导弹袭击、1998 年初针对伊拉克的"沙漠惊雷"行动、1998 年 12 月对伊拉克的"沙漠之狐"行动、1999 年 3 月至 6 月对南联盟的"盟军行动"以及"9·11"事件后在阿富汗进行的反恐战争。

[2]
Kyle Rempfer. Does your combat expenrience even matter against Chinese and Russian troops? *MilitaryTimes.com*, May 9, 2019. https://www.militarytimes.com/news/your-army/2019/05/09/does-your-combat-expertence-even-matter-against-chinese-and-russian-troops

与国之间的利益关系剪不断理还乱，与中国撕破脸的代价，美国那些"小弟"得掂量掂量。

《亚洲时报》的文章断言："美国的印太战略将会失败。"[1]

[1] Ken Moak. Why US Indo-Pacific strategy will fail, *AsiaTimes.com*, Aug 20, 2020. https://asiatimes.com/2020/08/why-us-indo-pacific-strategy-will-fail

后记

2017 年，笔者曾专门著书，从细节入手浅析了美军的 99 个优点，现在又更深入地探究了美军的 50 个弱点。弹指一挥间，6 年过去了。本书写作于 6 年间，为免有些内容过时，出版前已对有关信息和数据进行了更新，若仍有未及之处，还请读者见谅。

在此，感谢审读过本书的诸位师友：《外国军事学术》原总编肖石忠、南京同人啟云子，以及其他不便具名的朋友，他们提出了诸多有益的修改意见和建议。此外，还要特别感谢"许述工作室"的兄弟姐妹们，为我分担了大量工作，使我得以有时间完成本书的创作。

2024 年春于成都

图书在版编目（CIP）数据

这也是美军：美军的50个弱点/许述著.—北京：中国青年出版社，2024.5（2024.9重印）

ISBN 978-7-5153-7084-2

Ⅰ.①这… Ⅱ.①许… Ⅲ.①军队—研究—美国—现代 Ⅳ.① E712

中国国家版本馆 CIP 数据核字（2023）第 218784 号

这也是美军：美军的50个弱点
作　　者：许述

责任编辑：陆遥
书籍设计：瞿中华
出版发行：中国青年出版社
社　　址：北京市东城区东四十二条21号
网　　址：www.cyp.com.cn
编辑中心：010-57350403
营销中心：010-57350370
经　　销：新华书店
印　　刷：北京汇瑞嘉合文化发展有限公司
规　　格：710 mm×1000 mm　1/16
印　　张：19.5
字　　数：339千字
版　　次：2024年5月北京第1版
印　　次：2024年9月北京第2次印刷
印　　数：5001～10000册
定　　价：59.00元

如有印装质量问题，请凭购书发票与质检部联系调换
联系电话：010-57350337